국민건강보험공단

국민건강 보험법

국민건강보험공단
국민건강보험법

개정4판 발행	2025년 3월 7일
개정5판 발행	2026년 3월 6일

편 저 자 | 취업적성연구소

발 행 처 | ㈜서원각

등록번호 | 1999-1A-107호

주   소 | 경기도 고양시 일산서구 덕산로 88-45(가좌동)

교재주문 | 031-923-2051

팩   스 | 031-923-3815

교재문의 | 카카오톡 플러스 친구[서원각]

홈페이지 | goseowon.com

PREFACE

최근 많은 공사·공단에서는 기존의 직무 관련성에 대한 고려 없이 인·적성, 지식 중심으로 치러지던 필기전형을 탈피하고, 산업현장에서 직무를 수행하기 위해 요구되는 능력을 산업부문별·수준별로 체계화 및 표준화한 NCS를 기반으로 하여 채용공고 단계에서 제시되는 '직무 설명자료'상의 직업기초능력과 직무수행능력을 측정하기 위한 직업기초능력평가, 직무수행능력평가 등을 도입하고 있다.

국민건강보험공단 및 건강보험심사평가원에서도 업무에 필요한 역량 및 책임감과 적응력 등을 구비한 인재를 선발하기 위하여 고유의 필기전형을 치르고 있다. 본서는 국민건강보험법을 대비하기 위한 필독서로 국민건강보험공단 필기전형의 출제경향을 철저히 분석하여 응시자들이 보다 쉽게 시험유형을 파악하고 효율적으로 대비할 수 있도록 구성하였습니다.

1. 가독성을 높이기 위해 법률 내용을 정리하여 수록하였다.
2. 실전 적응력 향상을 위해 매 챕터마다 문제를 수록하였다.
3. 체계적인 학습과 효율을 높이기 위해 법조문을 수록하였다.

신념을 가지고 도전하는 사람은 반드시 그 꿈을 이룰 수 있습니다. 처음에 품은 신념과 열정이 취업 성공의 그 날까지 빛바래지 않도록 서원각이 수험생 여러분을 응원합니다.

STRUCTURE

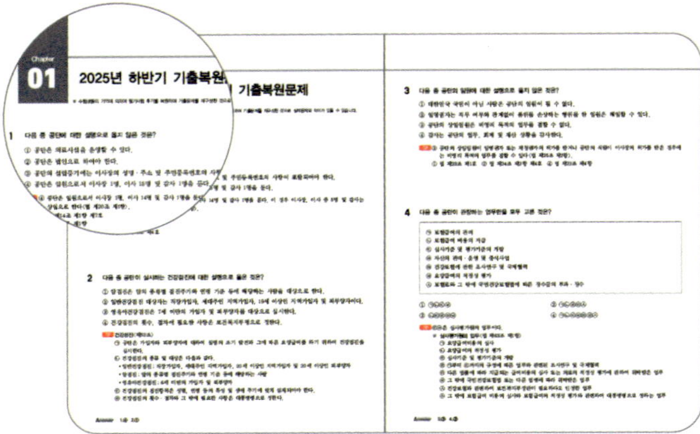

기출복원문제

◆ 국민건강보험공단에서 시행된 수험생들의 필기시험 후기를 수집하여 기출문제를 구성하였습니다.
◆ 상세하고 꼼꼼한 해설을 문제 아래에 수록하여 혼자서도 학습이 가능하도록 구성하였습니다.

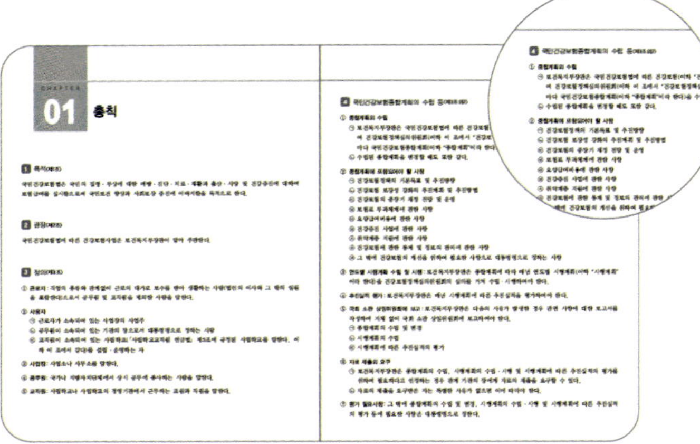

법조문 핵심 요약정리

◆ 최근 개정된 국민건강보험법의 내용을 반영하여 이해와 암기가 편리하도록 일목요연하게 정리하여 수록하였습니다.
◆ 수험생들의 필기시험 후기를 분석하여 출제되었던 단원에 대하여 기출년도를 표기하였습니다.

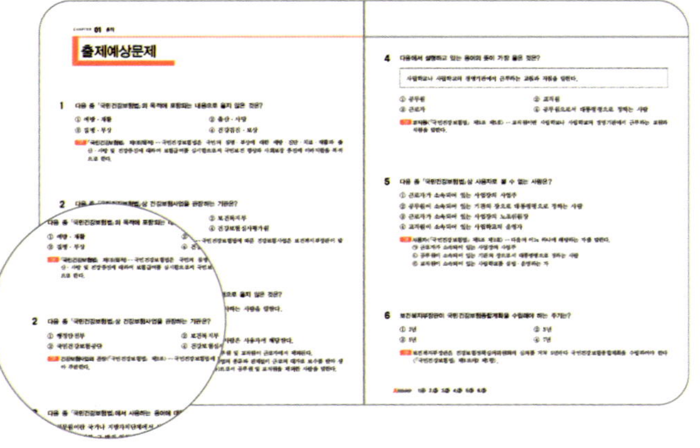

출제 가능한 예상문제

◆ 국민건강보험법에서 출제가 예상되는 각 조문별 내용을 집중 분석한 후 문제를 구성하였습니다.
◆ 영역별 기초적인 내용의 문제를 구성·수록하여 학습효율을 높일 수 있도록 하였습니다.
◆ 적중률 높은 예상문제로만 구성하였습니다.

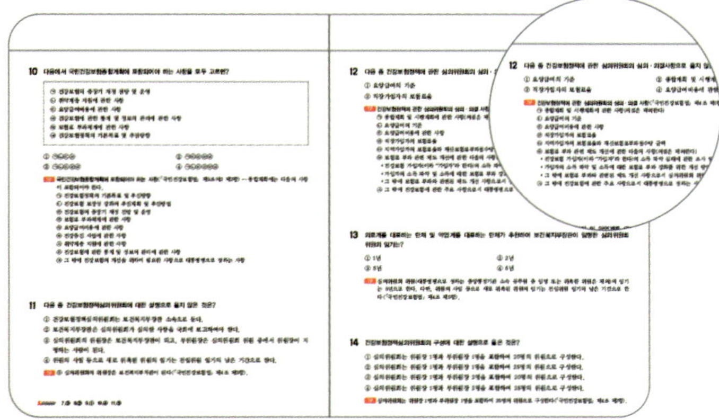

상세하고 세심한 해설

◆ 매 문제마다 상세한 해설을 수록함으로써 별도
  의 법조문 없이도 학습이 가능하도록 구성하였
  습니다.
◆ 최신 법조문과 상세한 해설로 최종 마무리 학습
  에 만전을 기할 수 있도록 구성하였습니다.

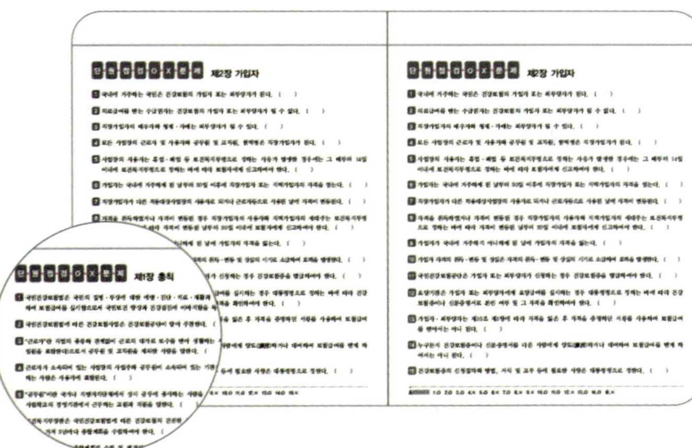

OX 문제

◆ 수험생 스스로 최종점검이 가능하도록 기출문제
  와 관련된 법조문과 이론을 정리하여 OX로 구
  성하였습니다.

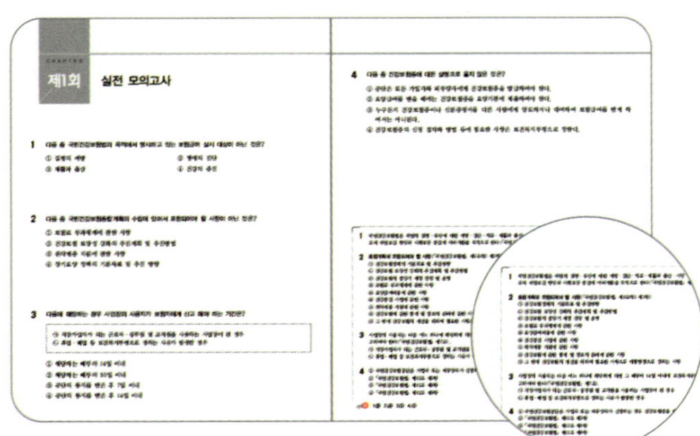

실전 모의고사 3회

◆ 단원별 예상문제를 풀어 본 후 수험생 스스로
  자신의 학습능력을 평가할 수 있도록 모의고사
  를 수록하였습니다.
◆ 매 문제 정답과 해설을 바로 확인이 가능하도록
  같은 면에 수록하였습니다.

CONTENTS

PART Ⅲ 단원별 OX문제

PART Ⅳ 실전 모의고사

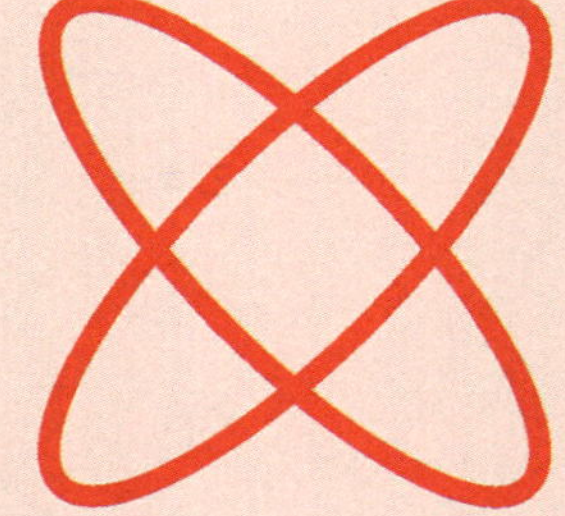

PART
I
기출복원문제

2025년 하반기 기출복원문제

※ 수험생들의 기억에 의하여 필기시험 후기를 복원하여 기출문제를 재구성한 것으로 실제문제와 차이가 있을 수 있습니다.

1 다음 중 공단에 대한 설명으로 옳지 않은 것은?

① 공단은 의료시설을 운영할 수 있다.

② 공단은 법인으로 하여야 한다.

③ 공단의 설립등기에는 이사장의 성명·주소 및 주민등록번호의 사항이 포함되어야 한다.

④ 공단은 임원으로서 이사장 1명, 이사 15명 및 감사 1명을 둔다.

> **TIP** ④ 공단은 임원으로서 이사장 1명, 이사 14명 및 감사 1명을 둔다. 이 경우 이사장, 이사 중 5명 및 감사는 상임으로 한다〈법 제20조 제1항〉.
> ① 법 제14조 제1항 제7호
> ② 법 제15조 제1항
> ③ 법 제18조 제4호

2 다음 중 공단이 실시하는 건강검진에 대한 설명으로 옳은 것은?

① 암검진은 암의 종류별 검진주기와 연령 기준 등에 해당하는 사람을 대상으로 한다.

② 일반건강검진 대상자는 직장가입자, 세대주인 지역가입자, 19세 이상인 지역가입자 및 피부양자이다.

③ 영유아건강검진은 7세 미만의 가입자 및 피부양자를 대상으로 실시한다.

④ 건강검진의 횟수, 절차에 필요한 사항은 보건복지부령으로 정한다.

> **TIP** 건강검진〈제52조〉
> ㉠ 공단은 가입자와 피부양자에 대하여 질병의 조기 발견과 그에 따른 요양급여를 하기 위하여 건강검진을 실시한다.
> ㉡ 건강검진의 종류 및 대상은 다음과 같다.
> • 일반건강검진 : 직장가입자, 세대주인 지역가입자, 20세 이상인 지역가입자 및 20세 이상인 피부양자
> • 암검진 : 암의 종류별 검진주기와 연령 기준 등에 해당하는 사람
> • 영유아건강검진 : 6세 미만의 가입자 및 피부양자
> ㉢ 건강검진의 검진항목은 성별, 연령 등의 특성 및 생애 주기에 맞게 설계되어야 한다.
> ㉣ 건강검진의 횟수·절차와 그 밖에 필요한 사항은 대통령령으로 정한다.

Answer 1.④ 2.①

3 다음 중 공단의 임원에 대한 설명으로 옳지 않은 것은?

① 대한민국 국민이 아닌 사람은 공단의 임원이 될 수 없다.

② 임명권자는 직무 여부와 관계없이 품위를 손상하는 행위를 한 임원은 해임할 수 있다.

③ 공단의 상임임원은 비영리 목적의 업무를 겸할 수 없다.

④ 감사는 공단의 업무, 회계 및 재산 상황을 감사한다.

> **TIP** ③ 공단의 상임임원이 임명권자 또는 제청권자의 허가를 받거나 공단의 직원이 이사장의 허가를 받은 경우에
> 는 비영리 목적의 업무를 겸할 수 있다〈법 제25조 제2항〉.
> ① 법 제23조 제1호 ② 법 제24조 제2항 제4호 ④ 법 제22조 제4항

4 다음 중 공단이 관장하는 업무만을 모두 고른 것은?

> ㉠ 보험급여의 관리
> ㉡ 보험급여 비용의 지급
> ㉢ 심사기준 및 평가기준의 개발
> ㉣ 자산의 관리 · 운영 및 증식사업
> ㉤ 건강보험에 관한 조사연구 및 국제협력
> ㉥ 요양급여의 적정성 평가
> ㉦ 보험료와 그 밖에 국민건강보험법에 따른 징수금의 부과 · 징수

① ㉠㉡㉢㉣

② ㉠㉡㉣㉤㉦

③ ㉡㉢㉣㉤㉥

④ ㉠㉡㉢㉣㉤㉥㉦

> **TIP** ㉢㉥은 심사평가원의 업무이다.
>
> ※ **심사평가원의 업무**〈법 제63조 제1항〉
> ㉠ 요양급여비용의 심사
> ㉡ 요양급여의 적정성 평가
> ㉢ 심사기준 및 평가기준의 개발
> ㉣ ㉠부터 ㉢까지의 규정에 따른 업무와 관련된 조사연구 및 국제협력
> ㉤ 다른 법률에 따라 지급되는 급여비용의 심사 또는 의료의 적정성 평가에 관하여 위탁받은 업무
> ㉥ 그 밖에 국민건강보험법 또는 다른 법령에 따라 위탁받은 업무
> ㉦ 건강보험과 관련하여 보건복지부장관이 필요하다고 인정한 업무
> ㉧ 그 밖에 보험급여 비용의 심사와 보험급여의 적정성 평가와 관련하여 대통령령으로 정하는 업무

Answer 3.③ 4.②

5 다음 중 국민건강보험법상 직장가입자로 볼 수 없는 사람은?

① 1개월 이상 근무하기로 계약한 모든 사업장의 근로자

② 사립학교에서 근무 중인 교직원

③ 고용 기간이 20일인 일용근로자

④ 매월 보수를 받고 일하는 공무원

TIP 가입자의 종류〈제6조〉

　　㉠ 가입자는 직장가입자와 지역가입자로 구분한다.

　　㉡ 모든 사업장의 근로자 및 사용자와 공무원 및 교직원은 직장가입자가 된다. 다만, 다음의 어느 하나에 해당하는 사람은 제외한다.
　　　• 고용 기간이 1개월 미만인 일용근로자
　　　•「병역법」에 따른 현역병(지원에 의하지 아니하고 임용된 하사를 포함한다), 전환복무된 사람 및 군간부후보생
　　　• 선거에 당선되어 취임하는 공무원으로서 매월 보수 또는 보수에 준하는 급료를 받지 아니하는 사람
　　　• 그 밖에 사업장의 특성, 고용 형태 및 사업의 종류 등을 고려하여 대통령령으로 정하는 사업장의 근로자 및 사용자와 공무원 및 교직원

　　㉢ 지역가입자는 직장가입자와 그 피부양자를 제외한 가입자를 말한다.

6 국민건강보험법상 다음 설명 중 옳지 않은 것은?

① 건강보험공표심의위원회 위원 중 공무원이 아닌 사람은 「형법」의 규정을 적용할 때에는 공무원으로 본다.

② 심사평가원의 업무를 효율적으로 수행하기 위하여 심사평가원에 심사위원회를 둔다.

③ 보험급여를 받을 권리는 압류할 수 없으나 요양비등수급계좌에 입금된 요양비등은 압류할 수 있다.

④ 심사평가원에 임원으로서 원장, 이사 15명 및 감사 1명을 둔다.

TIP ③ **수급권 보호**〈제59조〉

　　㉠ 보험급여를 받을 권리는 양도하거나 압류할 수 없다.
　　㉡ 요양비등수급계좌에 입금된 요양비등은 압류할 수 없다.

　　① **벌칙 적용에서 공무원 의제**〈제114조의2〉 … 심의위원회 및 건강보험공표심의위원회 위원 중 공무원이 아닌 사람은 「형법」 제127조 및 제129조부터 제132조까지의 규정을 적용할 때에는 공무원으로 본다.

　　② 법 제66조 제1항　④ 법 제65조 제1항

Answer　5.③　6.③

7 다음에 해당하는 직장가입자 A씨의 월별 보험료 계산 및 납부의무에 관한 설명으로 옳은 것은?

⟨직장가입자 A씨⟩

- 2026년 보수월액은 500만 원, 보수 외 소득은 연간 3,000만 원이다.
- 2026년 보험료율은 7.19%이다.

---

① A씨의 보수월액보험료는 500만 원에 보험료율 7.19%를 곱하여 산출된 금액이며, A씨가 그 전액을 납부하여야 한다.

② A씨는 보수 외 소득이 연간 2,000만 원을 초과하므로 보수월액보험료 전액을 납부할 의무가 있다.

③ 보수월액 보험료는 직장가입자와 사용자가 각각 100분의 50씩 부담하므로, A씨가 실제 부담하는 월 보수월액 보험료는 179,750원이다.

④ 소득월액 보험료를 산정할 때, 기준이 되는 소득에서 2,000만 원을 공제한 후의 보수 외 소득월액보험료는 전액 사용자가 부담한다.

> **TIP** ① 보수월액 보험료는 직장가입자와 사용자가 각각 50%씩 나누어 부담한다. 가입자 개인이 전액 납부하는 것이 아니다〈법 제76조 제1항〉.
> ② 직장가입자의 보수월액보험료는 직장가입자와 사업자가 각각 보험료액의 100분의 50씩 부담한다〈법 제76조 제1항〉.
> ④ 직장가입자의 보수 외 소득월액보험료는 직장가입자가 부담한다〈법 제76조 제2항〉.

8 국민건강보험법상 제2차 납부의무에 관한 설명으로 옳은 것은?

① 법인의 재산으로 체납보험료 등을 충당하여도 부족한 경우, 해당 법인의 모든 주주는 그 부족한 금액에 대하여 자신의 지분율 만큼 제2차 납부의무를 진다.

② 과점주주의 제2차 납부의무 한도를 계산할 때, 분모가 되는 발행주식 총수에는 의결권이 없는 주식을 포함하여 계산한다.

③ 사업이 양도·양수된 경우, 양수인은 양도인의 재산으로 충당되지 못한 부족한 보험료 등에 대하여 양수한 재산의 가액을 한도로 제2차 납부의무를 진다.

④ 제2차 납부의무를 지는 과점주주란 보험료 납부의무가 부과된 날 현재가 아니라, 체납처분이 종료된 날 현재의 주주를 의미한다.

Answer 7.③ 8.③

TIP 제2차 납부의무〈법 제77조의2〉

    ㉠ 법인의 재산으로 그 법인이 납부하여야 하는 보험료, 연체금 및 체납처분비를 충당하여도 부족한 경우에는 해당 법인에게 보험료의 납부의무가 부과된 날 현재의 무한책임사원 또는 과점주주가 그 부족한 금액에 대하여 제2차 납부의무를 진다. 다만, 과점주주의 경우에는 그 부족한 금액을 그 법인의 발행주식 총수(의결권이 없는 주식 제외) 또는 출자총액으로 나눈 금액에 해당 과점주주가 실질적으로 권리를 행사하는 주식 수(의결권이 없는 주식 제외) 또는 출자액을 곱하여 산출한 금액을 한도로 한다.

    ㉡ 사업이 양도·양수된 경우에 양도일 이전에 양도인에게 납부의무가 부과된 보험료, 연체금 및 체납처분비를 양도인의 재산으로 충당하여도 부족한 경우에는 사업의 양수인이 그 부족한 금액에 대하여 양수한 재산의 가액을 한도로 제2차 납부의무를 진다. 이 경우 양수인의 범위 및 양수한 재산의 가액은 대통령령으로 정한다.

9 국민건강보험법상 국내체류 외국인 등의 가입자 자격에 관한 설명으로 옳지 않은 것은?

① 정부는 외국 정부가 사용자인 사업장 근로자의 건강보험에 관하여 외국 정부와 합의가 있더라도 반드시 국민건강보험법의 규정을 따라야 한다.

② 국내 거소신고를 한 재외동포가 공무원으로 임용된 경우, 제6조 제2항의 제외 사유에 해당하지 않는다면 직장가입자가 된다.

③ 외국인등록을 한 사람으로서 보건복지부령으로 정하는 체류자격이 있는 사람은 지역가입자가 될 수 있다.

④ 직장가입자인 국내체류 외국인의 형제·자매는 공단에 신청하면 피부양자가 될 수 있다.

TIP ① 정부는 외국 정부가 사용자인 사업장의 근로자의 건강보험에 관하여는 외국 정부와 한 합의에 따라 이를 따로 정할 수 있다〈법 제109조 제1항〉.

    ② 법 제109조 제2항

    ③ 법 제109조 제3항

    ④ 제109조 제4항 제1호

Answer 9.①

10 다음 중 부당이득의 징수 및 연대납부의무에 관한 설명으로 옳은 것은?

① 의료법을 위반하여 면허를 대여받아 부당하게 보험급여 비용을 받은 경우, 공단은 해당 요양기관을 개설한 자에게 요양기관과 연대하여 징수금을 납부하게 할 수 있다.

② 가입자가 건강보험증을 타인에게 대여하여 보험급여를 받게 한 경우, 공단은 보험급여를 받은 사람에게만 징수금을 내게 할 수 있으며 대여한 가입자에게는 책임을 물을 수 없다.

③ 속임수로 보험급여를 받은 사람이 피부양자인 경우, 해당 피부양자가 속한 세대의 모든 세대원이 연대하여 징수금을 납부내야 하며 직장가입자는 제외된다.

④ 요양기관이 가입자로부터 부당하게 요양급여비용을 받은 경우, 공단은 이를 징수하여 가입자에게 지급할 수 있으나 가입자가 내야 하는 보험료와 상계하는 것은 불가능하다.

> **TIP** ① 법 제57조 제2항 제1호
> ② 사용자나 가입자의 거짓 보고나 거짓 증명(건강보험증이나 신분증명서를 양도·대여하여 다른 사람이 보험급여를 받게 하는 것을 포함한다), 요양기관의 거짓 진단이나 거짓 확인(건강보험증이나 신분증명서로 가입자 또는 피부양자의 본인 여부 및 그 자격을 확인하지 아니한 것을 포함한다) 또는 준요양기관이나 보조기기를 판매한 자의 속임수 및 그 밖의 부당한 방법으로 보험급여가 실시된 경우 공단은 이들에게 보험급여를 받은 사람과 연대하여 제1항에 따른 징수금을 내게 할 수 있다〈법 제57조 제3항〉.
> ③ 공단은 속임수나 그 밖의 부당한 방법으로 보험급여를 받은 사람과 같은 세대에 속한 가입자(속임수나 그 밖의 부당한 방법으로 보험급여를 받은 사람이 피부양자인 경우에는 그 직장가입자를 말한다)에게 속임수나 그 밖의 부당한 방법으로 보험급여를 받은 사람과 연대하여 징수금을 내게 할 수 있다〈법 제57조 제4항〉.
> ④ 요양기관이 가입자나 피부양자로부터 속임수나 그 밖의 부당한 방법으로 요양급여비용을 받은 경우 공단은 해당 요양기관으로부터 이를 징수하여 가입자나 피부양자에게 지체 없이 지급하여야 한다. 이 경우 공단은 가입자나 피부양자에게 지급하여야 하는 금액을 그 가입자 및 피부양자가 내야 하는 보험료등과 상계할 수 있다〈법 제57조 제5항〉.

11 다음 중 장애인에 대한 특례를 설명한 것으로 옳지 않은 것은?

① 공단은 장애인인 가입자 및 피부양자에게 보조기기에 대하여 보험급여를 할 수 있다.

② 장애인인 가입자 또는 피부양자에게 보조기기를 판매한 자는 가입자나 피부양자의 위임이 없더라도 공단에 보험급여를 직접 청구할 수 있다.

③ 공단은 보조기기 판매자가 보험급여를 직접 청구한 경우, 지급 청구 내용의 적정성을 심사하여 보조기기에 대한 보험급여를 지급할 수 있다.

④ 보조기기에 대한 보험급여의 범위·방법·절차에 필요한 사항은 보건복지부령으로 정한다.

Answer　10.①　11.②

TIP ② 장애인인 가입자 또는 피부양자에게 보조기기를 판매한 자는 가입자나 피부양자의 위임이 있는 경우 공단에 보험급여를 직접 청구할 수 있다. 이 경우 공단은 지급이 청구된 내용의 적정성을 심사하여 보조기기를 판매한 자에게 보조기기에 대한 보험급여를 지급할 수 있다〈법 제51조 제2항〉.
① 법 제51조 제1항   ③ 법 제51조 제2항   ④ 법 제51조 제3항

12 다음 중 보험료의 독촉 및 체납처분에 대한 설명으로 옳지 않은 것은?

① 보험료등을 독촉할 때에는 10일 이상 15일 이내의 납부기한을 정하여 독촉장을 발부하여야 한다.

② 공단은 압류한 재산의 공매를 한국자산관리공사에 대행하게 할 수 있다.

③ 공단은 체납처분을 하기 전에 보험료등의 체납 내역, 압류 가능한 재산의 종류 등이 포함된 통보서를 발송하여야 한다.

④ 보험료를 내지 않은 직장가입자의 사용자가 2명 이상인 경우에는 사용자 모두에게 기한을 정하여 독촉하여야 한다.

TIP ④ 공단은 보험료등을 내야 하는 자가 보험료등을 내지 아니하면 기한을 정하여 독촉할 수 있다. 이 경우 직장가입자의 사용자가 2명 이상인 경우 또는 지역가입자의 세대가 2명 이상으로 구성된 경우에는 그 중 1명에게 한 독촉은 해당 사업장의 다른 사용자 또는 세대 구성원인 다른 지역가입자 모두에게 효력이 있는 것으로 본다〈법 제81조 제1항〉.
① 법 제81조 제2항   ② 법 제81조 제5항   ③ 법 제81조 제4항

13 다음 중 공단이 체신관서 또는 금융기관에 위탁할 수 있는 업무만을 모두 고른 것은?

> ㉠ 보험료의 수납 또는 보험료납부의 확인에 관한 업무
> ㉡ 보험급여비용의 지급에 관한 업무
> ㉢ 징수위탁보험료등의 수납
> ㉣ 연금보험료, 고용보험료, 산업재해보상보험료 납부의 확인에 관한 업무

① ㉠㉡   ② ㉠㉡㉢

③ ㉡㉢㉣   ④ ㉠㉡㉢㉣

Answer   12.④   13.④

TIP 공단이 체신관서, 금융기관 또는 그 밖의 자에게 위탁할 수 있는 업무〈법 제112조 제1항〉
　　　㉠ 보험료의 수납 또는 보험료납부의 확인에 관한 업무
　　　㉡ 보험급여비용의 지급에 관한 업무
　　　㉢ 징수위탁근거법의 위탁에 따라 징수하는 연금보험료, 고용보험료, 산업재해보상보험료, 부담금 및 분담금
　　　　등(이하 "징수위탁보험료등"이라 한다)의 수납 또는 그 납부의 확인에 관한 업무

14 다음 중 약제에 대한 요양급여비용 상한금액의 감액 및 적용 정지에 관한 설명으로 옳지 않은 것은?

① 「약사법」 위반과 관련된 약제에 대하여는 100분의 20의 범위에서 감액할 수 있다.

② 약제에 대한 요양급여비용 상한금액의 감액 및 적용 정지의 기준은 보건복지부령으로 정한다.

③ 1차 상한금액을 감액한 후 5년 내에 다시 위반하면 100분의 40 범위에서 감액할 수 있다.

④ 2차 상한금액을 감액한 후 5년 내에 다시 위반하면 1년 범위에서 요양급여 적용을 정지할 수 있다.

TIP ② 약제에 대한 요양급여비용 상한금액의 감액 및 요양급여 적용 정지의 기준, 절차, 그 밖에 필요한 사항은
　　　대통령령으로 정한다〈법 제41조의2 제4항〉.
　　　① 법 제41조의2 제1항　③ 법 제41조의2 제2항　④ 법 제41조의2 제3항

15 국민건강보험법상 보험급여 및 요양급여의 수급조건에 관한 설명으로 옳지 않은 것은?

① 가입자 및 피부양자는 요양기관에서 질병, 부상, 출산 등에 대하여 요양급여를 받을 수 있다.

② 중대한 과실로 인하여 사고를 발생시킨 경우라도 보험급여를 받을 수 있다.

③ 가입자가 국외에 체류하는 기간에는 보험급여를 정지한다.

④ 현역병, 군인 등 병역법에 따라 징집된 자는 그 복무 기간에는 보험급여가 정지된다.

TIP ② 공단이 보험급여를 제한하는 경우〈법 제53조 제1항〉
　　　㉠ 고의 또는 중대한 과실로 인한 범죄행위에 그 원인이 있거나 고의로 사고를 일으킨 경우
　　　㉡ 고의 또는 중대한 과실로 공단이나 요양기관의 요양에 관한 지시에 따르지 아니한 경우
　　　㉢ 고의 또는 중대한 과실로 문서와 그 밖의 물건의 제출을 거부하거나 질문 또는 진단을 기피한 경우
　　　㉣ 업무 또는 공무로 생긴 질병·부상·재해로 다른 법령에 따른 보험급여나 보상(報償) 또는 보상(補償)
　　　　을 받게 되는 경우
　　　① 법 제41조 제1항　③ 법 제54조 제2호　④ 법 제54조 제3호

Answer　14.②　15.②

16 다음에서 국민건강보험법상 벌칙에 관한 설명으로 옳은 것을 모두 고른 것은?

> ㉠ 피부양자의 개인정보를 누설하거나 직무상 목적 외의 용도로 제3자에게 제공한 자는 5년 이하의 징역 또는 5천만 원 이하의 벌금에 처한다.
> ㉡ 부정한 방법으로 보험급여를 받은 자는 3년 이하의 징역 또는 3천만 원 이하의 벌금에 처한다.
> ㉢ 요양비 명세서나 영수증을 내주지 아니한 자는 500만 원 이하의 벌금에 처한다.
> ㉣ 서류 제출 명령을 거부하거나 거짓 서류를 제출한 자는 1년 이하의 징역에 처한다.

① ㉠㉢   ② ㉠㉣
③ ㉡㉢   ④ ㉡㉣

> **TIP** ㉡ 거짓이나 그 밖의 부정한 방법으로 보험급여를 받거나 타인으로 하여금 보험급여를 받게 한 사람은 2년 이하의 징역 또는 2천만 원 이하의 벌금에 처한다〈제115조 제4항〉.
> ㉣ 보고 또는 서류 제출을 하지 아니한 자, 거짓으로 보고하거나 거짓 서류를 제출한 자, 검사나 질문을 거부·방해 또는 기피한 자는 1천만 원 이하의 벌금에 처한다〈제116조〉.
> ㉠ 법 제115조 제1항 ㉢ 법 제117조

17 국민건강보험법령상 보험료의 우선순위에 관한 설명으로 옳지 않은 것은?

① 보험료, 연체금 및 체납처분비는 국세 및 지방세 다음으로 우선하여 징수한다.
② 보험료의 법정기일 이전에 국세의 법정기일이 도래한 경우, 국세가 보험료보다 우선한다.
③ 보험료의 법정기일 이후에 설정된 전세권·질권 또는 저당권에 의하여 담보된 채권은 보험료보다 우선하여 변제된다.
④ 지방세의 체납처분을 할 때 보험료를 함께 징수하는 경우, 지방세보다 보험료를 먼저 징수할 수는 없다.

> **TIP** 보험료등의 징수 순위〈법 제85조〉… 보험료등은 국세와 지방세를 제외한 다른 채권에 우선하여 징수한다. 다만, 보험료등의 납부기한 전에 전세권·질권·저당권 또는 「동산·채권 등의 담보에 관한 법률」에 따른 담보권의 설정을 등기 또는 등록한 사실이 증명되는 재산을 매각할 때에 그 매각대금 중에서 보험료등을 징수하는 경우 그 전세권·질권·저당권 또는 「동산·채권 등의 담보에 관한 법률」에 따른 담보권으로 담보된 채권에 대하여는 그러하지 아니하다.

Answer 16.① 17.③

18 다음 중 자격의 취득시기로 가장 적절한 것은?

① 직장가입자인 근로자등이 그 사용관계가 끝난 날의 다음 날

② 수급권자가 된 날

③ 직장가입자의 피부양자이었던 사람은 그 자격을 잃은 날

④ 지역가입자가 다른 세대로 전입한 날

TIP ① 자격의 변동 시기이다〈법 제9조 제1항 제3호〉.
② 자격의 상실 시기이다〈법 제10조 제1항 제5호〉.
④ 자격의 변동 시기이다〈법 제9조 제1항 제5호〉.

※ **자격의 취득 · 변동 · 상실시기**

구분	시기
취득시기 〈법 제8조〉	• 가입자는 국내에 거주하게 된 날에 직장가입자 또는 지역가입자의 자격을 얻는다. • 다음의 어느 하나에 해당하는 사람은 그 해당되는 날에 각각 자격을 얻는다. – 수급권자이었던 사람은 그 대상자에서 제외된 날 – 직장가입자의 피부양자이었던 사람은 그 자격을 잃은 날 – 유공자등 의료보호대상자이었던 사람은 그 대상자에서 제외된 날 – 보험자에게 건강보험의 적용을 신청한 유공자등 의료보호대상자는 그 신청한 날
변동시기 〈법 제9조〉	• 지역가입자가 적용대상사업장의 사용자로 되거나, 근로자 · 공무원 또는 교직원(이하 "근로자등"이라 한다)으로 사용된 날 • 직장가입자가 다른 적용대상사업장의 사용자로 되거나 근로자등으로 사용된 날 • 직장가입자인 근로자등이 그 사용관계가 끝난 날의 다음 날 • 적용대상사업장에 제7조제2호에 따른 사유가 발생한 날의 다음 날 • 지역가입자가 다른 세대로 전입한 날
상실시기 〈법 제10조〉	• 사망한 날의 다음 날 • 국적을 잃은 날의 다음 날 • 국내에 거주하지 아니하게 된 날의 다음 날 • 직장가입자의 피부양자가 된 날 • 수급권자가 된 날 • 건강보험을 적용받고 있던 사람이 유공자등 의료보호대상자가 되어 건강보험의 적용배제 신청을 한 날

19 다음 중 서원각이라는 직장가입자가 연간 보수 외 소득이 3,500만 원이고 대통령령으로 정하는 금액이 2,000만 원이라고 할 때, 보수 외 소득월액은 얼마인가?

① 55만 원

② 110만 원

③ 125만 원

④ 135만 원

㉠ 직장가입자의 보수 외 소득월액은 보수월액의 산정에 포함된 보수를 제외한 직장가입자의 소득(이하 "보수 외 소득"이라 한다)이 대통령령으로 정하는 금액을 초과하는 경우 다음의 계산식에 따른 값을 보건복지부령으로 정하는 바에 따라 평가하여 산정한다.

※ 보수 외 소득월액 = (연간 보수 외 소득 − 대통령령으로 정하는 금액) × 1/12

㉡ 지역가입자의 소득월액은 지역가입자의 연간 소득을 12개월로 나눈 값을 보건복지부령으로 정하는 바에 따라 평가하여 산정한다〈신설 2024. 2. 6.〉.

㉢ 소득의 구체적인 범위, 소득월액을 산정하는 기준, 방법 등 소득월액의 산정에 필요한 사항은 대통령령으로 정한다.

※ 보수 외 소득월액 : 3,500만 원 − 2,000만 원 × 1/12 = 125만 원

20 다음 중 포상금 등의 지급대상으로 볼 수 없는 것은?

① 부당이득의 징수금을 납부하여야 하는 자의 은닉재산을 신고한 자
② 부당한 방법으로 다른 사람이 보험급여를 받도록 한 자
③ 속임수의 방법으로 보험급여 비용을 받은 보조기기 판매업자
④ 부당한 방법으로 보험급여를 받은 준요양기관

TIP 포상금 등의 지급〈제104조〉… 공단은 다음의 어느 하나에 해당하는 자 또는 재산을 신고한 사람에 대하여 포상금을 지급할 수 있다. 다만, 공무원이 그 직무와 관련하여 ㉣에 따른 은닉재산을 신고한 경우에는 그러하지 아니한다.
㉠ 속임수나 그 밖의 부당한 방법으로 보험급여를 받은 사람
㉡ 속임수나 그 밖의 부당한 방법으로 다른 사람이 보험급여를 받도록 한 자
㉢ 속임수나 그 밖의 부당한 방법으로 보험급여 비용을 받은 요양기관 또는 보험급여를 받은 준요양기관 및 보조기기 판매업자
㉣ 제57조(부당이득의 징수)에 따라 징수금을 납부하여야 하는 자의 은닉재산

Answer 20.①

※ 수험생들의 기억에 의하여 필기시험 후기를 복원하여 기출문제를 재구성한 것으로 실제문제와 차이가 있을 수 있습니다.

1 다음은 국민건강보험법 제4조 제4항에서 보건복지부장관이 임명 또는 위촉하는 심의위원회 위원의 수를 정한 것이다. ㉠㉡㉢의 숫자를 모두 합하면?

> • 근로자단체 및 사용자단체가 추천하는 각 (㉠)명
> • 시민단체(비영리민간단체), 소비자단체, 농어업인단체 및 자영업자단체가 추천하는 각 (㉡)명
> • 의료계를 대표하는 단체 및 약업계를 대표하는 단체가 추천하는 (㉢)명

① 9

② 11

③ 15

④ 23

TIP 심의위원회의 위원〈제4조 제4항〉 … 다음에 해당하는 사람을 보건복지부장관이 임명 또는 위촉한다.
㉠ 근로자단체 및 사용자단체가 추천하는 각 2명
㉡ 시민단체(비영리민간단체를 말한다), 소비자단체, 농어업인단체 및 자영업자단체가 추천하는 각 1명
㉢ 의료계를 대표하는 단체 및 약업계를 대표하는 단체가 추천하는 8명
㉣ 다음에 해당하는 8명
  • 대통령령으로 정하는 중앙행정기관 소속 공무원 2명
  • 국민건강보험공단의 이사장 및 건강보험심사평가원의 원장이 추천하는 각 1명
  • 건강보험에 관한 학식과 경험이 풍부한 4명
※ 2 + 1 + 8 = 11명

2 다음 중 가입자의 자격 취득 시기에 대한 설명으로 옳은 것은?

① 국내에 거주하게 된 사람은 그 거주하게 된 날의 다음 날부터 가입자의 자격을 얻는다.

② 수급권자이었던 사람은 그 대상자에서 제외된 날의 다음 날에 자격을 얻는다.

③ 직장가입자의 피부양자이었던 사람은 그 자격을 잃은 날에 자격을 얻는다.

④ 유공자등 의료보호대상자가 건강보험 적용을 신청한 경우, 신청한 날의 다음 날부터 자격을 얻는다.

Answer 1.② 2.③

TIP 자격의 취득 시기 등〈법 제8조 제1항〉… 가입자는 국내에 거주하게 된 날에 직장가입자 또는 지역가입자의 자격을 얻는다. 다만, 다음의 어느 하나에 해당하는 사람은 그 해당되는 날에 각각 자격을 얻는다.
㉠ 수급권자이었던 사람은 그 대상자에서 제외된 날
㉡ 직장가입자의 피부양자이었던 사람은 그 자격을 잃은 날
㉢ 유공자등 의료보호대상자이었던 사람은 그 대상자에서 제외된 날
㉣ 보험자에게 건강보험의 적용을 신청한 유공자등 의료보호대상자는 그 신청한 날

3 다음은 공단의 정관 및 설립등기에 포함되어야 할 사항을 나열한 것이다. 바른 것으로만 연결된 것은?

> ㉠ 정관 – 목적, 명칭, 사무소의 소재지, 임직원에 관한 사항
> ㉡ 정관 – 재정운영위원회에 관한 사항, 보험급여에 관한 사항, 이사회의 운영
> ㉢ 등기 – 목적, 명칭, 주된 사무소 및 분사무소의 소재지
> ㉣ 등기 – 이사장의 성명 · 주소 및 주민등록번호

① ㉠㉡
② ㉠㉡㉢
③ ㉡㉢㉣
④ ㉠㉡㉢㉣

TIP 공단의 정관에 적어야 하는 사항〈법 제17조〉… 목적, 명칭, 사무소의 소재지, 임직원에 관한 사항, 이사회의 운영, 재정운영위원회에 관한 사항, 보험료 및 보험급여에 관한 사항, 예산 및 결산에 관한 사항, 자산 및 회계에 관한 사항, 업무와 그 집행, 정관의 변경에 관한 사, 공고에 관한 사항
※ 공단은 정관을 변경하려면 보건복지부장관의 인가를 받아야 한다.

4 국민건강보험법 제50조에서 정하고 있는 부가급여의 종류로 옳지 않은 것은?

① 임신 · 출산 진료비
② 장제비
③ 상병수당
④ 요양비

TIP 부가급여〈법 제50조〉… 공단은 국민건강보험법에서 정한 요양급여 외에 대통령령으로 정하는 바에 따라 임신 · 출산 진료비, 장제비, 상병수당, 그 밖의 급여를 실시할 수 있다.

5 다음 중 요양급여비용의 산정 및 계약에 대한 설명으로 옳지 않은 것은?

① 요양급여비용의 계약은 그 직전 계약기간 만료일이 속하는 연도의 12월 31일까지 체결하여야 한다.

② 요양급여비용은 공단의 이사장과 대통령령으로 정하는 의약계를 대표하는 사람들의 계약으로 정한다.

③ 계약기한까지 계약이 체결되지 아니하는 경우 보건복지부장관이 그 직전 계약기간 만료일이 속하는 연도의 6월 30일까지 심의위원회의 의결을 거쳐 요양급여비용을 정한다.

④ 계약의 내용과 그 밖에 필요한 사항은 대통령령으로 정한다.

> **TIP** ①③ 계약은 그 직전 계약기간 만료일이 속하는 연도의 5월 31일까지 체결하여야 하며, 그 기한까지 계약이 체결되지 아니하는 경우 보건복지부장관이 그 직전 계약기간 만료일이 속하는 연도의 6월 30일까지 심의위원회의 의결을 거쳐 요양급여비용을 정한다〈법 제45조 제3항〉.
> ② 요양급여비용은 공단의 이사장과 대통령령으로 정하는 의약계를 대표하는 사람들의 계약으로 정한다. 이 경우 계약기간은 1년으로 한다〈법 제45조 제1항〉.
> ④ 법 제45조 제7항

6 직장가입자인 근로자 A씨가 월 급여로 2,200,000원을 받는다면 본인이 부담하는 보수월액보험료는 얼마인가? (단, 건강보험료율은 7.19% 적용하며, 원 단위 미만은 절사함)

① 47,450원   ② 79,090원

③ 31,630원   ④ 94,900원

> **TIP** 보험료의 부담〈법 제76조〉… 직장가입자의 보수월액보험료는 직장가입자와 다음의 구분에 따른 자가 각각 보험료액의 100분의 50씩 부담한다. 다만, 직장가입자가 교직원으로서 사립학교에 근무하는 교원이면 보험료액은 그 직장가입자가 100분의 50을, 교직원이 소속되어 있는 사립학교를 설립 · 운영하는 자에 해당하는 사용자가 100분의 30을, 국가가 100분의 20을 각각 부담한다.
> ⊙ 직장가입자가 근로자인 경우에는 근로자가 소속되어 있는 사업장의 사업주
> ⊙ 직장가입자가 공무원인 경우에는 그 공무원이 소속되어 있는 국가 또는 지방자치단체
> ⊙ 직장가입자가 교직원(사립학교에 근무하는 교원은 제외한다)인 경우에는 교직원이 소속되어 있는 사립학교를 설립 · 운영하는 자
> ※ 2,200,000 × 7.19% = 158,180원, 158,180 × 0.5 = 79,090원

7 다음은 국민건강보험법 제53조에 따라 보험급여를 급여제한기간에 받았지만 보험급여로 인정되는 경우를 설명한 것이다. (   ) 안의 숫자를 모두 합한 것으로 옳은 것은?

> 공단이 급여제한기간에 보험급여를 받은 사실이 있음을 가입자에게 통지한 날부터 (   )개월이 지난 날이 속한 달의 납부기한 이내에 분할납부 승인을 받은 체납보험료를 (   )회 이상 낸 경우. 다만, 분할납부 승인을 받은 사람이 정당한 사유 없이 (   )회 이상 그 승인된 보험료를 내지 아니한 경우에는 그러하지 아니하다.

① 7

② 8

③ 9

④ 10

TIP 급여제한기간에 받은 보험급여는 다음의 어느 하나에 해당하는 경우에만 보험급여로 인정한다〈제53조 제6항〉.
　　㉠ 공단이 급여제한기간에 보험급여를 받은 사실이 있음을 가입자에게 통지한 날부터 2개월이 지난 날이 속한 달의 납부기한 이내에 체납된 보험료를 완납한 경우
　　㉡ 공단이 급여제한기간에 보험급여를 받은 사실이 있음을 가입자에게 통지한 날부터 2개월이 지난 날이 속한 달의 납부기한 이내에 제82조에 따라 분할납부 승인을 받은 체납보험료를 1회 이상 낸 경우. 다만, 제82조에 따른 분할납부 승인을 받은 사람이 정당한 사유 없이 5회 이상 그 승인된 보험료를 내지 아니한 경우에는 그러하지 아니하다.
　　※ 2+1+5＝8

8 국민건강보험법상 심사평가원 또는 공단에 신고해야 하는 경우를 설명한 것이다. 다음 중 신고기한이 가장 긴 것은?

① 요양기관 현황에 대하여 변경신고를 하는 경우

② 직장가입자 또는 지역가입자의 자격을 얻어 자격취득신고를 하는 경우

③ 사업장의 사용자가 휴업이나 폐업신고를 하는 경우

④ 직장가입자 또는 지역가입자가 자격변동신고를 하는 경우

TIP ① 요양기관 현황에 대하여 변경신고를 할 경우에는 변경된 날부터 15일 이내에 심사평가원에 신고하여야 한다〈법 제43조 제2항〉.
　　② 직장가입자 또는 지역가입자의 자격을 얻은 경우에는 자격을 취득한 날부터 14일 이내에 보험자에게 신고하여야 한다〈법 제8조 제2항〉.
　　③ 사업장의 사용자는 휴업·폐업을 할 경우에는 그 때부터 14일 이내에 보험자에게 신고하여야 한다〈법 제7조 제2호〉.
　　④ 자격이 변동된 경우에는 자격이 변동된 날부터 14일 이내에 보험자에게 신고하여야 한다〈법 제9조 제2항〉.

Answer　7.② 8.①

9 다음 중 요양급여비용의 청구에 관한 설명으로 옳지 않은 것은?

① 요양기관이 심사평가원에 요양급여비용의 심사청구를 한 경우, 이는 공단에 요양급여비용의 지급을 청구한 것으로 본다.

② 심사청구를 받은 심사평가원은 이를 심사한 후 지체 없이 그 내용을 공단에 알려야 하며, 요양기관은 공단을 통해 심사청구여부를 확인해야 한다.

③ 공단은 요양급여비용을 지급할 때, 해당 요양기관이 체납한 보험료 또는 징수금이 있다면 이를 공제하고 지급할 수 있다.

④ 가입자가 이미 낸 본인일부부담금이 심사 결과보다 더 많은 경우, 공단은 가입자에게 지급할 금액을 그 가입자가 내야 하는 보험료 등과 상계할 수 있다.

> **TIP** ② 요양급여비용을 청구하려는 요양기관은 심사평가원에 요양급여비용의 심사청구를 하여야 하며, 심사청구를 받은 심사평가원은 이를 심사한 후 지체 없이 그 내용을 공단과 요양기관에 알려야 한다〈법 제47조 제2항〉.
> ① 법 제47조 제1항 ③ 법 제47조 제4항 ④ 법 제47조 제5항

10 국민건강보험법 제78조의2에 따른 거짓 신고에 대한 가산금에 관한 설명으로 옳은 것은?

① 가산금의 부과 대상은 거짓 신고를 통해 직장가입자가 된 당사자(가입자)이다.

② 가산금은 직장가입자로 신고되어 부담한 보험료 총액에서 지역가입자로서 산정된 보험료 총액을 뺀 금액의 100분의 20으로 한다.

③ 사용자가 대통령령으로 정하는 사유에 해당하여 직장가입자가 될 수 없는 자를 거짓으로 신고한 경우에 가산금을 부과한다.

④ 공단은 가산금이 소액인 경우라도 예외 없이 반드시 이를 징수하여야 한다.

> **TIP** ①②③ 사업장의 사용자가 대통령령으로 정하는 사유에 해당되어 직장가입자가 될 수 없는 자를 거짓으로 보험자에게 직장가입자로 신고한 경우 공단은 ㉠의 금액에서 ㉡의 금액을 뺀 금액의 100분의 10에 상당하는 가산금을 그 사용자에게 부과하여 징수한다〈법 제78조의2 제1항〉.
> ㉠ 사용자가 직장가입자로 신고한 사람이 직장가입자로 처리된 기간 동안 그 가입자가 제69조 제5항에 따라 부담하여야 하는 보험료의 총액
> ㉡ ㉠의 기간 동안 공단이 해당 가입자에 대하여 제69조 제4항에 따라 산정하여 부과한 보험료의 총액
> ④ 공단은 가산금이 소액이거나 그 밖에 가산금을 징수하는 것이 적절하지 아니하다고 인정되는 등 대통령령으로 정하는 경우에는 징수하지 아니할 수 있다〈법 제78조의2 제2항〉.

11 다음 중 본인부담상한액을 넘는 금액의 지급 방법을 정하는 기준으로 옳은 것은?

① 공단의 정관   ② 재정경제부령

③ 보건복지부령   ④ 대통령령

> **TIP** 본인부담상한액을 넘는 금액의 지급 방법 및 가입자의 소득수준 등에 따른 본인부담상한액 설정 등에 필요한 사항은 대통령령으로 정한다〈법 제44조 제4항〉.

12 다음 중 보험료의 경감 및 감액에 관한 설명으로 옳지 않은 것은?

① 섬·벽지·농어촌 등 대통령령으로 정하는 지역에 거주하는 가입자는 보험료의 일부를 경감받을 수 있다.

② 65세 이상인 사람이나 장애인은 보건복지부령에 따라 보험료 경감 대상이 될 수 있다.

③ 보험료 납입 고지 또는 독촉을 전자문서로 받거나 계좌·신용카드 자동이체 방법으로 납부하는 경우 보험료를 감액할 수 있다.

④ 보험료 경감의 구체적인 방법과 절차에 관한 사항은 대통령령으로 정한다.

> **TIP** 보험료의 경감 등〈법 제75조〉
> ㉠ 다음의 어느 하나에 해당하는 가입자 중 보건복지부령으로 정하는 가입자에 대하여는 그 가입자 또는 그 가입자가 속한 세대의 보험료의 일부를 경감할 수 있다.
> • 섬·벽지(僻地)·농어촌 등 대통령령으로 정하는 지역에 거주하는 사람
> • 65세 이상인 사람
> • 장애인
> • 국가유공자
> • 휴직자
> • 그 밖에 생활이 어렵거나 천재지변 등의 사유로 보험료를 경감할 필요가 있다고 보건복지부장관이 정하여 고시하는 사람
> ㉡ 보험료 납부의무자가 다음의 어느 하나에 해당하는 경우에는 대통령령으로 정하는 바에 따라 보험료를 감액하는 등 재산상의 이익을 제공할 수 있다.
> • 보험료의 납입 고지 또는 독촉을 전자문서로 받는 경우
> • 보험료를 계좌 또는 신용카드 자동이체의 방법으로 내는 경우
> ㉢ 보험료 경감의 방법·절차 등에 필요한 사항은 보건복지부장관이 정하여 고시한다.

Answer 11.④ 12.④

13 다음 중 신고한 소득 등에 축소 또는 탈루가 발견되어 자료를 국세청에 송부할 때에 대한 설명으로 옳지 않은 것은?

① 공단은 신고한 소득 등에 탈루(脫漏)가 인정되는 경우에는 탈루에 관한 사항을 국세청장에게 송부할 수 있다.

② 국세청장은 송부받은 사항에 대하여 세무조사를 하면 그 조사 결과 전체를 공단에 송부해야한다.

③ 공단은 소득축소가 인정되어 국세청장에 송부할 경우에는 보건복지부장관을 거쳐야 한다.

④ 송부절차 등에 필요한 사항은 대통령령으로 정한다.

> **TIP** 소득 축소 · 탈루 자료의 송부 등〈법 제95조〉
> ㉠ 공단은 제94조 제1항에 따라 신고한 보수 또는 소득 등에 축소 또는 탈루(脫漏)가 있다고 인정하는 경우에는 보건복지부장관을 거쳐 소득의 축소 또는 탈루에 관한 사항을 문서로 국세청장에게 송부할 수 있다.
> ㉡ 국세청장은 송부받은 사항에 대하여 「국세기본법」 등 관련 법률에 따른 세무조사를 하면 그 조사 결과 중 보수 · 소득에 관한 사항을 공단에 송부하여야 한다.
> ㉢ 송부 절차 등에 필요한 사항은 대통령령으로 정한다.

14 다음 중 국민건강보험법 제100조에 따라 보건복지부장관이 위반행위 및 요양기관 명칭 등을 공표할 수 있는 대상은? (단, 관련 서류의 위조 · 변조로 요양급여비용을 거짓 청구하여 행정처분을 받은 기관을 전제로 함)

① 요양급여비용 총액 중 거짓으로 청구한 금액의 비율이 100분의 30 이상인 경우

② 거짓으로 청구한 금액이 1천만 원 이상인 경우

③ 요양급여비용 총액 중 거짓으로 청구한 금액의 비율이 100분의 10 이상인 경우

④ 거짓으로 청구한 금액이 1천 500만 원 이상인 경우

> **TIP** 위반사실의 공표〈제100조〉 ··· 보건복지부장관은 관련 서류의 위조 · 변조로 요양급여비용을 거짓으로 청구하여 행정처분을 받은 요양기관이 다음의 어느 하나에 해당하면 그 위반 행위, 처분 내용, 해당 요양기관의 명칭 · 주소 및 대표자 성명, 그 밖에 다른 요양기관과의 구별에 필요한 사항으로서 대통령령으로 정하는 사항을 공표할 수 있다. 이 경우 공표 여부를 결정할 때에는 그 위반행위의 동기, 정도, 횟수 및 결과 등을 고려하여야 한다.
> ㉠ 거짓으로 청구한 금액이 1천 500만 원 이상인 경우
> ㉡ 요양급여비용 총액 중 거짓으로 청구한 금액의 비율이 100분의 20 이상인 경우
> ※ 공표의 절차 · 방법, 공표심의위원회의 구성 · 운영 등에 필요한 사항은 대통령령으로 정한다.

Answer 13.② 14.④

15 다음 중 국민건강보험법상 임의계속가입자제도에 관한 설명으로 옳은 것은?

① 임의계속가입자가 되려는 사람은 지역가입자 보험료를 고지받은 날부터 납부기한에서 3개월이 지나기 전까지 공단에 신청해야 한다.

② 임의계속가입자의 보수월액은 보수월액보험료가 산정된 최근 12개월간의 보수월액을 평균한 금액으로 산정한다.

③ 임의계속가입자의 보수월액보험료는 가입자 본인이 일부를 부담하여 납부하여야 한다.

④ 신청 후 최초로 내야 할 임의계속가입자 보험료를 납부기한부터 3개월이 지난날까지 내지 않으면 그 자격을 유지할 수 없다.

> **TIP** ① 사용관계가 끝난 사람 중 직장가입자로서의 자격을 유지한 기간이 보건복지부령으로 정하는 기간 동안 통산 1년 이상인 사람은 지역가입자가 된 이후 최초로 지역가입자 보험료를 고지받은 날부터 그 납부기한에서 2개월이 지나기 이전까지 공단에 직장가입자로서의 자격을 유지할 것을 신청할 수 있다〈법 제110조 제1항〉.
> ③ 임의계속가입자의 보수월액보험료는 제76조 제1항 및 제77조 제1항 제1호에도 불구하고 그 임의계속가입자가 전액을 부담하고 납부한다〈법 제110조 제5항〉.
> ④ 임의계속가입자는 대통령령으로 정하는 기간 동안 직장가입자의 자격을 유지한다. 다만, 신청 후 최초로 내야 할 직장가입자 보험료를 그 납부기한부터 2개월이 지난날까지 내지 아니한 경우에는 그 자격을 유지할 수 없다〈법 제110조 제2항〉.
> ② 임의계속가입자의 보수월액은 보수월액보험료가 산정된 최근 12개월간의 보수월액을 평균한 금액으로 한다〈법 제110조 제3항〉.

16 다음에 해당하는 사람들에게 부과 가능한 벌금을 최대로 부과했을 때 모두 합한 금액은 얼마인가?

> ㉠ 업무를 수행하면서 알게 된 정보를 누설하거나 직무상 목적 외의 용도로 이용 또는 제3자에게 제공한 자
> ㉡ 가입자 및 피부양자의 개인정보를 누설하거나 직무상 목적 외의 용도로 이용 또는 정당한 사유 없이 제3자에게 제공한 자
> ㉢ 거짓이나 그 밖의 부정한 방법으로 보험급여를 받거나 타인으로 하여금 보험급여를 받게 한 자
> ㉣ 거짓으로 보고하거나 거짓 서류를 제출한 자

① 8천만 원　　　　　　　　　② 9천만 원
③ 1억 원　　　　　　　　　　④ 1억 1천만 원

TIP ㉠ 업무를 수행하면서 알게 된 정보를 누설하거나 직무상 목적 외의 용도로 이용 또는 제3자에게 제공한 자는 3년 이하의 징역 또는 3천만 원 이하의 벌금에 처한다〈법 제115조 제2항 제2호〉.

㉡ 가입자 및 피부양자의 개인정보를 누설하거나 직무상 목적 외의 용도로 이용 또는 정당한 사유 없이 제3자에게 제공한 자는 5년 이하의 징역 또는 5천만 원 이하의 벌금에 처한다〈법 제115조 제1항〉.

㉢ 거짓이나 그 밖의 부정한 방법으로 보험급여를 받거나 타인으로 하여금 보험급여를 받게 한 사람은 2년 이하의 징역 또는 2천만 원 이하의 벌금에 처한다〈법 제115조 제4항〉.

㉣ 보고 또는 서류 제출을 하지 아니한 자, 거짓으로 보고하거나 거짓 서류를 제출한 자, 검사나 질문을 거부·방해 또는 기피한 자는 1천만 원 이하의 벌금에 처한다〈법 제116조〉.

17 다음 중 약제에 대한 쟁송 시 손실상당액의 징수 및 지급에 관한 설명으로 옳지 않은 것은?

① 공단은 약제 제조업자 등이 제기한 행정소송에서 법원이 집행정지 결정을 하였으나, 이후 기각 판결이 확정된 경우 집행정지 기간 동안 공단에 발생한 손실액을 징수할 수 있다.

② 행정심판위원회 또는 법원의 집행정지 결정이 없었으나 행정소송에서 인용 판결이 확정된 경우, 공단은 조정 등으로 인하여 제조업자 등에게 발생한 손실액을 지급하여야 한다.

③ 요양급여대상에서 제외하는 내용의 조정에 대한 손실상당액을 산정할 때, 그 금액은 요양급여비용 차액의 100분의 50을 초과할 수 없다.

④ 공단은 손실에 상당하는 금액을 징수하거나 지급하는 경우 대통령령으로 정하는 이자를 가산하여야 한다.

TIP ③ 다만, 요양급여대상에서 제외되거나 요양급여의 적용을 정지하는 내용의 조정등의 경우에는 요양급여비용 차액의 100분의 40을 초과할 수 없다〈법 제101조의2 제3항 및 제4항〉.
① 법 제101조의2 제1항 ② 법 제101조의2 제2항 ④ 법 제101조의2 제5항

18 다음 중 이의신청 및 분쟁조정위원회에 대한 설명으로 옳지 않은 것은?

① 이의신청은 처분이 있음을 안 날부터 90일 이내에 문서로 하여야 한다.

② 정당한 사유없이 처분이 있은 날부터 150일이 지나면 이의신청을 제기할 수 없다.

③ 이의신청에 대한 결정에 불복하는 자는 분쟁조정위원회에 심판청구를 할 수 있다.

④ 분쟁조정위원회는 위원장을 포함하여 60명 이내의 위원으로 구성한다.

Answer 17.③ 18.②

TIP ①② 이의신청은 처분이 있음을 안 날부터 90일 이내에 문서(전자문서를 포함한다)로 하여야 하며 처분이 있은 날부터 180일을 지나면 제기하지 못한다. 다만, 정당한 사유로 그 기간에 이의신청을 할 수 없었음을 소명한 경우에는 그러하지 아니하다〈법 제87조 제3항〉.
③ 이의신청에 대한 결정에 불복하는 자는 분쟁조정위원회에 심판청구를 할 수 있다〈법 제88조 제1항〉.
④ 법 제89조 제2항

※ **건강보험분쟁조정위원회**〈법 제89조〉
㉠ 심판청구를 심리·의결하기 위하여 보건복지부에 분쟁조정위원회를 둔다.
㉡ 분쟁조정위원회는 위원장을 포함하여 60명 이내의 위원으로 구성하고, 위원장을 제외한 위원 중 1명은 당연직위원으로 한다. 이 경우 공무원이 아닌 위원이 전체 위원의 과반수가 되도록 하여야 한다.
㉢ 분쟁조정위원회의 회의는 위원장, 당연직위원 및 위원장이 매 회의마다 지정하는 7명의 위원을 포함하여 총 9명으로 구성하되, 공무원이 아닌 위원이 과반수가 되도록 하여야 한다.
㉣ 분쟁조정위원회는 구성원 과반수의 출석과 출석위원 과반수의 찬성으로 의결한다.
㉤ 분쟁조정위원회를 실무적으로 지원하기 위하여 분쟁조정위원회에 사무국을 둔다.
㉥ 분쟁조정위원회 및 사무국의 구성 및 운영 등에 필요한 사항은 대통령령으로 정한다.

19 다음 중 체납보험료의 분할납부에 대한 설명으로 옳은 것은?

① 공단은 분할납부를 신청받은 경우 심사평가원에 통보한 후 분할납부를 승인하여야 한다.
② 공단은 보험료를 3회 이상 체납한 자에 대하여 체납처분을 하기 전에 분할납부를 신청할 수 있음을 알려야 한다.
③ 분할납부 승인을 받은 자가 정당한 사유 없이 3회 이상 보험료를 납부하지 아니하면 공단은 즉시 그 승인을 취소하여야 한다.
④ 분할납부의 승인과 취소에 관한 구체적인 기준 및 필요 사항은 대통령령으로 정하는 바에 따른다.

TIP ① 공단은 보험료를 3회 이상 체납한 자가 신청하는 경우 보건복지부령으로 정하는 바에 따라 분할납부를 승인할 수 있다〈법 제82조 제1항〉.
③ 공단은 분할납부 승인을 받은 자가 정당한 사유 없이 5회(승인받은 분할납부 횟수가 5회 미만인 경우에는 해당 분할납부 횟수를 말한다) 이상 그 승인된 보험료를 납부하지 아니하면 그 분할납부의 승인을 취소한다〈법 제82조 제3항〉.
④ 분할납부의 승인과 취소에 관한 절차·방법·기준 등에 필요한 사항은 보건복지부령으로 정한다〈법 제82조 제4항〉.

Answer 19.②

20 국민건강보험법 제96조의4에 따른 서류의 보존기간이 잘못 연결된 것은?

① 사용자 – 자격관리 및 보험료 산정 등 건강보험에 관한 서류를 5년간

② 요양기관 – 요양급여가 끝난 날부터 5년간

③ 준요양기관 – 요양비를 지급받은 날부터 3년간

④ 보조기기에 대한 보험급여를 청구한 자 – 보험급여를 지급받은 날부터 3년간

TIP 서류의 보존〈제96조의4〉

    ㉠ 요양기관은 요양급여가 끝난 날부터 5년간 보건복지부령으로 정하는 바에 따라 요양급여비용의 청구에 관한 서류를 보존하여야 한다. 다만, 약국 등 보건복지부령으로 정하는 요양기관은 처방전을 요양급여비용을 청구한 날부터 3년간 보존하여야 한다.

    ㉡ 사용자는 3년간 보건복지부령으로 정하는 바에 따라 자격 관리 및 보험료 산정 등 건강보험에 관한 서류를 보존하여야 한다.

    ㉢ 요양비를 청구한 준요양기관은 요양비를 지급받은 날부터 3년간 보건복지부령으로 정하는 바에 따라 요양비 청구에 관한 서류를 보존하여야 한다.

    ㉣ 보조기기에 대한 보험급여를 청구한 자는 보험급여를 지급받은 날부터 3년간 보건복지부령으로 정하는 바에 따라 보험급여 청구에 관한 서류를 보존하여야 한다.

Answer   20.①

1 건강보험분쟁조정위원회에 대한 설명으로 옳지 않은 것은?

① 분쟁조정위원회는 위원장을 포함하여 60명 이내의 위원으로 구성한다.

② 분쟁조정위원회는 위원장을 제외한 위원 중 1명은 당연직위원으로 한다.

③ 분쟁조정위원회는 공무원인 위원이 전체 위원의 과반수가 되도록 하여야 한다.

④ 분쟁조정위원회는 구성원 과반수의 출석과 출석위원 과반수의 찬성으로 의결한다.

TIP ③ 분쟁조정위원회는 위원장을 포함하여 60명 이내의 위원으로 구성하고, 위원장을 제외한 위원 중 1명은 당연직위원으로 한다. 이 경우 공무원이 아닌 위원이 전체 위원의 과반수가 되도록 하여야 한다〈「국민건강보험법」 제89조 제2항〉.

2 국민건강보험법상 피부양자가 될 수 있는 자는?

㉠ 공무원의 배우자	㉡ 공무원의 자녀
㉢ 4대보험에 가입된 카페 직원	㉣ 직장가입자의 친구 · 자매

① ㉠㉡   ② ㉠㉢

③ ㉡㉣   ④ ㉢㉣

TIP 적용 대상 등〈「국민건강보험법」 제5조 제2항〉 ⋯ 피부양자는 다음의 어느 하나에 해당하는 사람 중 직장가입자에게 주로 생계를 의존하는 사람으로서 소득 및 재산이 보건복지부령으로 정하는 기준 이하에 해당하는 사람을 말한다.
㉠ 직장가입자의 배우자
㉡ 직장가입자의 직계존속(배우자의 직계존속을 포함한다)
㉢ 직장가입자의 직계비속(배우자의 직계비속을 포함한다)과 그 배우자
㉣ 직장가입자의 형제 · 자매
※ 모든 사업장의 근로자 및 사용자와 공무원 및 교직원은 직장가입자가 된다〈「국민건강보험법」 제6조 제2항〉.

Answer   1.③   2.①

3 다음 중 요양급여 대상 여부의 확인에 대한 설명으로 옳지 않은 것은?

① 확인 요청의 범위, 방법, 절차, 처리기간 등 필요한 사항은 대통령령으로 정한다.

② 피부양자는 본인일부부담금 외에 자신이 부담한 비용이 요양급여 대상에서 제외되는 비용인지 여부에 대하여 심사평가원에 확인을 요청할 수 있다.

③ 요양급여 대상 여부의 확인 요청을 받은 심사평가원은 그 결과를 요청한 사람에게 알려야 한다.

④ 요양기관은 과다본인부담금을 지체 없이 확인을 요청한 사람에게 지급하여야 한다.

TIP ① 확인 요청의 범위, 방법, 절차, 처리기간 등 필요한 사항은 보건복지부령으로 정한다〈「국민건강보험법」 제48조 제4항〉.

4 다음에서 중 옳은 것을 모두 고른 것은?

> ㉠ 심사평가원에 임원으로서 원장, 이사 15명 및 감사 1명을 둔다.
> ㉡ 지역가입자의 소득월액은 지역가입자의 연간 소득을 6개월로 나눈 값을 보건복지부령으로 정하는 바에 따라 평가하여 산정한다.
> ㉢ 요양급여비용을 심사하고 요양급여의 적정성을 평가하기 위하여 국민건강보험공단을 설립한다.
> ㉣ 직장가입자의 보험료율은 1천분의 80의 범위에서 심의위원회의 의결을 거쳐 보건복지부령으로 정한다.
> ㉤ 재산보험료부과점수의 산정방법·산정기준 등에 필요한 사항은 보건복지부령으로 정한다.
> ㉥ 공단은 보험료등을 징수하려면 그 금액을 결정하여 납부의무자에게 징수하려는 보험료등의 종류, 납부해야 하는 금액, 납부기한 및 장소를 적은 문서로 납입 고지를 하여야 한다.

① ㉠㉢　　　　　　　　　　　　　② ㉠㉥

③ ㉡㉢㉣　　　　　　　　　　　　④ ㉣㉥㉦

TIP ㉡ 지역가입자의 소득월액은 지역가입자의 연간 소득을 12개월로 나눈 값을 보건복지부령으로 정하는 바에 따라 평가하여 산정한다〈「국민건강보험법」 제71조 제2항〉.

㉢ 요양급여비용을 심사하고 요양급여의 적정성을 평가하기 위하여 건강보험심사평가원을 설립한다〈「국민건강보험법」 제62조〉.

㉣ 직장가입자의 보험료율은 1천분의 80의 범위에서 심의위원회의 의결을 거쳐 대통령령으로 정한다〈「국민건강보험법」 제73조 제1항〉.

㉤ 재산보험료부과점수의 산정방법·산정기준 등에 필요한 사항은 대통령령으로 정한다〈「국민건강보험법」 제72조 제4항〉.

Answer　3.①　4.②

5 다음은 국민건강보험법 제39조 결산에 대한 법조항으로 빈칸에 들어갈 내용으로 옳은 것은?

> 공단은 회계연도마다 결산보고서와 사업보고서를 작성하여 다음해 (   )일까지 보건복지부장관에게 보고하여야 한다.

① 1월 말
② 2월 말
③ 3월 말
④ 4월 말

TIP 공단은 회계연도마다 결산보고서와 사업보고서를 작성하여 다음해 2월 말일까지 보건복지부장관에게 보고하여야 한다〈「국민건강보험법」 제39조 제1항〉.

6 다음은 국민건강보험법 제82조 체납보험료의 분할납부에 대한 일부 내용이다. 빈칸에 들어갈 숫자를 모두 더한 값은?

> ㉠ 공단은 보험료를 (   )회 이상 체납한 자가 신청하는 경우 보건복지부령으로 정하는 바에 따라 분할납부를 승인할 수 있다.
> ㉡ 공단은 분할납부 승인을 받은 자가 정당한 사유 없이 (   )회(승인받은 분할납부 횟수가 (   )회 미만인 경우에는 해당 분할납부 횟수를 말한다) 이상 그 승인된 보험료를 납부하지 아니하면 그 분할납부의 승인을 취소한다.

① 10
② 12
③ 13
④ 15

TIP ㉠ 공단은 보험료를 3회 이상 체납한 자가 신청하는 경우 보건복지부령으로 정하는 바에 따라 분할납부를 승인할 수 있다〈「국민건강보험법」 제82조 제1항〉.
　　　㉡ 공단은 분할납부 승인을 받은 자가 정당한 사유 없이 5회(승인받은 분할납부 횟수가 5회 미만인 경우에는 해당 분할납부 횟수를 말한다) 이상 그 승인된 보험료를 납부하지 아니하면 그 분할납부의 승인을 취소한다〈「국민건강보험법」 제82조 제3항〉.
　　　※ 3 + 5 + 5 = 13

Answer　5.②　6.③

7 다음 중 건강검진의 종류 및 대상을 설명한 것으로 옳은 것은?

> ㉠ 암검진 : 암의 종류별 검진주기와 연령 기준 등에 해당하는 사람
> ㉡ 일반건강검진 : 20세 이상인 피부양자
> ㉢ 영유아건강검진 : 5세 미만의 가입자
> ㉣ 일반건강검진 : 20세 이하인 지역가입자

① ㉠㉡ ② ㉠㉢
③ ㉡㉢ ④ ㉣㉣

TIP 건강검진의 종류 및 대상〈「국민건강보험법」 제52조 제2항〉
   ㉠ **일반건강검진** : 직장가입자, 세대주인 지역가입자, 20세 이상인 지역가입자 및 20세 이상인 피부양자
   ㉡ **암검진** : 암의 종류별 검진주기와 연령 기준 등에 해당하는 사람
   ㉢ **영유아건강검진** : 6세 미만의 가입자 및 피부양자

8 다음 중 업무의 위탁에 대한 설명으로 옳지 않은 것은?

① 공단은 대통령령으로 정하는 바에 따라 보험급여비용의 지급에 관한 업무를 체신관서에게 위탁할 수 있다.
② 공단은 그 업무의 일부를 국가기관, 지방자치단체 또는 다른 법령에 따른 사회보험 업무를 수행하는 법인이나 그 밖의 자에게 위탁할 수 있다.
③ 공단은 보험료와 징수위탁보험료등의 징수 업무를 수행하는 법인이나 그 밖의 자에게 위탁할 수 있다.
④ 공단이 위탁할 수 있는 업무 및 위탁받을 수 있는 자의 범위는 보건복지부령으로 정한다.

TIP ③ 공단은 그 업무의 일부를 국가기관, 지방자치단체 또는 다른 법령에 따른 사회보험 업무를 수행하는 법인이나 그 밖의 자에게 위탁할 수 있다. 다만, 보험료와 징수위탁보험료등의 징수 업무는 그러하지 아니하다〈「국민건강보험법」 제112조 제2항〉.

Answer 7.① 8.③

9 다음 중 서류의 보존에 대한 내용으로 옳지 않은 것은?

① 요양기관은 요양급여가 시작한 날부터 5년간 보건복지부령으로 정하는 바에 따라 요양급여비용의 청구에 관한 서류를 보존하여야 한다.
② 약국 등 보건복지부령으로 정하는 요양기관은 처방전을 요양급여비용을 청구한 날부터 3년간 보존하여야 한다.
③ 사용자는 3년간 보건복지부령으로 정하는 바에 따라 자격 관리 및 보험료 산정 등 건강보험에 관한 서류를 보존하여야 한다.
④ 요양비를 청구한 준요양기관은 요양비를 지급받은 날부터 3년간 보건복지부령으로 정하는 바에 따라 요양비 청구에 관한 서류를 보존하여야 한다.

> **TIP** ①② 요양기관은 요양급여가 끝난 날부터 5년간 보건복지부령으로 정하는 바에 따라 요양급여비용의 청구에 관한 서류를 보존하여야 한다. 다만, 약국 등 보건복지부령으로 정하는 요양기관은 처방전을 요양급여비용을 청구한 날부터 3년간 보존하여야 한다〈「국민건강보험법」 제96조의4 제1항〉.

10 다음 중 500만 원 이하의 과태료를 부과하는 벌칙이 아닌 것은?

① 사업장의 신고를 하지 아니하거나 거짓으로 신고한 사용자
② 정당한 사유 없이 변경된 가입자의 거주지를 신고 · 서류제출을 하지 아니한 자
③ 요양 · 약제의 지급 등 보험급여에 관한 보고 또는 서류를 거짓으로 제출한 요양기관
④ 행정처분을 받은 사실 또는 행정처분절차가 진행 중인 사실을 지체 없이 알리지 아니한 자

> **TIP** ③ 보고 또는 서류 제출을 하지 아니한 자, 거짓으로 보고하거나 거짓 서류를 제출한 자, 검사나 질문을 거부 · 방해 또는 기피한 자는 1천만 원 이하의 벌금에 처한다〈「국민건강보험법」 제116조〉.
> ※ **500만 원 이하의 과태료를 부과**〈「국민건강보험법」 제119조 제3항〉
> ㉠ 제7조(사업장의 신고)를 위반하여 신고를 하지 아니하거나 거짓으로 신고한 사용자
> ㉡ 정당한 사유 없이 제94조(신고 등) 제1항을 위반하여 신고 · 서류제출을 하지 아니하거나 거짓으로 신고 · 서류제출을 한 자
> ㉢ 정당한 사유 없이 제97조(보고와 검사) 제1항, 제3항, 제4항, 제5항을 위반하여 보고 · 서류제출을 하지 아니하거나 거짓으로 보고 · 서류제출을 한 자
> ㉣ 제98조(업무정지) 제4항을 위반하여 행정처분을 받은 사실 또는 행정처분절차가 진행 중인 사실을 지체 없이 알리지 아니한 자
> ㉤ 정당한 사유 없이 제101조(제조업자 등의 금지행위 등) 제2항을 위반하여 서류를 제출하지 아니하거나 거짓으로 제출한 자

Answer 9.① 10.③

11 다음 중 보험료에 대한 설명으로 옳지 않은 것은?

① 공단은 건강보험사업에 드는 비용에 충당하기 위하여 보험료의 납부의무자로부터 보험료를 징수한다.

② 보험료는 가입자의 자격을 취득한 날이 속하는 달의 다음 달부터 가입자의 자격을 잃은 날의 전날이 속하는 달까지 징수한다.

③ 가입자의 자격을 매월 1일에 취득한 경우 또는 건강보험 적용 신청으로 가입자의 자격을 취득하는 경우에는 그 전 달부터 징수한다.

④ 보험료를 징수할 때 가입자의 자격이 변동된 경우에는 변동된 날이 속하는 달의 보험료는 변동되기 전의 자격을 기준으로 징수한다.

> **TIP** ②③ 보험료는 가입자의 자격을 취득한 날이 속하는 달의 다음 달부터 가입자의 자격을 잃은 날의 전날이 속하는 달까지 징수한다. 다만, 가입자의 자격을 매월 1일에 취득한 경우 또는 건강보험 적용 신청으로 가입자의 자격을 취득하는 경우에는 그 달부터 징수한다〈「국민건강보험법」 제69조 제2항〉.

12 다음 중 보험급여를 받을 수 있는 자로 옳은 것은?

① 고의 또는 중대한 과실로 인한 범죄행위에 그 원인이 있거나 고의로 사고를 일으킨 경우

② 업무로 생긴 재해로 다른 법령에 따른 보험급여나 보상(報償) 또는 보상(補償)을 받게 되는 경우

③ 보험급여를 받을 수 있는 사람이 다른 법령에 따라 국가나 지방자치단체로부터 보험급여에 상당하는 급여를 받게 되는 경우

④ 납부의무를 부담하는 사용자가 보수월액보험료를 체납한 경우 그 체납에 대하여 직장가입자 본인에게 귀책사유가 없는 경우

> **TIP** ④ 공단은 납부의무를 부담하는 사용자가 보수월액보험료를 체납한 경우에는 그 체납에 대하여 직장가입자 본인에게 귀책사유가 있는 경우에 한하여 제3항의 규정을 적용한다. 이 경우 해당 직장가입자의 피부양자에게도 제3항의 규정을 적용한다〈「국민건강보험법」 제53조 제4항〉.

Answer 11.③ 12.④

13 다음 중 재정운영위원회에 대한 내용으로 틀린 것은?

① 재정운영위원회의 위원은 보건복지부장관이 임명하거나 위촉한다.

② 재정운영위원회 위원(공무원인 위원은 제외한다)의 임기는 2년으로 한다. 다만, 위원의 사임 등으로 새로 위촉된 위원의 임기는 전임위원 임기의 남은 기간으로 한다.

③ 재정운영위원회의 위원장은 위원 중에서 호선(互選)한다.

④ 요양급여비용의 계약 및 결손처분 등 보험급여에 관련된 사항을 심의·의결하기 위하여 공단에 재정운영위원회를 둔다.

> **TIP** ④ 요양급여비용의 계약 및 결손처분 등 보험재정에 관련된 사항을 심의·의결하기 위하여 공단에 재정운영위원회를 둔다〈「국민건강보험법」 제33조 제1항〉.

14 연간 보수 외 소득이 1억 원인 직장가입자의 보수 외 소득월액을 산정하면 얼마인가? (단, 천 원 자리에서 반올림 한다)

① 445만 원 　　　　　　　　② 556만 원
③ 667만 원 　　　　　　　　④ 778만 원

> **TIP** (1억원 - 2,000만 원) / 12 ≒ 667만 원
>
> ※ 직장가입자의 보수 외 소득월액은 보수월액의 산정에 포함된 보수를 제외한 직장가입자의 소득(보수 외 소득)이 대통령령으로 정하는 금액을 초과하는 경우 다음의 계산식에 따른 값을 보건복지부령으로 정하는 바에 따라 평가하여 산정한다〈「국민건강보험법」 제71조 제1항〉.
>
> | (연간 보수 외 소득 - 대통령령으로 정하는 금액)×1/12 |
> | --- |

15 가입자 및 피부양자의 개인정보를 누설하거나 직무상 목적 외의 용도로 이용 또는 정당한 사유 없이 제3자에게 제공한 자에게 처해지는 벌칙으로 옳은 것은?

① 1년 이하의 징역 또는 1천만 원 이하의 벌금 　② 2년 이하의 징역 또는 2천만 원 이하의 벌금
③ 3년 이하의 징역 또는 3천만 원 이하의 벌금 　④ 5년 이하의 징역 또는 5천만 원 이하의 벌금

> **TIP** 가입자 및 피부양자의 개인정보를 누설하거나 직무상 목적 외의 용도로 이용 또는 정당한 사유 없이 제3자에게 제공한 자는 5년 이하의 징역 또는 5천만 원 이하의 벌금에 처한다〈「국민건강보험법」 제115조 제1항〉.

Answer　13.④　14.③　15.④

2024년 상반기 기출복원문제

※ 수험생들의 기억에 의하여 필기시험 후기를 복원하여 기출문제를 재구성한 것으로 실제문제와 차이가 있을 수 있습니다.

1 다음 중 직장가입자에 해당하는 사람은 누구인가?

① 고용 기간이 1개월 미만인 일용근로자

② 현역병(지원에 의하지 아니하고 임용된 하사를 포함한다), 전환복무된 사람 및 군간부후보생

③ 선거에 당선되어 취임하는 공무원으로서 매월 보수 또는 보수에 준하는 급료를 받는 사람

④ 그 밖에 사업장의 특성, 고용 형태 및 사업의 종류 등을 고려하여 대통령령으로 정하는 사업장의 근로자 및 사용자와 공무원 및 교직원

> **TIP** 가입자의 종류〈「국민건강보험법」 제6조 제2항〉 … 모든 사업장의 근로자 및 사용자와 공무원 및 교직원은 직장가입자가 된다. 다만, 다음의 어느 하나에 해당하는 사람은 제외한다.
> ㉠ 고용 기간이 1개월 미만인 일용근로자
> ㉡ 「병역법」에 따른 현역병(지원에 의하지 아니하고 임용된 하사 포함), 전환복무된 사람 및 군간부후보생
> ㉢ 선거에 당선되어 취임하는 공무원으로서 매월 보수 또는 보수에 준하는 급료를 받지 아니하는 사람
> ㉣ 그 밖에 사업장의 특성, 고용 형태 및 사업의 종류 등을 고려하여 대통령령으로 정하는 사업장의 근로자 및 사용자와 공무원 및 교직원

2 다음 빈칸에 들어갈 내용으로 옳은 것은?

> 요양기관은 신고한 내용(제45조에 따른 요양급여비용의 증감에 관련된 사항만 해당한다)이 변경된 경우에는 그 변경된 날부터 (   )에 보건복지부령으로 정하는 바에 따라 심사평가원에 신고하여야 한다.

① 10일 이내

② 15일 이내

③ 20일 이내

④ 25일 이내

> **TIP** 요양기관은 신고한 내용(요양급여비용의 증감에 관련된 사항만 해당)이 변경된 경우에는 그 변경된 날부터 15일 이내에 보건복지부령으로 정하는 바에 따라 심사평가원에 신고하여야 한다〈「국민건강보험법」 제43조 제2항〉.

Answer 1.③ 2.②

3 다음 중 보험급여의 제한 사유에 해당하지 않는 것은?

① 고의 또는 중대한 과실로 인한 범죄행위에 그 원인이 있거나 고의로 사고를 일으킨 경우

② 고의 또는 중대한 과실로 문서와 그 밖의 물건의 제출을 거부하거나 질문 또는 진단을 기피한 경우

③ 업무로 생긴 부상으로 다른 법령에 따른 보험급여나 보상(報償) 또는 보상(補償)을 받게 되는 경우

④ 월별 보험료의 총체납횟수가 대통령령으로 정하는 횟수 미만이거나 가입자 및 피부양자의 소득·재산 등이 대통령령으로 정하는 기준 미만인 경우

> **TIP** 공단은 가입자가 대통령령으로 정하는 기간 이상 다음(보수 외 소득월액보험료, 세대단위의 보험료)의 보험료를 체납한 경우 그 체납한 보험료를 완납할 때까지 그 가입자 및 피부양자에 대하여 보험급여를 실시하지 아니할 수 있다. 다만, 월별 보험료의 총체납횟수(이미 납부된 체납보험료는 총체납횟수에서 제외하며, 보험료의 체납기간은 고려하지 아니한다)가 대통령령으로 정하는 횟수 미만이거나 가입자 및 피부양자의 소득·재산 등이 대통령령으로 정하는 기준 미만인 경우에는 그러하지 아니하다〈「국민건강보험법」 제53조 제3항〉.
>
> ※ **급여의 제한**〈「국민건강보험법」 제53조 제1항〉 … 공단은 보험급여를 받을 수 있는 사람이 다음의 어느 하나에 해당하면 보험급여를 하지 아니한다.
> ㉠ 고의 또는 중대한 과실로 인한 범죄행위에 그 원인이 있거나 고의로 사고를 일으킨 경우
> ㉡ 고의 또는 중대한 과실로 공단이나 요양기관의 요양에 관한 지시에 따르지 아니한 경우
> ㉢ 고의 또는 중대한 과실로 제55조에 따른 문서와 그 밖의 물건의 제출을 거부하거나 질문 또는 진단을 기피한 경우
> ㉣ 업무 또는 공무로 생긴 질병·부상·재해로 다른 법령에 따른 보험급여나 보상(報償) 또는 보상(補償)을 받게 되는 경우

4 실업자에 대한 특례에 대한 내용 중 틀린 것은?

① 사용관계가 끝난 사람 중 직장가입자로서의 자격을 유지한 기간이 보건복지부령으로 정하는 기간 동안 통산 1년 이상인 사람은 공단에 직장가입자로서의 자격을 유지할 것을 신청할 수 있다.

② 임의계속가입자의 보수월액은 보수월액보험료가 산정된 최근 3개월간의 보수월액을 평균한 금액으로 한다.

③ 임의계속가입자의 보험료는 보건복지부장관이 정하여 고시하는 바에 따라 그 일부를 경감할 수 있다.

④ 임의계속가입자의 보수월액보험료는 임의계속가입자가 전액을 부담하고 납부한다.

> **TIP** ② 임의계속가입자의 보수월액은 보수월액보험료가 산정된 최근 12개월간의 보수월액을 평균한 금액으로 한다〈「국민건강보험법」 제110조 제3항〉.

Answer 3.④ 4.②

5 요양기관이 심사평가원의 확인에 대하여 이의신청을 하려면 통보받은 날부터 며칠 이내에 하여야 하는가?

① 10일   ② 20일
③ 30일   ④ 60일

TIP 요양기관이 심사평가원의 확인에 대하여 이의신청을 하려면 통보받은 날부터 30일 이내에 하여야 한다〈「국민
건강보험법」 제87조 제4항〉.

6 다음 중 공단의 업무로 틀린 내용의 갯수는?

> ㉠ 가입자 및 피부양자의 자격 관리   ㉡ 보험급여의 관리
> ㉢ 보험급여 비용의 지급   ㉣ 건강보험에 관한 교육훈련 및 홍보
> ㉤ 건강보험에 관한 조사연구 및 국제협력

① 0개   ② 1개
③ 2개   ④ 3개

TIP 모두 정부 공단의 업무에 해당한다.
※ 업무 등〈「국민건강보험법」 제14조 제1항〉
　㉠ 가입자 및 피부양자의 자격 관리
　㉡ 보험료와 그 밖에 국민건강보험법에 따른 징수금의 부과·징수
　㉢ 보험급여의 관리
　㉣ 가입자 및 피부양자의 질병의 조기발견·예방 및 건강관리를 위하여 요양급여 실시 현황과 건강검진
　　결과 등을 활용하여 실시하는 예방사업으로서 대통령령으로 정하는 사업
　㉤ 보험급여 비용의 지급
　㉥ 자산의 관리·운영 및 증식사업
　㉦ 의료시설의 운영
　㉧ 건강보험에 관한 교육훈련 및 홍보
　㉨ 건강보험에 관한 조사연구 및 국제협력
　㉩ 국민건강보험법에서 공단의 업무로 정하고 있는 사항
　㉪ 「국민연금법」, 「고용보험 및 산업재해보상보험의 보험료징수 등에 관한 법률」, 「임금채권보장법」 및 「석
　　면피해구제법」에 따라 위탁받은 업무
　㉫ 그 밖에 국민건강보험법 또는 다른 법령에 따라 위탁받은 업무
　㉬ 그 밖에 건강보험과 관련하여 보건복지부장관이 필요하다고 인정한 업무

Answer　5.③　6.①

7 다음 중 국민건강보험종합계획에 포함되어야 하는 사항으로 맞는 내용의 갯수는?

> • 건강보험정책의 기본목표 및 추진방향 　　• 건강보험의 단기 재정 전망 및 운영
> • 요양급여비용에 관한 사항 　　　　　　　• 건강증진 사업에 관한 사항
> • 재난적의료비 지원사업에 관한 사항 　　　• 건강보험에 관한 통계 및 정보의 관리에 관한 사항

① 2개 　　　　　　　　　　　　　　② 3개
③ 4개 　　　　　　　　　　　　　　④ 5개

TIP 국민건강보험종합계획에 포함되어야 하는 사항〈「국민건강보험법」 제3조의2 제2항〉… 종합계획에는 다음의 사항
이 포함되어야 한다.
　㉠ 건강보험정책의 기본목표 및 추진방향
　㉡ 건강보험 보장성 강화의 추진계획 및 추진방법
　㉢ 건강보험의 중장기 재정 전망 및 운영
　㉣ 보험료 부과체계에 관한 사항
　㉤ 요양급여비용에 관한 사항
　㉥ 건강증진 사업에 관한 사항
　㉦ 취약계층 지원에 관한 사항
　㉧ 건강보험에 관한 통계 및 정보의 관리에 관한 사항
　㉨ 그 밖에 건강보험의 개선을 위하여 필요한 사항으로 대통령령으로 정하는 사항

8 공단의 보험료 납입 고지 항목으로 옳은 것은?

> ㉠ 징수하려는 보험료등의 종류 　　　　㉡ 납부해야 하는 금액
> ㉢ 납부기한 및 장소 　　　　　　　　　㉣ 납부자의 소득 출처

① ㉠㉡㉢ 　　　　　　　　　　　　② ㉠㉡㉣
③ ㉡㉢㉣ 　　　　　　　　　　　　④ ㉠㉡㉢㉣

TIP 보험료의 납입고지〈「국민건강보험법」 제79조 제1항〉… 공단은 보험료등을 징수하려면 그 금액을 결정하여 납
부의무자에게 다음의 사항을 적은 문서로 납입 고지를 하여야 한다.
　㉠ 징수하려는 보험료등의 종류
　㉡ 납부해야 하는 금액
　㉢ 납부기한 및 장소

Answer 7.③ 8.①

9 다음 중 건강보험의 가입자 또는 피부양자가 될 수 없는 사람은?

① 수급권자

② 유공자등 의료보호대상자 중 건강보험의 적용을 보험자에게 신청한 사람

③ 건강보험을 적용받고 있던 사람이 유공자등 의료보호대상자로 되었으나 건강보험의 적용배제신청
을 보험자에게 하지 아니한 사람

④ 국내에 거주하는 국민

> **TIP** 적용 대상 등〈「국민건강보험법」 제5조 제1항〉 … 국내에 거주하는 국민은 건강보험의 가입자 또는 피부양자가
> 된다. 다만, 다음의 어느 하나에 해당하는 사람은 제외한다.
> ㉠ 「의료급여법」에 따라 의료급여를 받는 사람(이하 "수급권자"라 한다)
> ㉡ 「독립유공자예우에 관한 법률」 및 「국가유공자 등 예우 및 지원에 관한 법률」에 따라 의료보호를 받는 사
> 람(이하 "유공자등 의료보호대상자"라 한다). 다만, 다음의 어느 하나에 해당하는 사람은 가입자 또는 피
> 부양자가 된다.
> • 유공자등 의료보호대상자 중 건강보험의 적용을 보험자에게 신청한 사람
> • 건강보험을 적용받고 있던 사람이 유공자등 의료보호대상자로 되었으나 건강보험의 적용배제신청을 보험
> 자에게 하지 아니한 사람

10 다음 중 100만 원 이하의 과태료를 부과하는 벌칙이 아닌 것은?

① 서류를 보존하지 아니한 자

② 유사명칭의 사용금지를 위반한 자

③ 서류의 보존 명령을 위반한 자

④ 사업장의 신고를 하지 아니한 자

> **TIP** ④ 사업장의 신고를 위반하여 신고를 하지 아니하거나 거짓으로 신고한 사용자는 500만 원 이하의 과태료를
> 부과한다〈「국민건강보험법」 제119조 제3항〉.
> ※ **100만 원 이하의 과태료**〈「국민건강보험법」 제119조 제4항〉 … 다음의 어느 하나에 해당하는 자에게는 100
> 만 원 이하의 과태료를 부과한다.
> ㉠ 제12조(건강보험증) 제4항을 위반하여 정당한 사유 없이 건강보험증이나 신분증명서로 가입자 또는 피
> 부양자의 본인 여부 및 그 자격을 확인하지 아니하고 요양급여를 실시한 자
> ㉡ 제96조의4(서류의 보존)를 위반하여 서류를 보존하지 아니한 자
> ㉢ 제103조(공단 등에 대한 감독 등)에 따른 명령을 위반한 자
> ㉣ 제105조(유사명칭의 사용금지)를 위반한 자

Answer　9.① 10.④

11 다음 빈칸에 들어갈 내용을 순서대로 나열한 것은?

> 보험료등은 (　　)와 (　　)를 제외한 다른 (　　)에 우선하여 징수한다. 다만, 보험료등의 (　　) 또는 「동산·채권 등의 담보에 관한 법률」에 따른 담보권의 설정을 등기 또는 등록한 사실이 증명되는 재산을 매각할 때에 그 매각대금 중에서 보험료등을 징수하는 경우 그 전세권·질권·저당권 또는 「동산·채권 등의 담보에 관한 법률」에 따른 담보권으로 담보된 채권에 대하여는 그러하지 아니하다.

① 국세, 지방세, 채권, 납부기한 전에 전세권·질권·저당권
② 채권, 국세, 지방세, 납부기한 전에 전세권·질권·저당권
③ 납부기한 전에 전세권·질권·저당권, 국세, 지방세, 채권
④ 지방세, 납부기한 전에 전세권·질권·저당권, 채권, 국세

TIP 보험료등은 국세와 지방세를 제외한 다른 채권에 우선하여 징수한다. 다만, 보험료등의 납부기한 전에 전세권·질권·저당권 또는 「동산·채권 등의 담보에 관한 법률」에 따른 담보권의 설정을 등기 또는 등록한 사실이 증명되는 재산을 매각할 때에 그 매각대금 중에서 보험료등을 징수하는 경우 그 전세권·질권·저당권 또는 「동산·채권 등의 담보에 관한 법률」에 따른 담보권으로 담보된 채권에 대하여는 그러하지 아니하다〈「국민건강보험법」 제85조〉.

12 다음 중 결손처분의 사유로 옳지 않은 것은?

① 체납처분이 끝나고 체납액에 충당될 배분금액이 그 체납액에 미치지 못하는 경우
② 해당 권리에 대한 소멸시효가 완성된 경우
③ 그 밖에 징수할 가능성이 없다고 인정되는 경우로서 대통령령으로 정하는 경우
④ 압류할 수 있는 다른 재산이 있는 것을 발견한 때

TIP ④ 공단은 결손처분을 한 후 압류할 수 있는 다른 재산이 있는 것을 발견한 때에는 지체 없이 그 처분을 취소하고 체납처분을 하여야 한다〈「국민건강보험법」 제84조 제2항〉.

※ **결손처분**〈「국민건강보험법」 제84조 제1항〉 … 공단은 다음의 어느 하나에 해당하는 사유가 있으면 재정운영위원회의 의결을 받아 보험료등을 결손처분할 수 있다.
　　㉠ 체납처분이 끝나고 체납액에 충당될 배분금액이 그 체납액에 미치지 못하는 경우
　　㉡ 해당 권리에 대한 소멸시효가 완성된 경우
　　㉢ 그 밖에 징수할 가능성이 없다고 인정되는 경우로서 대통령령으로 정하는 경우

Answer 11.① 12.④

13 다음 중 건강보험분쟁조정위원회에 대한 설명으로 틀린 것은?

① 심판청구를 심리 · 결하기 위하여 보건복지부에 분쟁조정위원회를 둔다.

② 분쟁조정위원회의 회의는 위원장, 당연직위원 및 위원장이 매 회의마다 지정하는 7명의 위원을 포함하여 총 11명으로 구성한다.

③ 분쟁조정위원회는 구성원 과반수의 출석과 출석위원 과반수의 찬성으로 의결한다.

④ 분쟁조정위원회를 실무적으로 지원하기 위하여 분쟁조정위원회에 사무국을 둔다.

> **TIP** ② 분쟁조정위원회의 회의는 위원장, 당연직위원 및 위원장이 매 회의마다 지정하는 7명의 위원을 포함하여 총 9명으로 구성하되, 공무원이 아닌 위원이 과반수가 되도록 하여야 한다〈「국민건강보험법」 제89조 제3항〉.

14 다음 중 부당이득의 징수에 대한 내용으로 옳지 않은 것은?

① 공단은 속임수나 그 밖의 부당한 방법으로 보험급여를 받은 사람 · 준요양기관 및 보조기기 판매업자나 보험급여 비용을 받은 요양기관에 대하여 그 보험급여나 보험급여 비용에 상당하는 금액을 징수한다.

② 사용자나 가입자의 거짓 보고나 거짓 증명, 요양기관의 거짓 진단이나 거짓 확인 또는 준요양기관이나 보조기기를 판매한 자의 속임수 및 그 밖의 부당한 방법으로 보험급여가 실시된 경우 공단은 이들에게 보험급여를 받은 사람과 연대하여 징수금을 내게 할 수 있다.

③ 공단은 속임수나 그 밖의 부당한 방법으로 보험급여를 받은 사람과 같은 세대에 속한 가입자에게 속임수나 그 밖의 부당한 방법으로 보험급여를 받은 사람과 연대하여 징수금을 내게 할 수 있다

④ 공단은 약국을 개설할 수 없는 자가 약사 등의 면허를 대여받아 개설 · 운영하는 약국이 속임수나 그 밖의 부당한 방법으로 보험급여 비용을 받은 경우 해당 요양기관을 개설한 자에게 그 요양기관과 연대하여 징수금을 납부하게 할 수 없다.

> **TIP** ④ 약국을 개설할 수 없는 자가 약사 등의 면허를 대여받아 개설 · 운영하는 약국이 속임수나 그 밖의 부당한 방법으로 보험급여 비용을 받은 경우 해당 요양기관을 개설한 자에게 그 요양기관과 연대하여 징수금을 납부하게 할 수 있다〈「국민건강보험법」 제57조 제2항 제2호〉.

Answer 13.② 14.④

15 다음 빈칸에 들어갈 내용으로 옳은 것은?

> 보건복지부장관은 국민건강보험법에 따른 건강보험의 건전한 운영을 위하여 건강보험정책심의위원회 심의를 거쳐 (   ) 국민건강보험종합계획을 수립하여야 한다. 수립된 종합계획을 변경할 때도 또한 같다.

① 5년마다

② 7년마다

③ 9년마다

④ 10년마다

TIP 보건복지부장관은 국민건강보험법에 따른 건강보험의 건전한 운영을 위하여 건강보험정책심의위원회 심의를 거쳐 5년마다 국민건강보험종합계획을 수립하여야 한다. 수립된 종합계획을 변경할 때도 또한 같다〈「국민건강보험법」 제3조의2 제1항〉.

Answer 15.①

2023년 하반기 기출복원문제

※ 수험생들의 기억에 의하여 필기시험 후기를 복원하여 기출문제를 재구성한 것으로 실제문제와 차이가 있을 수 있습니다.

1 다음 중 용어의 정의로 옳은 것은?

① "근로자"란 공무원 및 교직원을 포함하여 직업의 종류와 관계없이 근로의 대가로 보수를 받아 생활하는 사람(법인의 이사와 그 밖의 임원을 포함한다)을 제외한 사람을 말한다.

② "교직원"이란 사립학교 및 경영기관에서 근무하는 교원과 직원만을 말한다.

③ "공무원"이란 국가나 지방자치단체에서 임시 공무에 종사하는 사람을 말한다.

④ "사업장"이란 사업소나 사무소를 말한다.

> **TIP** ① "근로자"란 직업의 종류와 관계없이 근로의 대가로 보수를 받아 생활하는 사람(법인의 이사와 그 밖의 임원을 포함한다)으로서 공무원 및 교직원을 제외한 사람을 말한다〈「국민건강보험법」 제3조 제1호〉.
> ② "교직원"이란 사립학교나 사립학교의 경영기관에서 근무하는 교원과 직원을 말한다〈「국민건강보험법」 제3조 제5호〉.
> ③ "공무원"이란 국가나 지방자치단체에서 상시 공무에 종사하는 사람을 말한다〈「국민건강보험법」 제3조 제4호〉.

2 다음 중 건강보험정책심의위원회(심의위원회)의 위원에 대한 설명으로 옳지 않은 것은?

① 심의위원회는 위원장 1명과 부위원장 1명을 포함하여 25명의 위원으로 구성한다.

② 대통령령으로 정하는 중앙행정기관 소속 공무원 2명에 해당하는 위원의 임기는 3년으로 한다.

③ 심의위원회의 위원은 의료계를 대표하는 단체 및 약업계를 대표하는 단체가 추천하는 8명의 사람을 보건복지부장관이 임명 또는 위촉한다.

④ 보건복지부장관은 심의위원회가 심의한 사항을 국회에 보고하여야 한다.

> **TIP** ② 건강보험정책심의위원회〈「국민건강보험법」 제4조 제5항〉 … 심의위원회 위원(제4항 제4호 가목에 따른 위원은 제외한다)의 임기는 3년으로 한다. 다만, 위원의 사임 등으로 새로 위촉된 위원의 임기는 전임위원 임기의 남은 기간으로 한다.

Answer 1.④ 2.②

3 다음은 연체금에 대한 설명이다. 빈칸에 들어갈 숫자를 모두 더한 값은?

제80조(연체금) ① 공단은 보험료등의 납부의무자가 납부기한까지 보험료등을 내지 아니하면 그 납부기한이 지난 날부터 매 1일이 경과할 때마다 다음 각 호에 해당하는 연체금을 징수한다.

1. 제69조에 따른 보험료 또는 제53조 제3항에 따른 보험급여 제한 기간 중 받은 보험급여에 대한 징수금을 체납한 경우 : 해당 체납금액의 (   )분의 1에 해당하는 금액. 이 경우 연체금은 해당 체납금액의 1천분의 (   )을 넘지 못한다.

2. 제1호 외에 이 법에 따른 징수금을 체납한 경우 : 해당 체납금액의 1천분의 1에 해당하는 금액. 이 경우 연체금은 해당 체납금액의 1천분의 (   )을 넘지 못한다.

② 공단은 보험료등의 납부의무자가 체납된 보험료등을 내지 아니하면 납부기한 후 30일이 지난 날부터 매 1일이 경과할 때마다 다음 각 호에 해당하는 연체금을 제1항에 따른 연체금에 더하여 징수한다.

1. 제69조에 따른 보험료 또는 제53조 제3항에 따른 보험급여 제한 기간 중 받은 보험급여에 대한 징수금을 체납한 경우 : 해당 체납금액의 (   )분의 1에 해당하는 금액. 이 경우 연체금(제1항 제1호의 연체금을 포함한 금액을 말한다)은 해당 체납금액의 1천분의 (   )을 넘지 못한다.

2. 제1호 외에 이 법에 따른 징수금을 체납한 경우 : 해당 체납금액의 3천분의 1에 해당하는 금액. 이 경우 연체금(제1항 제2호의 연체금을 포함한 금액을 말한다)은 해당 체납금액의 1천분의 (   )을 넘지 못한다.

---

① 7,550 　　　　　　　　　　② 7,600

③ 7,690 　　　　　　　　　　④ 7,720

TIP 연체금〈「국민건강보험법」 제80조 제1항 제1호〉

　㉠ 공단은 보험료등의 납부의무자가 납부기한까지 보험료등을 내지 아니하면 그 납부기한이 지난 날부터 매 1일이 경과할 때마다 다음 각 호에 해당하는 연체금을 징수한다.

　　1. 제69조에 따른 보험료 또는 제53조 제3항에 따른 보험급여 제한 기간 중 받은 보험급여에 대한 징수금을 체납한 경우 : 해당 체납금액의 (1천500)분의 1에 해당하는 금액. 이 경우 연체금은 해당 체납금액의 1천분의 (20)을 넘지 못한다.

　　2. 제1호 외에 이 법에 따른 징수금을 체납한 경우 : 해당 체납금액의 1천분의 1에 해당하는 금액. 이 경우 연체금은 해당 체납금액의 1천분의 (30)을 넘지 못한다.

　㉡ 공단은 보험료등의 납부의무자가 체납된 보험료등을 내지 아니하면 납부기한 후 30일이 지난 날부터 매 1일이 경과할 때마다 다음 각 호에 해당하는 연체금을 제1항에 따른 연체금에 더하여 징수한다.

　　1. 제69조에 따른 보험료 또는 제53조 제3항에 따른 보험급여 제한 기간 중 받은 보험급여에 대한 징수금을 체납한 경우 : 해당 체납금액의 (6천)분의 1에 해당하는 금액. 이 경우 연체금(제1항 제1호의 연체금을 포함한 금액을 말한다)은 해당 체납금액의 1천분의 (50)을 넘지 못한다.

　　2. 제1호 외에 이 법에 따른 징수금을 체납한 경우 : 해당 체납금액의 3천분의 1에 해당하는 금액. 이 경우 연체금(제1항 제2호의 연체금을 포함한 금액을 말한다)은 해당 체납금액의 1천분의 (90)을 넘지 못한다.

Answer　3.③

4 다음 중 공단의 임원에 대한 설명으로 옳지 않은 것은?

① 공단은 임원으로서 이사장 1명, 이사 14명 및 감사 1명을 둔다. 이 경우 이사장, 이사 중 5명 및 감사는 상임으로 한다.
② 상임이사는 보건복지부령으로 정하는 추천 절차를 거쳐 이사장이 임명한다.
③ 감사는 임원추천위원회가 복수로 추천한 사람 중에서 재정경제부장관의 제청으로 대통령이 임명한다.
④ 이사장의 임기는 4년, 이사(공무원인 이사는 제외한다)와 감사의 임기는 각각 3년으로 한다.

TIP 임원〈「국민건강보험법」 제20조 제7항〉 … 이사장의 임기는 3년, 이사(공무원인 이사는 제외한다)와 감사의 임기는 각각 2년으로 한다.

5 다음 중 과징금에 대한 설명으로 옳지 않은 것은?

① 과장금은 보건복지부장관이 부과 · 징수한다.
② 과징금은 6개월의 범위에서 분할납부를 하게 할 수 있다.
③ 과징금은 부당한 방법으로 부담하게 한 금액의 5배 이하로 부과한다.
④ 과징금을 납부기한까지 납부하지 않을 경우 국세 체납처분의 예에 따라 징수한다.

TIP ② 과징금은 12개월의 범위에서 분할납부를 하게 할 수 있다〈「국민건강보험법」 제99조〉.

6 다음 중 징수한 과징금은 어디에 사용할 수 있는가?

① 건강증진 사업에 관한 자금
② 공단이 요양급여비용으로 지급하는 자금
③ 응급의료기금의 지원
④ 재난적의료비 지원사업에 대한 지원

TIP 과징금 사용 용도〈「국민건강보험법」 제99조 제8항〉
　㉠ 공단이 요양급여비용으로 지급하는 자금
　㉡ 응급의료기금의 지원
　㉢ 재난적의료비 지원사업에 대한 지원

Answer　4.④　5.②　6.①

7 다음 중 공단 이사회에 대한 설명을 옳지 않은 것은?

① 공단의 주요 사항을 심의 · 의결하기 위하여 공단에 이사회를 둔다.

② 이사회는 이사장과 이사로 구성한다.

③ 감사는 이사회에 출석하여 발언할 수 있다.

④ 이사회의 의결 사항 및 운영 등에 필요한 사항은 보건복지부령으로 정한다.

> **TIP** 이사회〈「국민건강보험법」 제26조〉
> ⊙ 공단의 주요 사항(「공공기관의 운영에 관한 법률」 제17조 제1항 각 호의 사항을 말한다)을 심의 · 의결하기 위하여 공단에 이사회를 둔다.
> ⓛ 이사회는 이사장과 이사로 구성한다.
> ⓒ 감사는 이사회에 출석하여 발언할 수 있다.
> ⓔ 이사회의 의결 사항 및 운영 등에 필요한 사항은 대통령령으로 정한다.

8 예비적인 요양급여로 요양급여를 결정함에 있어 경제성 또는 치료효과성 등이 불확실하여 그 검증을 위하여 추가적인 근거가 필요하거나, 경제성이 낮아도 가입자와 피부양자의 건강회복에 잠재적 이득이 있는 등 대통령령으로 정하는 경우 지정하여 실시할 수 있는 요양급여를 무엇이라고 하는가?

① 방문요양급여

② 선별급여

③ 부가급여

④ 재가급여

> **TIP** 선별급여〈「국민건강보험법」 제41조의4 제1항〉 … 요양급여를 결정함에 있어 경제성 또는 치료효과성 등이 불확실하여 그 검증을 위하여 추가적인 근거가 필요하거나, 경제성이 낮아도 가입자와 피부양자의 건강회복에 잠재적 이득이 있는 등 대통령령으로 정하는 경우에는 예비적인 요양급여인 선별급여로 지정하여 실시할 수 있다.

Answer 7.④ 8.②

9 다음 중 이의신청 및 심판청구에 대한 내용을 옳지 않은 것은?

① 가입자 및 피부양자의 자격, 보험료등, 보험급여, 보험급여 비용에 관한 공단의 처분에 이의가 있는 자는 공단에 이의신청을 할 수 있다.

② 이의신청은 처분이 있음을 안 날부터 90일 이내에 문서(전자문서를 포함한다)로 하여야 하다.

③ 요양기관이 심사평가원의 확인에 대하여 이의신청을 하려면 통보받은 날부터 90일 이내에 하여야 한다.

④ 이의신청에 대한 결정에 불복하는 자는 건강보험분쟁조정위원회에 심판청구를 할 수 있다.

> **TIP** ③ 요양기관이 심사평가원의 확인에 대하여 이의신청을 하려면 통보받은 날부터 30일 이내에 하여야 한다〈「국민건강보험법」 제87조 제4항〉.

10 다음 중 3년 이하의 징역 또는 1천만 원 이하의 벌금에 해당하는 벌칙은 무엇인가?

① 대행청구단체의 종사자로서 거짓이나 그 밖의 부정한 방법으로 요양급여비용을 청구한 자

② 공동이용하는 전산정보자료를 목적 외의 용도로 이용하거나 활용한 자

③ 업무를 수행하면서 알게 된 정보를 누설하거나 직무상 목적 외의 용도로 이용 또는 제3자에게 제공한 자

④ 선별급여를 제공한 요양기관의 개설자

> **TIP** ② 공동이용하는 전산정보자료를 목적 외의 용도로 이용하거나 활용한 자는 3년 이하의 징역 또는 1천만 원 이하의 벌금에 처한다〈「국민건강보험법」 제115조 제3항〉.

Answer 9.③ 10.②

2023년 상반기 기출복원문제

※ 수험생들의 기억에 의하여 필기시험 후기를 복원하여 기출문제를 재구성한 것으로 실제문제와 차이가 있을 수 있습니다.

1 다음 중 건강보험의 가입자에 대한 설명으로 옳지 않은 것은?

① 의료급여법에 따라 의료급여를 받는 사람(수급권자)은 가입자 또는 피부양자가 된다.

② 사업장의 사용자는 휴업·폐업 등 보건복지부령으로 정하는 사유가 발생한 경우 그 때부터 14일 이내에 보건복지부령으로 정하는 바에 따라 보험자에게 신고하여야 한다.

③ 가입자는 지역가입자가 다른 세대로 전입한 날에 그 자격이 변동된다.

④ 직장가입자의 피부양자가 된 날 가입자는 그 자격을 잃는다.

> **TIP** ① 국내에 거주하는 국민은 건강보험의 가입자 또는 피부양자가 된다. 다만, 「의료급여법」에 따라 의료급여를 받는 사람(수급권자)은 제외한다〈「국민건강보험법」 제5조 제1항〉.
> ② 「국민건강보험법」 제7조
> ③ 「국민건강보험법」 제9조 제1항
> ④ 「국민건강보험법」 제10조 제1항

2 다음 중 공단의 임원에 대한 설명으로 옳지 않은 것은?

① 공단은 임원으로서 이사장 1명, 이사 14명 및 감사 1명을 둔다.

② 비상임이사는 대통령령으로 정하는 바에 따라 추천하는 관계 공무원 5명을 보건복지부장관이 임명한다.

③ 비상임이사는 정관으로 정하는 바에 따라 실비변상(實費辨償)을 받을 수 있다.

④ 이사장의 임기는 3년, 이사(공무원인 이사는 제외한다)와 감사의 임기는 각각 2년으로 한다.

> **TIP** 임원〈「국민건강보험법」 제20조 제4항〉 … 비상임이사는 다음의 사람을 보건복지부장관이 임명한다.
> ㉠ 노동조합·사용자단체·시민단체·소비자단체·농어업인단체 및 노인단체가 추천하는 각 1명
> ㉡ 대통령령으로 정하는 바에 따라 추천하는 관계 공무원 3명

Answer 1.① 2.②

3 요양급여비용을 청구하려는 요양기관이 심사청구를 대행하게 할 수 있는 단체로 옳지 않은 것은?

① 「의료법」에 따른 의사회 ② 「의료법」에 따른 의료기관 단체

③ 「의료법」에 따른 의료기관인증위원회 ④ 「약사법」에 따른 약사회

> **TIP** 요양급여비용의 청구와 지급 등〈「국민건강보험법」 제47조 제7항〉… 요양기관은 심사청구를 다음의 단체가 대행하게 할 수 있다.
> ㉠ 「의료법」 제28조 제1항에 따른 의사회·치과의사회·한의사회·조산사회 또는 같은 조 제6항에 따라 신고한 각각의 지부 및 분회
> ㉡ 「의료법」 제52조에 따른 의료기관 단체
> ㉢ 「약사법」 제11조에 따른 약사회 또는 같은 법 제14조에 따라 신고한 지부 및 분회

4 다음의 경우 인적사항을 공개할 수 있다. 다음 설명 중 옳지 않은 것은?

> 국외에서 업무에 종사하고 있는 직장가입자에 대한 보험료율은 정해진 보험료율의 (   )으로 한다.

① 100분의 30 ② 100분의 40

③ 100분의 50 ④ 100분의 60

> **TIP** 보험료율 등〈「국민건강보험법」 제73조 제2항〉… 국외에서 업무에 종사하고 있는 직장가입자에 대한 보험료율은 정해진 보험료율의 100분의 50으로 한다.

5 다음 중 보수월액보험료의 납부의무자는?

① 세대원 ② 세대주

③ 직장가입자 ④ 사용자

> **TIP** 보험료 납부의무〈「국민건강보험법」 제77조 제1항〉… 직장가입자의 보험료는 다음의 구분에 따라 그 각 호에서 정한 자가 납부한다.
> ㉠ **보수월액보험료** : 사용자. 이 경우 사업장의 사용자가 2명 이상인 때에는 그 사업장의 사용자는 해당 직장가입자의 보험료를 연대하여 납부한다.
> ㉡ **보수 외 소득월액보험료** : 직장가입자

Answer 3.③ 4.③ 5.④

6 다음 빈칸에 들어갈 내용이 바르게 짝지어진 것은?

> 이의신청은 처분이 있음을 안 날부터 (   ) 이내에 문서(전자문서를 포함한다)로 하여야 하며 처분이 있은 날부터 (   )을 지나면 제기하지 못한다. 다만, 정당한 사유로 그 기간에 이의신청을 할 수 없었음을 소명한 경우에는 그러하지 아니하다.

① 90일, 90일

② 90일, 180일

③ 180일, 90일

④ 180일, 180일

TIP 이의신청〈「국민건강보험법」 제87조 제3항〉 … 이의신청은 처분이 있음을 안 날부터 90일 이내에 문서(전자문서를 포함한다)로 하여야 하며 처분이 있은 날부터 180일을 지나면 제기하지 못한다. 다만, 정당한 사유로 그 기간에 이의신청을 할 수 없었음을 소명한 경우에는 그러하지 아니하다.

7 다음 중 건강보험분쟁조정위원회에 대한 설명으로 옳지 않은 것은?

① 심판청구를 심리·의결하기 위하여 보건복지부에 건강보험분쟁조정위원회(분쟁조정위원회)를 둔다.

② 분쟁조정위원회는 위원장을 포함하여 60명 이내의 위원으로 구성하고, 위원장을 제외한 위원 중 1명은 당연직위원으로 한다.

③ 분쟁조정위원회의 회의는 위원장, 당연직위원 및 위원장이 매 회의마다 지정하는 9명의 위원을 포함하여 총 11명으로 구성하되, 공무원이 아닌 위원이 과반수가 되도록 하여야 한다.

④ 분쟁조정위원회 및 사무국의 구성 및 운영 등에 필요한 사항은 대통령령으로 정한다.

TIP 건강보험분쟁조정위원회〈「국민건강보험법」 제89조 제3항〉 … 분쟁조정위원회의 회의는 위원장, 당연직위원 및 위원장이 매 회의마다 지정하는 7명의 위원을 포함하여 총 9명으로 구성하되, 공무원이 아닌 위원이 과반수가 되도록 하여야 한다.

Answer 6.② 7.③

8 다음은 위반사실의 공표에 대한 설명이다. 빈칸에 들어갈 내용으로 옳은 것은?

> 제100조(위반사실의 공표) ① 보건복지부장관은 관련 서류의 위조·변조로 요양급여비용을 거짓으로 청구하여 행정처분을 받은 요양기관이 다음의 어느 하나에 해당하면 그 위반 행위, 처분 내용, 해당 요양기관의 명칭·주소 및 대표자 성명, 그 밖에 다른 요양기관과의 구별에 필요한 사항으로서 대통령령으로 정하는 사항을 공표할 수 있다. 이 경우 공표 여부를 결정할 때에는 그 위반행위의 동기, 정도, 횟수 및 결과 등을 고려하여야 한다.
> ㉠ 거짓으로 청구한 금액이 (   ) 이상인 경우
> ㉡ 요양급여비용 총액 중 거짓으로 청구한 금액의 비율이 100분의 20 이상인 경우

① 1천 500만 원

② 1천 600만 원

③ 1천 700만 원

④ 1천 800만 원

> **TIP** 위반사실의 공표〈「국민건강보험법」 제100조 제1항〉… 보건복지부장관은 관련 서류의 위조·변조로 요양급여비용을 거짓으로 청구하여 행정처분을 받은 요양기관이 다음의 어느 하나에 해당하면 그 위반 행위, 처분 내용, 해당 요양기관의 명칭·주소 및 대표자 성명, 그 밖에 다른 요양기관과의 구별에 필요한 사항으로서 대통령령으로 정하는 사항을 공표할 수 있다. 이 경우 공표 여부를 결정할 때에는 그 위반행위의 동기, 정도, 횟수 및 결과 등을 고려하여야 한다.
> ㉠ 거짓으로 청구한 금액이 1천 500만 원 이상인 경우
> ㉡ 요양급여비용 총액 중 거짓으로 청구한 금액의 비율이 100분의 20 이상인 경우

9 다음 중 임의계속가입자에 대한 설명으로 옳지 않은 것은?

① 임의계속가입자는 대통령령으로 정하는 기간 동안 직장가입자의 자격을 유지한다.

② 임의계속가입자의 보수월액은 보수월액보험료가 산정된 최근 12개월간의 보수월액을 평균한 금액으로 한다.

③ 임의계속가입자의 보수월액보험료는 그 임의계속가입자가 절반만큼만 부담하고 납부한다.

④ 임의계속가입자의 신청 방법·절차 등에 필요한 사항은 보건복지부령으로 정한다.

> **TIP** ③ 임의계속가입자의 보수월액보험료는 그 임의계속가입자가 전액을 부담하고 납부한다. 보험료 납부의무〈「국민건강보험법」 제110조 제5항〉

Answer　8.①　9.③

10 다음 중 가장 높은 벌금에 해당하는 벌칙은 무엇인가?

① 가입자 및 피부양자의 개인정보를 누설하거나 직무상 목적 외의 용도로 이용 또는 정당한 사유 없이 제3자에게 제공한 자

② 대행청구단체의 종사자로서 거짓이나 그 밖의 부정한 방법으로 요양급여비용을 청구한 자

③ 업무를 수행하면서 알게 된 정보를 누설하거나 직무상 목적 외의 용도로 이용 또는 제 3자에게 제공한 자

④ 선별급여를 제공한 요양기관의 개설자

> **TIP** ① 가입자 및 피부양자의 개인정보를 누설하거나 직무상 목적 외의 용도로 이용 또는 정당한 사유 없이 제3자에게 제공한 자는 5년 이하의 징역 또는 5천만 원 이하의 벌금에 처한다〈「국민건강보험법」 제115조 제1항〉.
> ② 대행청구단체의 종사자로서 거짓이나 그 밖의 부정한 방법으로 요양급여비용을 청구한 자는 3년 이하의 징역 또는 3천만 원 이하의 벌금에 처한다〈「국민건강보험법」 제115조 제2항〉.
> ③ 업무를 수행하면서 알게 된 정보를 누설하거나 직무상 목적 외의 용도로 이용 또는 제 3자에게 제공한 자는 3년 이하의 징역 또는 3천만 원 이하의 벌금에 처한다〈「국민건강보험법」 제115조 제2항〉.
> ④ 선별급여를 제공한 요양기관의 개설자한 자는 1년 이하의 징역 또는 1천만 원 이하의 벌금에 처한다〈「국민건강보험법」 제115조 제5항〉.

Answer 10.①

2021년 기출복원문제

※ 수험생들의 기억에 의하여 필기시험 후기를 복원하여 기출문제를 재구성한 것으로 실제문제와 차이가 있을 수 있습니다.

1 다음 중 피부양자의 범위에 대한 설명으로 옳지 않은 것은?

① 직장가입자의 배우자는 피부양자이다.

② 직장가입자 배우자의 직계존속은 피부양자에 제외한다.

③ 직장가입자의 형제·자매는 피부양자이다.

④ 직장가입자의 직계비속은 피부양자에 포함한다.

> **TIP** **피부양자**… 피부양자는 직장가입자에게 주로 생계를 의존하는 사람으로서 소득 및 재산이 보건복지부령으로 정하는 기준 이하에 해당하는 사람을 말한다〈「국민건강보험법」 제5조 제2항〉.
> ㉠ 직장가입자의 배우자
> ㉡ 직장가입자의 직계존속(배우자의 직계존속을 포함한다)
> ㉢ 직장가입자의 직계비속(배우자의 직계비속을 포함한다)과 그 배우자
> ㉣ 직장가입자의 형제·자매

2 다음 중 공단 상임이사의 임명권자는?

① 대통령

② 보건복지부장관

③ 재정경제부장관

④ 공단이사장

> **TIP** **공단 상임이사**〈「국민건강보험법」 제20조 제3항〉 … 상임이사는 보건복지부령으로 정하는 추천 절차를 거쳐 이사장이 임명한다.

Answer 1.② 2.④

3 다음 중 자격의 변동 시기로 옳은 것은?

> ㉠ 지역가입자가 적용대상사업장의 사용자로 되는 날
> ㉡ 적용대상사업장이 폐업한 날의 다음 날
> ㉢ 수급권자이었던 사람이 그 대상자에서 제외된 날
> ㉣ 직장가입자인 근로자등이 그 사용관계가 끝난 날의 다음 날

① ㉠㉡　　　　　　　　　　　　　　　② ㉠㉡㉣
③ ㉠㉢㉣　　　　　　　　　　　　　　④ ㉠㉡㉢㉣

TIP ㉢은 자격의 취득 시기이다〈「국민건강보험법」 제8조 제1항 제1호〉.
　　※ **자격의 변동 시기 등**〈「국민건강보험법」 제9조 제1항〉
　　　㉠ 지역가입자가 적용대상사업장의 사용자로 되거나, 근로자·공무원 또는 교직원(근로자등)으로 사용된 날
　　　㉡ 직장가입자가 다른 적용대상사업장의 사용자로 되거나 근로자등으로 사용된 날
　　　㉢ 직장가입자인 근로자등이 그 사용관계가 끝난 날의 다음 날
　　　㉣ 적용대상사업장에 휴업·폐업 등 보건복지부령으로 정하는 사유가 발생한 날의 다음 날
　　　㉤ 지역가입자가 다른 세대로 전입한 날
　　※ 자격이 변동된 경우 직장가입자의 사용자와 지역가입자의 세대주는 그 명세를 보건복지부령으로 정하는 바에 따라 자격이 변동된 날부터 14일 이내에 보험자에게 신고하여야 한다〈「국민건강보험법」 제9조 제2항〉.

4 다음 중 요양기관의 요양급여비용 청구에 대한 설명으로 옳지 않은 것은?

① 요양급여비용은 심사평가원에서 심사하고 공단에서 지급한다.
② 요양기관이 심사평가원에 요양급여비용 심사청구를 하면 공단에 요양급여비용 지급을 청구할 필요가 없다.
③ 가입자에게 지급하여야 하는 금액은 그 가입자가 내야 하는 보험료와 상계할 수 없다.
④ 요양기관은 요양급여비용의 심사청구를 의료기관 단체에 대행하게 할 수 있다.

TIP ③ 공단은 가입자에게 지급하여야 하는 금액을 그 가입자가 내야 하는 보험료등과 상계(相計)할 수 있다〈「국민건강보험법」 제47조 제4항〉.

Answer　3.②　4.③

5 다음에서 공단의 업무만을 고르면?

> ㉠ 피부양자의 자격 관리   ㉡ 건강보험에 관한 국제협력
> ㉢ 요양급여의 적정성 평가   ㉣ 의료시설의 운영
> ㉤ 보험급여의 관리   ㉥ 심사기준 및 평가기준의 개발

① ㉠㉡㉢   ② ㉠㉢㉣㉤

③ ㉠㉡㉣㉤   ④ ㉠㉡㉢㉣㉤㉥

> **TIP** ㉢㉥은 심사평가원의 업무이다.
>
> ※ **공단의 업무**〈「국민건강보험법」 제14조 제1항〉
> ㉠ 가입자 및 피부양자의 자격 관리
> ㉡ 보험료와 그 밖에 이 법에 따른 징수금의 부과·징수
> ㉢ 보험급여의 관리
> ㉣ 가입자 및 피부양자의 질병의 조기발견·예방 및 건강관리를 위하여 요양급여 실시 현황과 건강검진 결과 등을 활용하여 실시하는 예방사업으로서 대통령령으로 정하는 사업
> ㉤ 보험급여 비용의 지급
> ㉥ 자산의 관리·운영 및 증식사업
> ㉦ 의료시설의 운영
> ㉧ 건강보험에 관한 교육훈련 및 홍보
> ㉨ 건강보험에 관한 조사연구 및 국제협력
> ㉩ 이 법에서 공단의 업무로 정하고 있는 사항
> ㉪ 징수위탁근거법에 따라 위탁받은 업무
> ㉫ 그 밖에 이 법 또는 다른 법령에 따라 위탁받은 업무
> ㉬ 그 밖에 건강보험과 관련하여 보건복지부장관이 필요하다고 인정한 업무

6 다음 중 보험료 납입고지에 기록할 사항이 아닌 것은?

① 보험료의 종류   ② 전자우편 주소

③ 납부할 금액   ④ 납부장소

> **TIP** **보험료등의 납입 고지 사항**〈「국민건강보험법」 제79조 제1항〉
> ㉠ 징수하려는 보험료등의 종류
> ㉡ 납부해야 하는 금액
> ㉢ 납부기한 및 장소

Answer   5.③   6.②

7 다음 중 보험료에 대한 설명으로 옳지 않은 것은?

① 직장가입자의 보험료율은 1천분의 80의 범위에서 심의위원회의 의결을 거쳐 대통령령으로 정한다.

② 국외에 1개월 이상 체류하는 경우 보험료를 면제해 줄 수 있다.

③ 보험료를 신용카드 자동이체의 방법으로 납부하는 경우 보험료를 감액할 수 있다.

④ 지역가입자의 보험료는 세대주가 단독으로 납부한다.

> **TIP** ④ 지역가입자의 보험료는 그 가입자가 속한 세대의 지역가입자 전원이 연대하여 납부한다. 다만, 소득 및 재산이 없는 미성년자와 소득 및 재산 등을 고려하여 대통령령으로 정하는 기준에 해당하는 미성년자는 납부의무를 부담하지 아니한다〈「국민건강보험법」 제77조 제2항〉.
> ① 「국민건강보험법」 제73조 제1항
> ② 「국민건강보험법」 제74조 제1항
> ③ 「국민건강보험법」 제75조 제2항

8 다음에서 임원의 해임사유로만 묶인 것은?

㉠ 직무상 의무를 위반한 경우
㉡ 신체장애나 정신장애로 직무를 수행할 수 없다고 인정되는 경우
㉢ 고의나 중대한 과실로 공단에 손실이 생기게 한 경우
㉣ 직무 여부와 관계없이 품위를 손상하는 행위를 한 경우

① ㉠㉡   ② ㉢㉣
③ ㉡㉢㉣   ④ ㉠㉡㉢㉣

> **TIP** 임원의 해임 사유〈「국민건강보험법」 제24조 제2항〉
> ㉠ 신체장애나 정신장애로 직무를 수행할 수 없다고 인정되는 경우
> ㉡ 직무상 의무를 위반한 경우
> ㉢ 고의나 중대한 과실로 공단에 손실이 생기게 한 경우
> ㉣ 직무 여부와 관계없이 품위를 손상하는 행위를 한 경우
> ㉤ 이 법에 따른 보건복지부장관의 명령을 위반한 경우

Answer 7.④ 8.④

9 다음은 이의신청 및 심판청구에 대한 설명이다. 옳지 않은 것은?

① 요양급여비용 및 보험료등에 관한 이의신청은 공단에 하여야 한다.

② 이의신청은 처분이 있음을 안 날부터 90일 이내에 하여야 한다.

③ 요양기관이 심사평가원의 요양급여 대상 여부의 확인에 대하여 이의신청을 하려면 통보받은 날부터 30일 이내에 하여야 한다.

④ 이의신청 결정에 불복하는 자는 건강보험분쟁조정위원회에 심판청구를 할 수 있다.

> **TIP** ① 요양급여비용 및 요양급여의 적정성 평가 등에 관한 심사평가원의 처분에 이의가 있는 공단, 요양기관 또는 그 밖의 자는 심사평가원에 이의신청을 할 수 있다〈「국민건강보험법」 제87조 제2항〉.

10 다음 중 공단이 사용자나 세대주에게 신고하게 할 수 있는 사항이 아닌 것은?

① 세대주의 거주지 변경   ② 직장가입자의 보수월액

③ 가입자의 부동산 내역   ④ 가입자의 소득내역

> **TIP** 신고 및 제출요구〈「국민건강보험법」 제94조 제1항〉 … 공단은 사용자, 직장가입자 및 세대주에게 다음 사항을 신고하게 하거나 관계 서류를 제출하게 할 수 있다.
> ㉠ 가입자의 거주지 변경
> ㉡ 가입자의 보수·소득
> ㉢ 그 밖에 건강보험사업을 위하여 필요한 사항

11 다음 중 과징금에 대한 설명으로 옳지 않은 것은?

① 과징금은 보건복지부장관이 부과·징수한다.

② 과징금은 6개월 내의 범위에서 분할납부할 수 있다.

③ 과징금은 부당한 방법으로 부담하게 한 금액의 5배 이하로 부과한다.

④ 과징금을 납부기한까지 납부하지 않을 경우 국세 체납처분의 예에 따라 징수한다.

> **TIP** ② 과징금은 12개월의 범위에서 분할납부하게 할 수 있다〈「국민건강보험법」 제99조 제1항〉.

Answer   9.①   10.③   11.②

12 다음 중 징수위탁보험료등의 징수 업무를 위탁할 수 없는 곳은?

① 체신관서   ② 지방자치단체

③ 국민은행   ④ 지역농협

> **TIP** ② 공단은 그 업무의 일부를 국가기관, 지방자치단체 또는 다른 법령에 따른 사회보험 업무를 수행하는 법인이나 그 밖의 자에게 위탁할 수 있다. 다만, 보험료와 징수위탁보험료등의 징수 업무는 그러하지 아니하다〈「국민건강보험법」 제112조 제2항〉.

2020년 기출복원문제

※ 수험생들의 기억에 의하여 필기시험 후기를 복원하여 기출문제를 재구성한 것으로 실제문제와 차이가 있을 수 있습니다.

1 다음 중 국민건강보험법에 대한 설명으로 옳지 않은 것은?

① 건강보험사업은 보건복지부장관이 맡아 주관한다.

② 근로자가 소속되어 있는 사업장의 사업주를 사용자라고 한다.

③ 보건복지부장관은 건강보험의 건전한 운영을 위하여 5년마다 종합계획을 수립하여야 한다.

④ 건강보험정책에 관한 사항을 심의·의결하기 위하여 심사위원회를 둔다.

> **TIP** ④ 건강보험정책에 관한 사항을 심의·의결하기 위하여 보건복지부장관 소속으로 심의위원회를 둔다〈「국민건강보험법」 제4조 제1항〉.
> ① 「국민건강보험법」 제2조
> ② 「국민건강보험법」 제3조 제2호
> ③ 「국민건강보험법」 제3조의2 제1항
> ※ 심사위원회는 심사평가원에 둔다.

2 다음은 사업장의 신고사유를 나열한 것이다. 다음 사유가 발생한 날로부터의 신고기간은?

> ㉠ 직장가입자가 되는 근로자·공무원 및 교직원을 사용하는 사업장이 된 경우
> ㉡ 휴업·폐업 등 보건복지부령으로 정하는 사유가 발생한 경우

① 7일 이내   ② 14일 이내
③ 21일 이내   ④ 30일 이내

> **TIP** 사업장의 신고〈「국민건강보험법」 제7조〉 … 사업장의 사용자는 위 ㉠㉡에 해당하게 되면 그 때부터 14일 이내에 보건복지부령으로 정하는 바에 따라 보험자에게 신고하여야 한다.

Answer 1.④ 2.②

3 다음 중 건강보험증에 대한 설명으로 옳지 않은 것은?

① 공단은 가입자 또는 피부양자가 건강보험증을 신청하는 경우에 발급한다.

② 가입자가 요양급여를 받을 때에는 건강보험증을 요양기관에 제출하여야 한다.

③ 가입자 또는 피부양자는 요양기관이 신분증명서로 자격을 확인할 수 있으면 건강보험증을 제출하지 않아도 된다.

④ 피부양자는 가입자의 자격이 상실되어도 자격을 증명하던 서류를 사용하여 보험급여를 받아도 된다.

TIP ④ 가입자 · 피부양자는 자격을 잃은 후 자격을 증명하던 서류를 사용하여 보험급여를 받아서는 아니 된다〈「국민건강보험법」 제12조 제4항〉.

4 다음에서 공단의 정관에 포함될 사항은?

㉠ 목적	㉡ 임직원에 관한 사항
㉢ 사무소의 소재지	㉣ 이사장의 주민등록번호

① ㉠㉡

② ㉠㉡㉢

③ ㉡㉢㉣

④ ㉠㉡㉢㉣

TIP 공단의 정관 기재사항〈「국민건강보험법」 제17조 제1항〉
  ㉠ 목적
  ㉡ 명칭
  ㉢ 사무소의 소재지
  ㉣ 임직원에 관한 사항
  ㉤ 이사회의 운영
  ㉥ 재정운영위원회에 관한 사항
  ㉦ 보험료 및 보험급여에 관한 사항
  ㉧ 예산 및 결산에 관한 사항
  ㉨ 자산 및 회계에 관한 사항
  ㉩ 업무와 그 집행
  ㉪ 정관의 변경에 관한 사항
  ㉫ 공고에 관한 사항

Answer 3.④ 4.②

5 다음 요양급여의 적합성을 평가하여 요양급여 여부를 다시 결정하고, 요양급여의 기준을 조정할 수 있는 자는 누구인가?

> 요양급여를 결정함에 있어 경제성 또는 치료효과성 등이 불확실하여 그 검증을 위하여 추가적인 근거가 필요하거나, 경제성이 낮아도 가입자와 피부양자의 건강회복에 잠재적 이득이 있는 등 대통령령으로 정하는 경우에는 예비적인 요양급여인 선별급여로 지정하여 실시할 수 있다.

① 보건복지부장관 　　　　　　　　　　② 공단 이사장
③ 심사평가원장 　　　　　　　　　　　④ 시 · 도 지방자치단체장

TIP 위의 설명은 선별급여에 대한 내용이다〈「국민건강보험법」 제41조의4 제1항〉.
　※ 보건복지부장관은 대통령령으로 정하는 절차와 방법에 선별급여에 대하여 주기적으로 요양급여의 적합성을 평가하여 요양급여 여부를 다시 결정하고, 요양급여의 기준을 조정하여야 한다〈「국민건강보험법」 제41조의4 제2항〉.

6 다음 중 요양급여비용 지급보류에 대한 설명으로 옳은 것은?

① 심사평가원은 불법으로 청구한 요양급여비용의 지급결정을 보류하고 이를 공단에 통보하여야 한다.
② 불법으로 청구한 요양급여비용에 대한 법원의 확정 판결이 예상되는 경우 지급을 보류하여야 한다.
③ 공단은 요양급여비용의 지급을 보류하기 전에 해당 요양기관에 지급 보류에 관한 사실을 통지하여야 한다.
④ 공단은 법원의 무죄 판결이 확정된 경우 지급 보류된 기간 동안의 이자를 가산하여 해당 요양기관에 지급하여야 한다.

TIP ① 요양급여비용의 지급의 보류는 공단이 할 수 있다〈「국민건강보험법」 제47조의2 제1항〉.
　② 공단은 요양급여비용의 지급을 청구한 요양기관이 법을 위반하였다는 사실을 수사기관의 수사 결과로 확인한 경우에는 해당 요양기관이 청구한 요양급여비용의 지급을 보류할 수 있다〈「국민건강보험법」 제47조의2 제1항〉.
　③ 공단은 요양급여비용의 지급을 보류하기 전에 해당 요양기관에 의견 제출의 기회를 주어야 한다〈「국민건강보험법」 제47조의2 제2항〉.
　※ 공단은 정관을 변경하려면 보건복지부장관의 인가를 받아야 한다.

Answer　5.①　6.④

7 다음 중 시민단체의 추천이 없어도 되는 경우는?

① 심의위원회 위원　　　　　　　　　② 공단 임원 중 비상임 이사

③ 재정운영위원회 위원　　　　　　　④ 심사평가원 임원

TIP ④ 심사평가원의 임원은 시민단체가 추천하는 경우가 없다.
　　※ 시민단체의 추천이 있어야 하는 경우
　　　㉠ 심의위원회 위원〈「국민건강보험법」 제4조 제4항 제2호〉
　　　㉡ 공단 임원 중 비상임이사〈「국민건강보험법」 제20조 제4항 제1호〉
　　　㉢ 재정운영위원회 위원〈「국민건강보험법」 제34조 제2항 제2호〉

8 다음 중 보수월액보험료의 납부의무자는?

① 사용자　　　　　　　　　　　　　② 직장가입자
③ 세대주　　　　　　　　　　　　　④ 세대원

TIP 보수월액보험료의 납부의무자는 사용자이다. 이 경우 사업장의 사용자가 2명 이상인 때에는 그 사업장의 사용자는 해당 직장가입자의 보험료를 연대하여 납부한다〈「국민건강보험법」 제77조 제1항〉.

9 다음의 경우 인적사항을 공개할 수 있다. 다음 설명 중 옳지 않은 것은?

> ㉠ 보험료를 납부기한의 다음 날부터 1년이 경과하도록 체납한 경우
> ㉡ 연체금과 체납처분비의 총액이 1천만 원 이상인 체납자가 납부능력이 있음에도 불구하고 체납한 경우

① 체납자 인적사항등의 공개 여부는 보험료정보공개심의위원회에서 심의 한다.
② 공개대상자임을 통지한 후 통지일부터 6개월이 경과한 다음 공개대상자를 선정한다.
③ 인적사항등의 공개는 공단 인터넷 홈페이지에서만 게시할 수 있다.
④ 공개절차 및 위원회의 구성·운영 등에 필요한 사항은 대통령령으로 정한다.

TIP 위의 설명은 고액·상습체납자의 인적사항 공개 대상을 설명한 것이다.
　　③ 체납자 인적사항등의 공개는 관보에 게재하거나 공단 인터넷 홈페이지에 게시하는 방법에 따른다〈「국민건강보험법」 제83조 제4항〉.

Answer　7.④　8.①　9.③

10 다음에서 설명하고자 하는 것은?

> 모든 사업장의 근로자를 고용하는 사용자는 그가 고용한 근로자가 국민건강보험법에 따른 직장가입자가 되는 것을 방해하거나 자신이 부담하는 부담금이 증가되는 것을 피할 목적으로 정당한 사유 없이 근로자의 승급 또는 임금 인상을 하지 아니하거나 해고나 그 밖의 불리한 조치를 할 수 없다.

① 직장가입자의 자격 보호
② 근로자 고용 사업장의 금지행위
③ 근로자의 자격 변동 행위 금지
④ 근로자의 권익 보호

TIP 근로자의 권익 보호 조치〈「국민건강보험법」 제93조〉… 모든 사업장의 근로자를 고용하는 사용자는 그가 고용한 근로자가 이 법에 따른 직장가입자가 되는 것을 방해하거나 자신이 부담하는 부담금이 증가되는 것을 피할 목적으로 정당한 사유 없이 근로자의 승급 또는 임금 인상을 하지 아니하거나 해고나 그 밖의 불리한 조치를 할 수 없다.

11 다음 중 요양기관의 업무정지에 대한 설명으로 옳지 않은 것은?

① 업무정지는 보건복지부장관이 기간을 정하여 명할 수 있다.
② 속임수로 가입자에게 요양급여비용을 부담하게 한 경우에는 1년의 범위에서 업무정지를 명할 수 있다.
③ 업무정지 처분이 확정된 사실을 양수인이 알지 못하였음을 증명한 경우일지라도 업무정지 처분은 승계된다.
④ 업무정지에 따른 행정처분기준은 대통령령으로 정한다.

TIP ③ 업무정지 처분의 효과는 그 처분이 확정된 요양기관을 양수한 자 또는 합병 후 존속하는 법인이나 합병으로 설립되는 법인에 승계되고, 업무정지 처분의 절차가 진행 중인 때에는 양수인 또는 합병 후 존속하는 법인이나 합병으로 설립되는 법인에 대하여 그 절차를 계속 진행할 수 있다. 다만, 양수인 또는 합병 후 존속하는 법인이나 합병으로 설립되는 법인이 그 처분 또는 위반사실을 알지 못하였음을 증명하는 경우에는 그러하지 아니하다〈「국민건강보험법」 제98조 제3항〉.

Answer 10.④ 11.③

PART
II
국민건강보험법령

총칙

1 목적〈제1조〉

국민건강보험법은 국민의 질병·부상에 대한 예방·진단·치료·재활과 출산·사망 및 건강증진에 대하여 보험급여를 실시함으로써 국민보건 향상과 사회보장 증진에 이바지함을 목적으로 한다.

2 관장〈제2조〉

국민건강보험법에 따른 건강보험사업은 보건복지부장관이 맡아 주관한다.

3 정의〈제3조〉

① **근로자** : 직업의 종류와 관계없이 근로의 대가로 보수를 받아 생활하는 사람(법인의 이사와 그 밖의 임원을 포함한다)으로서 공무원 및 교직원을 제외한 사람을 말한다.

② **사용자**
    ㉠ 근로자가 소속되어 있는 사업장의 사업주
    ㉡ 공무원이 소속되어 있는 기관의 장으로서 대통령령으로 정하는 사람
    ㉢ 교직원이 소속되어 있는 사립학교(「사립학교교직원 연금법」 제3조에 규정된 사립학교를 말한다. 이하 이 조에서 같다)를 설립·운영하는 자

③ **사업장** : 사업소나 사무소를 말한다.

④ **공무원** : 국가나 지방자치단체에서 상시 공무에 종사하는 사람을 말한다.

⑤ **교직원** : 사립학교나 사립학교의 경영기관에서 근무하는 교원과 직원을 말한다.

4 국민건강보험종합계획의 수립 등〈제3조의2〉

① **종합계획의 수립**
  ㉠ 보건복지부장관은 국민건강보험법에 따른 건강보험(이하 "건강보험"이라 한다)의 건전한 운영을 위하여 건강보험정책심의위원회(이하 이 조에서 "건강보험정책심의위원회"라 한다)의 심의를 거쳐 5년마다 국민건강보험종합계획(이하 "종합계획"이라 한다)을 수립하여야 한다.
  ㉡ 수립된 종합계획을 변경할 때도 또한 같다.

② **종합계획에 포함되어야 할 사항**
  ㉠ 건강보험정책의 기본목표 및 추진방향
  ㉡ 건강보험 보장성 강화의 추진계획 및 추진방법
  ㉢ 건강보험의 중장기 재정 전망 및 운영
  ㉣ 보험료 부과체계에 관한 사항
  ㉤ 요양급여비용에 관한 사항
  ㉥ 건강증진 사업에 관한 사항
  ㉦ 취약계층 지원에 관한 사항
  ㉧ 건강보험에 관한 통계 및 정보의 관리에 관한 사항
  ㉨ 그 밖에 건강보험의 개선을 위하여 필요한 사항으로 대통령령으로 정하는 사항

③ **연도별 시행계획 수립 및 시행**: 보건복지부장관은 종합계획에 따라 매년 연도별 시행계획(이하 "시행계획"이라 한다)을 건강보험정책심의위원회의 심의를 거쳐 수립·시행하여야 한다.

④ **추진실적 평가**: 보건복지부장관은 매년 시행계획에 따른 추진실적을 평가하여야 한다.

⑤ **국회 소관 상임위원회에 보고**: 보건복지부장관은 다음의 사유가 발생한 경우 관련 사항에 대한 보고서를 작성하여 지체 없이 국회 소관 상임위원회에 보고하여야 한다.
  ㉠ 종합계획의 수립 및 변경
  ㉡ 시행계획의 수립
  ㉢ 시행계획에 따른 추진실적의 평가

⑥ **자료 제출의 요구**
  ㉠ 보건복지부장관은 종합계획의 수립, 시행계획의 수립·시행 및 시행계획에 따른 추진실적의 평가를 위하여 필요하다고 인정하는 경우 관계 기관의 장에게 자료의 제출을 요구할 수 있다.
  ㉡ 자료의 제출을 요구받은 자는 특별한 사유가 없으면 이에 따라야 한다.

⑦ **평가 필요사항**: 그 밖에 종합계획의 수립 및 변경, 시행계획의 수립·시행 및 시행계획에 따른 추진실적의 평가 등에 필요한 사항은 대통령령으로 정한다.

① **심의위원회 설치** : 건강보험정책에 관한 다음 사항을 심의·의결하기 위하여 보건복지부장관 소속으로 건강보험정책심의위원회(이하 "심의위원회"라 한다)를 둔다.
　㉠ 종합계획 및 시행계획에 관한 사항(의결은 제외한다)
　㉡ 요양급여의 기준
　㉢ 요양급여비용에 관한 사항
　㉣ 직장가입자의 보험료율
　㉤ 지역가입자의 보험료율과 재산보험료부과점수당 금액
　㉥ 보험료 부과 관련 제도 개선에 관한 다음의 사항(의결은 제외한다)
　　• 건강보험 가입자(이하 "가입자"라 한다)의 소득 파악 실태에 관한 조사 및 연구에 관한 사항
　　• 가입자의 소득 파악 및 소득에 대한 보험료 부과 강화를 위한 개선 방안에 관한 사항
　　• 그 밖에 보험료 부과와 관련된 제도 개선 사항으로서 심의위원회 위원장이 회의에 부치는 사항
　㉦ 그 밖에 건강보험에 관한 주요 사항으로서 대통령령으로 정하는 사항

② **심의위원회의 구성** : 심의위원회는 위원장 1명과 부위원장 1명을 포함하여 25명의 위원으로 구성한다.

③ **위원장과 부위원장**
　㉠ **위원장** : 보건복지부차관이 된다.
　㉡ **부위원장** : 다음 ④의 ㉣의 위원 중에서 위원장이 지명하는 사람이 된다.

④ **위원의 임명·위촉** : 심의위원회의 위원은 다음에 해당하는 사람을 보건복지부장관이 임명 또는 위촉한다.
　㉠ 근로자단체 및 사용자단체가 추천하는 각 2명
　㉡ 시민단체(비영리민간단체를 말한다), 소비자단체, 농어업인단체 및 자영업자단체가 추천하는 각 1명
　㉢ 의료계를 대표하는 단체 및 약업계를 대표하는 단체가 추천하는 8명
　㉣ 다음에 해당하는 8명
　　• 대통령령으로 정하는 중앙행정기관 소속 공무원 2명
　　• 국민건강보험공단의 이사장 및 건강보험심사평가원의 원장이 추천하는 각 1명
　　• 건강보험에 관한 학식과 경험이 풍부한 4명

⑤ **위원의 임기**
　㉠ 심의위원회 위원(대통령령으로 정하는 중앙행정기관 소속 공무원 2명의 위원은 제외한다)의 임기는 3년으로 한다.
　㉡ 위원의 사임 등으로 새로 위촉된 위원의 임기는 전임위원 임기의 남은 기간으로 한다.

⑥ **국회보고** : 보건복지부장관은 심의위원회가 심의한 사항을 국회에 보고하여야 한다.

⑦ **심의위원회의 운영** : 심의위원회의 운영 등에 필요한 사항은 대통령령으로 정한다.

(1) 국민건강보험법은 국민의 질병 · 부상에 대한 예방 · 진단 · 치료 · 재활과 ___ · ___ 및 ______에 대하여 보험급여를 실시함으로써 국민보건 향상과 사회보장 증진에 이바지함을 목적으로 한다.

(2) 국민건강보험법에 따른 건강보험사업은 ___________이 맡아 주관한다.

(3) "근로자"란 직업의 종류와 관계없이 근로의 대가로 보수를 받아 생활하는 사람(법인의 이사와 그 밖의 임원을 포함한다)으로서 _____ 및 _____을 제외한 사람을 말한다.

(4) "사용자"란 다음의 어느 하나에 해당하는 자를 말한다.
  ㉠ _____가 소속되어 있는 사업장의 사업주
  ㉡ _____이 소속되어 있는 기관의 장으로서 대통령령으로 정하는 사람
  ㉢ _____이 소속되어 있는 사립학교를 설립 · 운영하는 자

(5) ___________은 국민건강보험법에 따른 건강보험의 건전한 운영을 위하여 건강보험정책심의위원회의 심의를 거쳐 ___마다 국민건강보험종합계획을 수립하여야 한다. 수립된 종합계획을 변경할 때도 또한 같다.

(6) 보건복지부장관은 매년 ______에 따른 추진실적을 평가하여야 한다.

(7) 보건복지부장관은 다음의 사유가 발생한 경우 관련 사항에 대한 보고서를 작성하여 지체 없이 _________________에 보고하여야 한다.
  ㉠ 종합계획의 수립 및 변경
  ㉡ 시행계획의 수립
  ㉢ 시행계획에 따른 추진실적의 평가

(8) 종합계획의 수립 및 변경, 시행계획의 수립 · 시행 및 시행계획에 따른 추진실적의 평가 등에 필요한 사항은 _____으로 정한다.

(9) 건강보험정책에 관한 사항을 심의 · 의결하기 위하여 보건복지부장관 소속으로 ________를 둔다.

(10) 심의위원회
  ㉠ 심의위원회는 위원장 1명과 부위원장 ___을 포함하여 __명의 위원으로 구성한다.
  ㉡ 심의위원회의 위원장은 보건복지부차관이 되고, 부위원장은 _____이 지명하는 사람이 된다.

(11) 심의위원회의 위원은 ___________이 임명 또는 위촉한다.

(12) 심의위원회 위원의 임기는 ___으로 한다. 다만, 위원의 사임 등으로 새로 위촉된 위원의 임기는 ______ 임기의 남은 기간으로 한다.

(13) 보건복지부장관은 심의위원회가 심의한 사항을 ___에 보고하여야 한다.

(14) 심의위원회의 운영 등에 필요한 사항은 ______으로 정한다.

(1) 출산, 사망, 건강증진
(2) 보건복지부장관
(3) 공무원, 교직원
(4) 근로자, 공무원, 교직원
(5) 보건복지부장관, 5년
(6) 시행계획
(7) 국회 소관 상임위원회
(8) 대통령령
(9) 심의위원회
(10) 1명, 25명, 위원장
(11) 보건복지부장관
(12) 3년, 전임위원
(13) 국회
(14) 대통령령

출제예상문제

1 다음 중 「국민건강보험법」의 목적에 포함되는 내용으로 옳지 않은 것은?

① 예방 · 재활 ② 출산 · 사망

③ 질병 · 부상 ④ 건강검진 · 보상

> **TIP** 「국민건강보험법」 제1조(목적) ··· 국민건강보험법은 국민의 질병 · 부상에 대한 예방 · 진단 · 치료 · 재활과 출산 · 사망 및 건강증진에 대하여 보험급여를 실시함으로써 국민보건 향상과 사회보장 증진에 이바지함을 목적으로 한다.

2 다음 중 「국민건강보험법」상 건강보험사업을 관장하는 기관은?

① 행정안전부 ② 보건복지부

③ 국민건강보험공단 ④ 건강보험심사평가원

> **TIP** 건강보험사업의 관장〈「국민건강보험법」 제2조〉 ··· 국민건강보험법에 따른 건강보험사업은 보건복지부장관이 맡아 주관한다.

3 다음 중 「국민건강보험법」에서 사용하는 용어에 대한 설명으로 옳지 않은 것은?

① 공무원이란 국가나 지방자치단체에서 상시 공무에 종사하는 사람을 말한다.

② 법인의 이사와 그 밖의 임원은 근로자에서 제외된다.

③ 사업소나 사무소를 사업장이라 말한다.

④ 교직원이 소속되어 있는 사립학교를 설립 · 운영하는 사람은 사용자에 해당한다.

> **TIP** ② 법인의 이사와 그 밖의 임원은 근로자에 포함된다. 공무원 및 교직원이 근로자에서 제외된다.
> ※ **근로자**〈「국민건강보험법」 제3조 제1호〉 ··· 근로자란 직업의 종류와 관계없이 근로의 대가로 보수를 받아 생활하는 사람(법인의 이사와 그 밖의 임원을 포함한다)으로서 공무원 및 교직원을 제외한 사람을 말한다.

4 다음에서 설명하고 있는 용어의 뜻이 가장 옳은 것은?

> 사립학교나 사립학교의 경영기관에서 근무하는 교원과 직원을 말한다.

① 공무원   ② 교직원
③ 근로자   ④ 공무원으로서 대통령령으로 정하는 사람

TIP 교직원〈「국민건강보험법」 제3조 제5호〉 … 교직원이란 사립학교나 사립학교의 경영기관에서 근무하는 교원과 직원을 말한다.

5 다음 중 「국민건강보험법」상 사용자로 볼 수 없는 사람은?

① 근로자가 소속되어 있는 사업장의 사업주
② 공무원이 소속되어 있는 기관의 장으로 대통령령으로 정하는 사람
③ 근로자가 소속되어 있는 사업장의 노조위원장
④ 교직원이 소속되어 있는 사립학교의 운영자

TIP 사용자〈「국민건강보험법」 제3조 제2호〉 … 다음의 어느 하나에 해당하는 자를 말한다.
　　㉠ 근로자가 소속되어 있는 사업장의 사업주
　　㉡ 공무원이 소속되어 있는 기관의 장으로서 대통령령으로 정하는 사람
　　㉢ 교직원이 소속되어 있는 사립학교를 설립·운영하는 자

6 보건복지부장관이 국민건강보험종합계획을 수립해야 하는 주기는?

① 2년   ② 3년
③ 5년   ④ 7년

TIP 보건복지부장관은 건강보험정책심의위원회의 심의를 거쳐 5년마다 국민건강보험종합계획을 수립하여야 한다〈「국민건강보험법」 제3조의2 제1항〉.

Answer   1.④ 2.② 3.② 4.② 5.③ 6.③

7 다음 중 국민건강보험종합계획에 대한 설명으로 옳지 않은 것은?

① 보건복지부장관은 종합계획에 따라 매년 연도별 시행계획을 건강보험정책심의위원회의 심의를 거쳐 수립·시행하여야 한다.

② 보건복지부장관은 매년 시행계획에 따른 추진실적을 평가하여야 한다.

③ 보건복지부장관은 건강보험의 건전한 운영을 위하여 국회 소관 상임위원회의 의결을 거쳐 국민건강보험종합계획을 수립하여야 한다.

④ 보건복지부장관은 종합계획의 수립 및 변경 등의 사유가 발생한 경우 관련 사항에 대한 보고서를 작성하여 국회 소관 상임위원회에 보고하여야 한다.

TIP ③ 보건복지부장관은 국민건강보험법에 따른 건강보험의 건전한 운영을 위하여 건강보험정책심의위원회의 심의를 거쳐 국민건강보험종합계획을 수립하여야 한다〈「국민건강보험법」 제3조의2 제1항〉.

8 다음 중 보건복지부장관이 국회 소관 상임위원회에 보고해야 할 사항이 아닌 것은?

① 매년 연도별 시행계획의 수립   ② 건강검진 사업계획의 수립
③ 시행계획에 따른 추진실적의 평가   ④ 종합계획의 수립 및 변경

TIP 보건복지부장관이 국회 소관 상임위원회에 보고해야 할 사항〈「국민건강보험법」 제3조의2 제5항〉 … 보건복지부장관은 다음의 사유가 발생한 경우 관련 사항에 대한 보고서를 작성하여 지체 없이 국회 소관 상임위원회에 보고하여야 한다.
㉠ 종합계획의 수립 및 변경
㉡ 시행계획의 수립
㉢ 시행계획에 따른 추진실적의 평가

9 종합계획의 수립 및 변경, 시행계획의 수립·시행 및 시행계획에 따른 추진실적의 평가 등에 필요한 사항을 정하는 기준은?

① 대통령령   ② 보건복지부령
③ 건강보험정책심의위원회의   ④ 국회 소관 상임위원회

TIP 종합계획의 수립 및 변경, 시행계획의 수립·시행 및 시행계획에 따른 추진실적의 평가 등에 필요한 사항은 대통령령으로 정한다〈「국민건강보험법」 제3조의2 제7항〉.

10 다음에서 국민건강보험종합계획에 포함되어야 하는 사항을 모두 고르면?

> ㉠ 건강보험의 중장기 재정 전망 및 운영
> ㉡ 취약계층 지원에 관한 사항
> ㉢ 요양급여비용에 관한 사항
> ㉣ 건강보험에 관한 통계 및 정보의 관리에 관한 사항
> ㉤ 보험료 부과체계에 관한 사항
> ㉥ 건강보험정책의 기본목표 및 추진방향

① ㉠㉡㉢㉣　　　　　　　　　② ㉠㉢㉣㉤㉥

③ ㉠㉡㉢㉣㉥　　　　　　　　④ ㉠㉡㉢㉣㉤㉥

TIP 국민건강보험종합계획에 포함되어야 하는 사항〈「국민건강보험법」 제3조의2 제2항〉 … 종합계획에는 다음의 사항이 포함되어야 한다.
㉠ 건강보험정책의 기본목표 및 추진방향
㉡ 건강보험 보장성 강화의 추진계획 및 추진방법
㉢ 건강보험의 중장기 재정 전망 및 운영
㉣ 보험료 부과체계에 관한 사항
㉤ 요양급여비용에 관한 사항
㉥ 건강증진 사업에 관한 사항
㉦ 취약계층 지원에 관한 사항
㉧ 건강보험에 관한 통계 및 정보의 관리에 관한 사항
㉨ 그 밖에 건강보험의 개선을 위하여 필요한 사항으로 대통령령으로 정하는 사항

11 다음 중 건강보험정책심의위원회에 대한 설명으로 옳지 않은 것은?

① 건강보험정책심의위원회는 보건복지부장관 소속으로 둔다.

② 보건복지부장관은 심의위원회가 심의한 사항을 국회에 보고하여야 한다.

③ 심의위원회의 위원장은 보건복지부장관이 되고, 부위원장은 심의위원회 위원 중에서 위원장이 지명하는 사람이 된다.

④ 위원의 사임 등으로 새로 위촉된 위원의 임기는 전임위원 임기의 남은 기간으로 한다.

TIP ③ 심의위원회의 위원장은 보건복지부차관이 된다〈「국민건강보험법」 제4조 제3항〉.

Answer　7.③　8.②　9.①　10.④　11.③

12 다음 중 건강보험정책에 관한 심의위원회의 심의·의결사항으로 옳지 않은 것은?

① 요양급여의 기준
② 종합계획 및 시행계획에 관한 의결
③ 직장가입자의 보험료율
④ 요양급여비용에 관한 사항

TIP 건강보험정책에 관한 심의위원회의 심의·의결 사항〈「국민건강보험법」 제4조 제1항 제1호〉
　㉠ 종합계획 및 시행계획에 관한 사항(의결은 제외한다)
　㉡ 요양급여의 기준
　㉢ 요양급여비용에 관한 사항
　㉣ 직장가입자의 보험료율
　㉤ 지역가입자의 보험료율과 재산보험료부과점수당 금액
　㉥ 보험료 부과 관련 제도 개선에 관한 다음의 사항(의결은 제외한다)
　　• 건강보험 가입자(이하 "가입자"라 한다)의 소득 파악 실태에 관한 조사 및 연구에 관한 사항
　　• 가입자의 소득 파악 및 소득에 대한 보험료 부과 강화를 위한 개선 방안에 관한 사항
　　• 그 밖에 보험료 부과와 관련된 제도 개선 사항으로서 심의위원회 위원장이 회의에 부치는 사항
　㉦ 그 밖에 건강보험에 관한 주요 사항으로서 대통령령으로 정하는 사항

13 의료계를 대표하는 단체 및 약업계를 대표하는 단체가 추천하여 보건복지부장관이 임명한 심의위원회 위원의 임기는?

① 1년
② 2년
③ 3년
④ 5년

TIP 심의위원회 위원(대통령령으로 정하는 중앙행정기관 소속 공무원 중 임명 또는 위촉한 위원은 제외)의 임기는 3년으로 한다. 다만, 위원의 사임 등으로 새로 위촉된 위원의 임기는 전임위원 임기의 남은 기간으로 한다〈「국민건강보험법」 제4조 제5항〉.

14 건강보험정책심의위원회의 구성에 대한 설명으로 옳은 것은?

① 심의위원회는 위원장 1명과 부위원장 1명을 포함하여 20명의 위원으로 구성한다.
② 심의위원회는 위원장 1명과 부위원장 1명을 포함하여 25명의 위원으로 구성한다.
③ 심의위원회는 위원장 1명과 부위원장 2명을 포함하여 20명의 위원으로 구성한다.
④ 심의위원회는 위원장 1명과 부위원장 2명을 포함하여 25명의 위원으로 구성한다.

TIP 심의위원회는 위원장 1명과 부위원장 1명을 포함하여 25명의 위원으로 구성한다〈「국민건강보험법」 제4조 제2항〉.

15 다음 중 건강보험정책심의위원회의 위원으로 임명 또는 위촉할 수 있는 인원수가 가장 많은 단체는?

① 근로자단체　　　　　　　　　　　　　② 시민단체

③ 소비자단체　　　　　　　　　　　　　④ 농어업인단체

> **TIP** 심의위원회 위원〈「국민건강보험법」 제4조 제4항〉 … 심의위원회의 위원은 다음에 해당하는 사람을 보건복지부
> 장관이 임명 또는 위촉한다.
> ㉠ 근로자단체 및 사용자단체가 추천하는 각 2명
> ㉡ 시민단체(「비영리민간단체지원법」 제2조에 따른 비영리민간단체를 말한다), 소비자단체, 농어업인단체 및
> 자영업자단체가 추천하는 각 1명
> ㉢ 의료계를 대표하는 단체 및 약업계를 대표하는 단체가 추천하는 8명
> ㉣ 다음에 해당하는 8명
> • 대통령령으로 정하는 중앙행정기관 소속 공무원 2명
> • 국민건강보험공단의 이사장 및 건강보험심사평가원의 원장이 추천하는 각 1명
> • 건강보험에 관한 학식과 경험이 풍부한 4명

16 다음 중 심의위원회의 위원으로 임명 또는 위촉할 수 없는 사람은?

① 소비자단체, 농어업인단체, 자영업자단체가 추천하는 사람

② 의료계를 대표하는 단체 및 보건복지부장관이 추천하는 사람

③ 근로자단체 및 사용자단체가 추천하는 사람

④ 건강보험에 관한 학식과 경험이 풍부한 사람

> **TIP** ② 심의위원회의 위원은 보건복지부장관이 임명 또는 위촉할 수 있지만 추천할 수는 없다〈「국민건강보험법」
> 제4조 제4항〉.

02 가입자

1 적용 대상 등〈제5조〉

① **가입자 또는 피부양자** : 국내에 거주하는 국민은 건강보험의 가입자 또는 피부양자가 된다. 다만, 다음의 어느 하나에 해당하는 사람은 제외한다.
　㉠ 「의료급여법」에 따라 의료급여를 받는 사람(이하 "수급권자"라 한다)
　㉡ 「독립유공자예우에 관한 법률」 및 「국가유공자 등 예우 및 지원에 관한 법률」에 따라 의료보호를 받는 사람(이하 "유공자등 의료보호대상자"라 한다). 다만, 다음의 어느 하나에 해당하는 사람은 가입자 또는 피부양자가 된다.
　　• 유공자등 의료보호대상자 중 건강보험의 적용을 보험자에게 신청한 사람
　　• 건강보험을 적용받고 있던 사람이 유공자등 의료보호대상자로 되었으나 건강보험의 적용배제신청을 보험자에게 하지 아니한 사람

② **피부양자** : 피부양자는 다음의 어느 하나에 해당하는 사람 중 직장가입자에게 주로 생계를 의존하는 사람으로서 소득 및 재산이 보건복지부령으로 정하는 기준 이하에 해당하는 사람을 말한다.
　㉠ 직장가입자의 배우자
　㉡ 직장가입자의 직계존속(배우자의 직계존속을 포함한다)
　㉢ 직장가입자의 직계비속(배우자의 직계비속을 포함한다)과 그 배우자
　㉣ 직장가입자의 형제 · 자매

③ **피부양자 자격의 인정 기준, 취득 · 상실시기** : 피부양자 자격의 인정 기준, 취득 · 상실시기 및 그 밖에 필요한 사항은 보건복지부령으로 정한다.

2 가입자의 종류〈제6조〉

① **가입자의 구분** : 가입자는 직장가입자와 지역가입자로 구분한다.

② **직장가입자**
　㉠ 모든 사업장의 근로자 및 사용자와 공무원 및 교직원은 직장가입자가 된다.
　㉡ 다음의 어느 하나에 해당하는 사람은 제외한다.

- 고용 기간이 1개월 미만인 일용근로자
- 현역병(지원에 의하지 아니하고 임용된 하사를 포함한다), 전환복무된 사람 및 군간부후보생
- 선거에 당선되어 취임하는 공무원으로서 매월 보수 또는 보수에 준하는 급료를 받지 아니하는 사람
- 그 밖에 사업장의 특성, 고용 형태 및 사업의 종류 등을 고려하여 대통령령으로 정하는 사업장의 근로자 및 사용자와 공무원 및 교직원

③ **지역가입자** : 지역가입자는 직장가입자와 그 피부양자를 제외한 가입자를 말한다.

3 사업장의 신고〈제7조〉

① **사업장의 신고** : 사업장의 사용자는 다음의 어느 하나에 해당하게 되면 그 때부터 14일 이내에 보건복지부령으로 정하는 바에 따라 보험자에게 신고하여야 한다.

② **변경된 신고내용의 신고** : 다음에 해당되어 보험자에게 신고한 내용이 변경된 경우에도 또한 신고하여야 한다.
　㉠ 직장가입자가 되는 근로자·공무원 및 교직원을 사용하는 사업장(이하 "적용대상사업장"이라 한다)이 된 경우
　㉡ 휴업·폐업 등 보건복지부령으로 정하는 사유가 발생한 경우

4 자격의 취득 시기 등〈제8조〉

① **자격의 취득 시기**
　㉠ 가입자는 국내에 거주하게 된 날에 직장가입자 또는 지역가입자의 자격을 얻는다.
　㉡ 다음의 어느 하나에 해당하는 사람은 그 해당되는 날에 각각 자격을 얻는다.
　　- 수급권자이었던 사람은 그 대상자에서 제외된 날
　　- 직장가입자의 피부양자이었던 사람은 그 자격을 잃은 날
　　- 유공자등 의료보호대상자이었던 사람은 그 대상자에서 제외된 날
　　- 보험자에게 건강보험의 적용을 신청한 유공자등 의료보호대상자는 그 신청한 날

② **자격취득의 신고** : 자격을 얻은 경우 그 직장가입자의 사용자 및 지역가입자의 세대주는 그 명세를 보건복지부령으로 정하는 바에 따라 자격을 취득한 날부터 14일 이내에 보험자에게 신고하여야 한다.

5 자격의 변동 시기 등〈제9조〉

① **자격변동의 시기** : 가입자는 다음의 어느 하나에 해당하게 된 날에 그 자격이 변동된다.
   ㉠ 지역가입자가 적용대상사업장의 사용자로 되거나, 근로자·공무원 또는 교직원(이하 "근로자등"이라 한다)으로 사용된 날
   ㉡ 직장가입자가 다른 적용대상사업장의 사용자로 되거나 근로자등으로 사용된 날
   ㉢ 직장가입자인 근로자등이 그 사용관계가 끝난 날의 다음 날
   ㉣ 적용대상사업장에 제7조 제2호에 따른 사유가 발생한 날의 다음 날
   ㉤ 지역가입자가 다른 세대로 전입한 날

> **조문참고**
> **제7조(사업장의 신고)**
> 2. 휴업·폐업 등 보건복지부령으로 정하는 사유가 발생한 경우

② **자격변동의 신고** : 자격이 변동된 경우 직장가입자의 사용자와 지역가입자의 세대주는 다음의 구분에 따라 그 명세를 보건복지부령으로 정하는 바에 따라 자격이 변동된 날부터 14일 이내에 보험자에게 신고하여야 한다.
   ㉠ 위 ①의 ㉠~㉡에 따라 자격이 변동된 경우 : 직장가입자의 사용자
   ㉡ 위 ①의 ㉢~㉤의 규정에 따라 자격이 변동된 경우 : 지역가입자의 세대주

③ **법무부장관 및 국방부장관의 통보** : 법무부장관 및 국방부장관은 직장가입자나 지역가입자가 제54조 제3호 또는 제4호에 해당하면 보건복지부령으로 정하는 바에 따라 그 사유에 해당된 날부터 1개월 이내에 보험자에게 알려야 한다.

> **조문참고**
> **제54조(급여의 정지)**
> 3. 현역병(지원에 의하지 아니하고 임용된 하사를 포함한다), 전환복무된 사람 및 군간부후보생에 해당하게 된 경우
> 4. 교도소, 그 밖에 이에 준하는 시설에 수용되어 있는 경우

6 자격 취득·변동 사항의 고지〈제9조의2〉

국민건강보험공단은 제공받은 자료를 통하여 가입자 자격의 취득 또는 변동 여부를 확인하는 경우에는 자격 취득 또는 변동 후 최초로 납부의무자에게 보험료 납입 고지를 할 때 보건복지부령으로 정하는 바에 따라 자격 취득 또는 변동에 관한 사항을 알려야 한다.

7 자격의 상실 시기 등〈제10조〉

① 자격의 상실 시기 : 가입자는 다음의 어느 하나에 해당하게 된 날에 그 자격을 잃는다.
　㉠ 사망한 날의 다음 날
　㉡ 국적을 잃은 날의 다음 날
　㉢ 국내에 거주하지 아니하게 된 날의 다음 날
　㉣ 직장가입자의 피부양자가 된 날
　㉤ 수급권자가 된 날
　㉥ 건강보험을 적용받고 있던 사람이 유공자등 의료보호대상자가 되어 건강보험의 적용배제신청을 한 날

② 자격의 상실 신고 : 자격을 잃은 경우 직장가입자의 사용자와 지역가입자의 세대주는 그 명세를 보건복지부령으로 정하는 바에 따라 자격을 잃은 날부터 14일 이내에 보험자에게 신고하여야 한다.

8 자격취득 등의 확인〈제11조〉

① 자격의 취득 · 변동 및 상실의 효력 발생
　㉠ 가입자 자격의 취득 · 변동 및 상실은 자격의 취득 · 변동 및 상실의 시기로 소급하여 효력을 발생한다.
　㉡ 이 경우 보험자는 그 사실을 확인할 수 있다.

② 자격의 취득 · 변동 및 상실의 확인 청구 : 가입자나 가입자이었던 사람 또는 피부양자나 피부양자이었던 사람은 확인을 청구할 수 있다.

9 건강보험증〈제12조〉

① 건강보험증의 발급 : 국민건강보험공단은 가입자 또는 피부양자가 신청하는 경우 건강보험증을 발급하여야 한다.

② 건강보험증의 제출
　㉠ 가입자 또는 피부양자가 요양급여를 받을 때에는 건강보험증을 제42조 제1항에 따른 요양기관(이하 "요양기관"이라 한다)에 제출하여야 한다.
　㉡ 다만, 천재지변이나 그 밖의 부득이한 사유가 있으면 그러하지 아니하다.

제42조(요양기관)

① 요양급여(간호와 이송은 제외한다)는 다음의 요양기관에서 실시한다. 이 경우 보건복지부장관은 공익이나 국가정책에 비추어 요양기관으로 적합하지 아니한 대통령령으로 정하는 의료기관 등은 요양기관에서 제외할 수 있다.
1. 「의료법」에 따라 개설된 의료기관
2. 「약사법」에 따라 등록된 약국
3. 「약사법」 제91조에 따라 설립된 한국희귀·필수의약품센터
4. 「지역보건법」에 따른 보건소·보건의료원 및 보건지소
5. 「농어촌 등 보건의료를 위한 특별조치법」에 따라 설치된 보건진료소

③ **건강보험증 제출 예외**: 가입자 또는 피부양자는 주민등록증(모바일 주민등록증을 포함한다), 운전면허증, 여권, 그 밖에 보건복지부령으로 정하는 본인 여부를 확인할 수 있는 신분증명서(이하 "신분증명서"라 한다)로 요양기관이 그 자격을 확인할 수 있으면 건강보험증을 제출하지 아니할 수 있다.

④ **본인 여부 및 자격 확인**: 요양기관은 가입자 또는 피부양자에게 요양급여를 실시하는 경우 보건복지부령으로 정하는 바에 따라 건강보험증이나 신분증명서로 본인 여부 및 그 자격을 확인하여야 한다. 다만, 요양기관이 가입자 또는 피부양자의 본인 여부 및 그 자격을 확인하기 곤란한 경우로서 보건복지부령으로 정하는 정당한 사유가 있을 때에는 그러하지 아니하다.

⑤ **자격상실 후 보험급여 금지**: 가입자·피부양자는 제10조 제1항에 따른 자격을 잃은 후 자격을 증명하던 서류를 사용하여 보험급여를 받아서는 아니 된다.

제10조(자격의 상실 시기 등)

① 가입자는 다음의 어느 하나에 해당하게 된 날에 그 자격을 잃는다.
1. 사망한 날의 다음 날
2. 국적을 잃은 날의 다음 날
3. 국내에 거주하지 아니하게 된 날의 다음 날
4. 직장가입자의 피부양자가 된 날
5. 수급권자가 된 날
6. 건강보험을 적용받고 있던 사람이 유공자등 의료보호대상자가 되어 건강보험의 적용배제신청을 한 날

⑥ **양도 및 대여금지**: 누구든지 건강보험증이나 신분증명서를 다른 사람에게 양도(讓渡)하거나 대여하여 보험급여를 받게 하여서는 아니 된다.

⑦ **부정한 보험급여 수급금지**: 누구든지 건강보험증이나 신분증명서를 양도 또는 대여를 받거나 그 밖에 이를 부정하게 사용하여 보험급여를 받아서는 아니 된다.

⑧ **건강보험증의 신청 절차와 방법**: 건강보험증의 신청 절차와 방법, 서식과 그 교부 및 사용 등에 필요한 사항은 보건복지부령으로 정한다.

(1) 피부양자는 다음의 어느 하나에 해당하는 사람 중 직장가입자에게 주로 생계를 의존하는 사람으로서 소득 및 재산이 __________으로 정하는 기준 이하에 해당하는 사람을 말한다.
　㉠ 직장가입자의 _____
　㉡ 직장가입자의 직계존속(배우자의 직계존속을 포함한다)
　㉢ 직장가입자의 직계비속(배우자의 직계비속을 포함한다)과 그 배우자
　㉣ 직장가입자의 ____ · ____

(2) 모든 사업장의 근로자 및 사용자와 공무원 및 교직원은 _________가 된다. 다만, 다음의 어느 하나에 해당하는 사람은 제외한다.
　㉠ 고용 기간이 ____ 미만인 일용근로자
　㉡ 「병역법」에 따른 현역병(지원에 의하지 아니하고 임용된 하사를 포함한다), 전환복무된 사람 및 군간부후보생
　㉢ 선거에 당선되어 취임하는 공무원으로서 매월 보수 또는 보수에 준하는 급료를 받지 아니하는 사람
　㉣ 그 밖에 사업장의 특성, 고용 형태 및 사업의 종류 등을 고려하여 _____령으로 정하는 사업장의 근로자 및 사용자와 공무원 및 교직원

(3) 사업장의 사용자는 다음의 어느 하나에 해당하게 되면 그 때부터 ____ 이내에 보건복지부령으로 정하는 바에 따라 보험자에게 ____하여야 한다. ㉠에 해당되어 보험자에게 신고한 내용이 변경된 경우에도 또한 같다.
　㉠ 직장가입자가 되는 근로자 · 공무원 및 교직원을 사용하는 사업장(이하 "적용대상사업장"이라 한다)이 된 경우
　㉡ 휴업 · 폐업 등 보건복지부령으로 정하는 사유가 발생한 경우

(4) 가입자는 __________________에 직장가입자 또는 지역가입자의 자격을 얻는다.

(5) 가입자는 다음의 어느 하나에 해당하게 된 날에 그 자격을 잃는다.
　㉠ 사망한 __________
　㉡ 국적을 잃은 날의 다음 날
　㉢ 국내에 거주하지 아니하게 된 __________
　㉣ 직장가입자의 피부양자가 된 날
　㉤ 수급권자가 된 날
　㉥ 건강보험을 적용받고 있던 사람이 유공자등 의료보호대상자가 되어 건강보험의 적용배제신청을 한 날

(6) 국민건강보험공단은 가입자 또는 피부양자가 신청하는 경우 _________을 발급하여야 한다.

(7) 요양기관은 가입자 또는 피부양자에게 요양급여를 실시하는 경우 _________령으로 정하는 바에 따라 건강보험증이나 신분증명서로 본인 여부 및 그 자격을 확인하여야 한다. 다만, 요양기관이 가입자 또는 피부양자의 본인 여부 및 그 자격을 확인하기 곤란한 경우로서 _________령으로 정하는 정당한 사유가 있을 때에는 그러하지 아니하다.

(8) 가입자 · 피부양자는 자격을 잃은 후 자격을 증명하던 서류를 사용하여 _______를 받아서는 아니 된다.

정답 및 해설

(1) 보건복지부령, 배우자, 형제, 자매
(2) 직장가입자, 1개월, 대통령
(3) 14일, 신고
(4) 국내에 거주하게 된 날
(5) 날의 다음 날, 날의 다음 날
(6) 건강보험증
(7) 보건복지부, 보건복지부
(8) 보험급여

출제예상문제

1 다음 중 국민건강보험법상 건강보험의 가입자 또는 피부양자가 될 수 있는 사람은?

① 유공자등 의료보호대상자 중 건강보험의 적용을 보험자에게 신청한 사람

② 「의료급여법」에 따라 의료급여를 받는 사람

③ 「국가유공자 등 예우 및 지원에 관한 법률」에 따라 의료보호를 받는 사람

④ 「독립유공자예우에 관한 법률」에 따라 의료보호를 받는 사람

> **TIP** 적용 대상 등〈「국민건강보험법」 제5조 제1항〉 … 국내에 거주하는 국민은 건강보험의 가입자 또는 피부양자가
> 된다. 다만, 다음의 어느 하나에 해당하는 사람은 제외한다.
> ㉠ 「의료급여법」에 따라 의료급여를 받는 사람(이하 "수급권자"라 한다)
> ㉡ 「독립유공자예우에 관한 법률」 및 「국가유공자 등 예우 및 지원에 관한 법률」에 따라 의료보호를 받는 사
> 람(이하 "유공자등 의료보호대상자"라 한다). 다만, 다음의 어느 하나에 해당하는 사람은 가입자 또는 피
> 부양자가 된다.
> • 유공자등 의료보호대상자 중 건강보험의 적용을 보험자에게 신청한 사람
> • 건강보험을 적용받고 있던 사람이 유공자등 의료보호대상자로 되었으나 건강보험의 적용배제신청을 보험
> 자에게 하지 아니한 사람

2 다음 중 국민건강보험법상 피부양자에 될 수 없는 사람은?

① 직장가입자의 직계비속과 그 배우자

② 직장가입자의 형제와 자매

③ 직장가입자의 직계존속(배우자의 직계존속 포함)

④ 지장가입자의 방계혈족

> **TIP** 적용 대상 등〈「국민건강보험법」 제5조 제2항〉 … 피부양자는 다음에 해당하는 사람 중 직장가입자에게 주로
> 생계를 의존하는 사람으로서 소득 및 재산이 보건복지부령으로 정하는 기준 이하에 해당하는 사람을 말한다.
> ㉠ 직장가입자의 배우자
> ㉡ 직장가입자의 직계존속(배우자의 직계존속을 포함한다)
> ㉢ 직장가입자의 직계비속(배우자의 직계비속을 포함한다)과 그 배우자
> ㉣ 직장가입자의 형제 · 자매

3 다음 중 「의료급여법」에 따라 의료급여를 받는 사람을 무엇이라고 하는가?

① 피부양자　　　　　　　　　　　　② 수급권자

③ 의료보호대상자　　　　　　　　　　④ 건강보험의 가입자

TIP 「의료급여법」에 따라 의료급여를 받는 사람을 수급권자라 한다〈「국민건강보험법」 제5조 제1항 제1호〉.

4 국민건강보험 직장가입자인 A는 다음에 열거한 사람들을 피부양자로 등록하고자 한다. 제시된 사람들 모두 A에게 주로 생계를 의존하면서 소득 및 재산이 보건복지부령으로 정하는 기준 이하에 해당한다고 할 때, 甲의 피부양자로 등록할 수 있는 사람을 모두 고르면 몇 명인가?

• A의 아내 B	• A의 아버지 C
• A의 딸 D	• A의 남동생 E
• B의 어머니 F	• B의 여동생 G
• C의 형 H	• D의 남편 I
• E의 아내 J	• F의 아들 K

① 4명　　　　　　　　　　　　　　　② 6명

③ 7명　　　　　　　　　　　　　　　④ 8명

TIP A를 중심으로 가족도를 그려 피부양자 대상 여부를 살펴보면 다음과 같다.

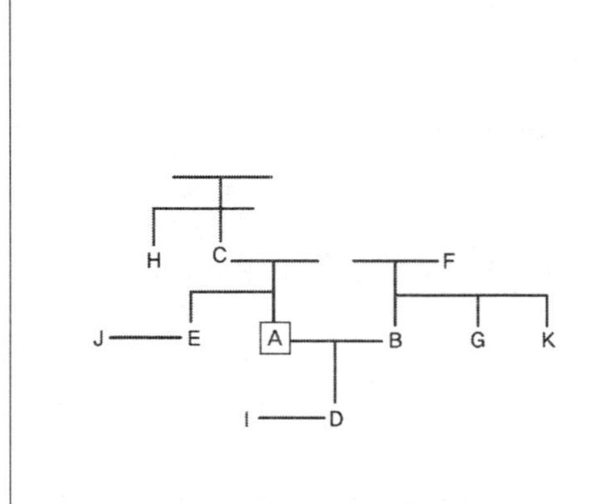

• B : 직장가입자의 배우자 (O)

• C : 직장가입자의 직계존속 (O)

• D : 직장가입자의 직계비속 (O)

• E : 직장가입자의 형제 · 자매 (O)

• F : 직장가입자의 배우자의 직계존속 (O)

• G : 직장가입자의 배우자의 형제 · 자매 (X)

• H : 직장가입자의 직계존속의 형제 · 자매 (X)

• I : 직장가입자의 직계비속의 배우자 (O)

• J : 직장가입자의 형제 · 자매의 배우자 (X)

• K : 직장가입자의 배우자의 형제 · 자매 (X)

Answer　1.① 2.④ 3.② 4.②

5 다음 중 피부양자 자격의 인정 기준 및 취득·상실시기 등을 정하는 기준은?

① 대통령령　　　　　　　　　　② 보건복지부령

③ 지방자치단체　　　　　　　　　④ 심사평가원

> **TIP** 피부양자 자격의 인정 기준, 취득·상실시기 및 그 밖에 필요한 사항은 보건복지부령으로 정한다〈「국민건강
> 보험법」 제5조 제3항〉.

6 다음 중 가입자와 피부양자에 대한 설명으로 틀린 것은?

① 사업장의 근로자와 사용자, 공무원, 교직원은 직장가입자가 된다.
② 가입자는 직장가입자와 지역가입자로 구분한다.
③ 지역가입자는 직장가입자와 그 피부양자를 포함한 가입자를 말한다.
④ 국내에 거주하는 국민은 건강보험의 가입자 또는 피부양자가 된다.

> **TIP** ③ 지역가입자는 직장가입자와 그 피부양자를 제외한 가입자를 말한다〈「국민건강보험법」 제6조 제3항〉.

7 다음 중 직장가입자가 아닌 사람은?

① 사업장의 근로자　　　　　　　② 현역병

③ 교직원　　　　　　　　　　　　④ 사용자

> **TIP** **직장가입자**〈「국민건강보험법」 제6조 제2항〉 … 모든 사업장의 근로자 및 사용자와 공무원 및 교직원은 직장가
> 입자가 된다. 다만, 다음에 해당하는 사람은 제외한다.
> ㉠ 고용 기간이 1개월 미만인 일용근로자
> ㉡ 「병역법」에 따른 현역병(지원에 의하지 아니하고 임용된 하사를 포함한다), 전환복무된 사람 및 군간부후
> 　보생
> ㉢ 선거에 당선되어 취임하는 공무원으로서 매월 보수 또는 보수에 준하는 급료를 받지 아니하는 사람
> ㉣ 그 밖에 사업장의 특성, 고용 형태 및 사업의 종류 등을 고려하여 대통령령으로 정하는 사업장의 근로자
> 　및 사용자와 공무원 및 교직원

8 다음 중 보험자에게 신고한 내용이 변경되었을 때 신고해야 하는 대상으로 옳지 않은 경우는?

① 직장가입자가 되는 근로자를 사용하는 사업장

② 적용대상사업장이 된 경우

③ 휴업 · 폐업 등 보건복지부령으로 정하는 사유가 발생한 경우

④ 직장가입자가 되는 교직원을 사용하는 사업장

> **TIP** ①②④에 해당되어 보험자에게 신고한 내용이 변경된 경우에는 그 때부터 14일 이내에 보건복지부령으로 정하는 바에 따라 보험자에게 신고하여야 한다〈「국민건강보험법」 제7조〉.

9 사업장의 사용자는 직장가입자가 되는 근로자를 사용하는 사업장이 된 경우 보건복지부령으로 정하는 바에 따라 보험자에게 신고하여야 한다. 이때 신고의 기한은?

① 해당하게 된 때부터 5일 이내　　　　　② 해당하게 된 때부터 7일 이내

③ 해당하게 된 때부터 10일 이내　　　　④ 해당하게 된 때부터 14일 이내

> **TIP** 사업장의 신고〈「국민건강보험법」 제7조〉 … 사업장의 사용자는 다음의 어느 하나에 해당하게 되면 그 때부터 14일 이내에 보건복지부령으로 정하는 바에 따라 보험자에게 신고하여야 한다. 제1호에 해당되어 보험자에게 신고한 내용이 변경된 경우에도 또한 같다.
> ㉠ 직장가입자가 되는 근로자 · 공무원 및 교직원을 사용하는 사업장이 된 경우
> ㉡ 휴업 · 폐업 등 보건복지부령으로 정하는 사유가 발생한 경우

10 다음 중 자격의 취득 시기가 옳지 않은 것은?

① 직장가입자의 피부양자이었던 사람은 그 자격을 잃은 날

② 국내에 거주하기로 확정한 날

③ 유공자등 의료보호대상자이었던 사람은 그 대상자에서 제외된 날

④ 수급권자이었던 사람은 그 대상자에서 제외된 날

> **TIP** ② 가입자는 국내에 거주하게 된 날에 직장가입자 또는 지역가입자의 자격을 얻는다〈「국민건강보험법」 제8조 제1항〉.

Answer　5.② 6.③ 7.② 8.③ 9.④ 10.②

11 보험자에게 건강보험의 적용을 신청한 유공자 등의 의료보호대상자가 직장가입자 또는 지역가입자의 자격을 신청한 경우 그 자격을 얻는 시기는?

① 자격을 신청한 날

② 근로자 등으로 사용된 날

③ 신청한 날의 다음 날

④ 적용배제 신청을 한 날

> **TIP** 자격의 취득 시기 등〈「국민건강보험법」 제8조 제1항〉 … 가입자는 국내에 거주하게 된 날에 직장가입자 또는 지역가입자의 자격을 얻는다. 다만, 다음의 어느 하나에 해당하는 사람은 그 해당되는 날에 각각 자격을 얻는다.
> ㉠ 수급권자이었던 사람은 그 대상자에서 제외된 날
> ㉡ 직장가입자의 피부양자이었던 사람은 그 자격을 잃은 날
> ㉢ 유공자등 의료보호대상자이었던 사람은 그 대상자에서 제외된 날
> ㉣ 보험자에게 건강보험의 적용을 신청한 유공자등 의료보호대상자는 그 신청한 날

12 지역가입자가 「병역법」에 따른 현역병으로 입영한 경우 국방부장관이 보험자에게 알려야 하는 기한은? (단 그 사유가 발생한 날을 기준으로 함)

① 1개월 이내

② 2개월 이내

③ 3개월 이내

④ 6개월 이내

> **TIP** 법무부장관 및 국방부장관은 직장가입자나 지역가입자가 「병역법」에 따른 현역병(지원에 의하지 아니하고 임용된 하사 포함), 전환복무된 사람 및 군간부후보생에 해당하거나 교도소, 그 밖에 이에 준하는 시설에 수용되어 있는 경우에는 보건복지부령으로 정하는 바에 따라 그 사유에 해당된 날부터 1개월 이내에 보험자에게 알려야 한다〈「국민건강보험법」 제9조 제3항〉.

13 다음 중 자격 변동 신고를 해야 하는 주체가 다른 하나는?

① 지역가입자가 적용대상사업장의 사용자로 된 경우

② 지역가입자가 공무원 또는 교직원으로 사용된 경우

③ 직장가입자가 다른 적용대상사업장의 사용자로 된 경우

④ 직장가입자인 근로자등이 그 사용관계가 끝난 경우

> **TIP** ①②③은 직장가입자의 사용자가 자격변동시고를 하여야 한다〈「국민건강보험법」 제9조 제2항 제1호〉.
> ④는 지역가입자의 세대주가 자격변동신고를 하여야 한다〈「국민건강보험법」 제9조 제2항 제2호〉.

14 다음 중 가입자의 자격이 변동된 경우 변경신고를 해야 할 대상 및 시기가 다른 하나는?

① 휴업의 사유가 발생한 날의 다음 날

② 지역가입자가 다른 세대로 전입한 날

③ 지역가입자가 근로자·공무원 또는 교직원으로 사용된 날

④ 직장가입자인 근로자등이 그 사용관계가 끝난 날의 다음 날

> **TIP** 자격이 변동된 경우 신고해야 하는 대상 및 시기〈「국민건강보험법」 제9조 제2항〉

직장가입자의 사용자	지역가입자의 세대주
• 지역가입자가 적용대상사업장의 사용자로 되거나, 근로자·공무원 또는 교직원으로 사용된 날 • 직장가입자가 다른 적용대상사업장의 사용자로 되거나 근로자등으로 사용된 날	• 직장가입자인 근로자등이 그 사용관계가 끝난 날의 다음 날 • 적용대상사업장에 휴업·폐업 등 보건복지부령으로 정하는 사유가 발생한 날의 다음 날 • 지역가입자가 다른 세대로 전입한 날

15 다음 중 자격의 변동시기로 옳은 것은?

① 직장가입자인 근로자등이 그 사용관계가 끝난 날

② 지역가입자가 근로자·공무원 또는 교직원으로 사용된 다음 날

③ 직장가입자가 다른 적용대상사업장의 사용자로 된 다음 날

④ 지역가입자가 다른 세대로 전입한 날

> **TIP** 자격의 변동 시기 등〈「국민건강보험법」 제9조 제1항〉 … 가입자는 다음의 어느 하나에 해당하게 된 날에 그 자격이 변동된다.
> ㉠ 지역가입자가 적용대상사업장의 사용자로 되거나, 근로자·공무원 또는 교직원(이하 "근로자등"이라 한다)으로 사용된 날
> ㉡ 직장가입자가 다른 적용대상사업장의 사용자로 되거나 근로자등으로 사용된 날
> ㉢ 직장가입자인 근로자등이 그 사용관계가 끝난 날의 다음 날
> ㉣ 적용대상사업장에 휴업·폐업 등 보건복지부령으로 정하는 사유가 발생한 날의 다음 날
> ㉤ 지역가입자가 다른 세대로 전입한 날

Answer　11.①　12.①　13.④　14.③　15.④

16 다음 중 가입자의 자격 상실 시기로 옳지 않은 것은?

① 국내에 거주하지 아니하게 된 날

② 국적을 잃은 날의 다음 날

③ 직장가입자의 피부양자가 된 날

④ 수급권자가 된 날

TIP 자격의 상실 시기 등〈「국민건강보험법」 제10조 제1항〉 … 가입자는 다음의 어느 하나에 해당하게 된 날에 그 자격을 잃는다.

㉠ 사망한 날의 다음 날

㉡ 국적을 잃은 날의 다음 날

㉢ 국내에 거주하지 아니하게 된 날의 다음 날

㉣ 직장가입자의 피부양자가 된 날

㉤ 수급권자가 된 날

㉥ 건강보험을 적용받고 있던 사람이 유공자등 의료보호대상자가 되어 건강보험의 적용배제신청을 한 날

17 지역가입자의 세대주였던 A가 직장가입자 B의 피부양자가 된 경우 며칠 내에 보험자에게 신고하여야 하는가?

① 7일

② 10일

③ 14일

④ 20일

TIP ③ 가입자가 직장가입자의 피부양자가 된 것은 자격 상실의 사유가 된다. 따라서 A는 그 명세를 보건복지부령으로 정하는 바에 따라 자격을 잃은 날부터 14일 이내에 보험자에게 신고하여야 한다〈「국민건강보험법」 제10조 제2항〉.

18 가입자 또는 피부양자가 건강보험증을 대신하여 본인 여부를 확인할 수 있는 신분증명서가 아닌 것은?

① 주민등록증

② 운전면허증

③ 가족증명서

④ 여권

TIP 가입자 또는 피부양자는 주민등록증(모바일 주민등록증 포함), 운전면허증, 여권, 그 밖에 보건복지부령으로 정하는 본인 여부를 확인할 수 있는 신분증명서로 요양기관이 그 자격을 확인할 수 있으면 건강보험증을 제출하지 아니할 수 있다〈「국민건강보험법」 제12조 제3항〉.

19 다음 중 건강보험증에 대한 설명으로 옳지 않은 것은?

① 가입자는 주민등록증이나 운전면허증으로 요양기관이 자격을 확인할 수 있으면 건강보험증을 제출하지 않아도 된다.

② 피부양자가 요양급여를 받을 때에는 건강보험증을 요양기관에 제출하여야 한다.

③ 가입자는 자격을 잃은 후 14일 이내까지는 건강보험증을 사용하여 보험급여를 받을 수 있다.

④ 요양기관은 가입자 또는 피부양자에게 요양급여를 실시하는 경우 보건복지부령으로 정하는 바에 따라 건강보험증이나 신분증명서로 본인 여부 및 그 자격을 확인하여야 한다.

TIP ③ 가입자·피부양자는 자격을 잃은 후 자격을 증명하던 서류를 사용하여 보험급여를 받아서는 아니 된다〈「국민건강보험법」 제12조 제5항〉.

20 건강보험가입자의 자격취득·자격변동·자격상실 시기에 대한 설명으로 옳은 것은?

① 자격을 얻은 경우 자격을 취득한 날부터 7일 이내에 보험자에게 신고하여야 한다.

② 자격이 변동된 경우 자격이 변동된 날부터 15일 이내에 보험자에게 신고하여야 한다.

③ 자격을 잃은 경우 자격을 잃은 날부터 1개월 이내에 보험자에게 신고하여야 한다.

④ 가입자 자격의 취득·변동 및 상실은 자격의 취득·변동 및 상실의 시기로 소급하여 효력을 발생한다.

TIP ①②③건강보험가입자의 자격취득·자격변동·자격상실 시 해당 날부터 14일 이내에 보험자에게 신고하여야 한다〈「국민건강보험법」 제8조 제2항 제9조 제2항 제10조 제2항〉.

Answer   16.① 17.③ 18.③ 19.③ 20.④

국민건강보험공단

1 보험자〈제13조〉

건강보험의 보험자는 국민건강보험공단(이하 "공단"이라 한다)으로 한다.

2 업무 등〈제14조〉

① **공단의 관장 업무** : 공단은 다음의 업무를 관장한다.
  ㉠ 가입자 및 피부양자의 자격 관리
  ㉡ 보험료와 그 밖에 국민건강보험법에 따른 징수금의 부과·징수
  ㉢ 보험급여의 관리
  ㉣ 가입자 및 피부양자의 질병의 조기발견·예방 및 건강관리를 위하여 요양급여 실시 현황과 건강검진 결과 등을 활용하여 실시하는 예방사업으로서 대통령령으로 정하는 사업
  ㉤ 보험급여 비용의 지급
  ㉥ 자산의 관리·운영 및 증식사업
  ㉦ 의료시설의 운영
  ㉧ 건강보험에 관한 교육훈련 및 홍보
  ㉨ 건강보험에 관한 조사연구 및 국제협력
  ㉩ 국민건강보험법에서 공단의 업무로 정하고 있는 사항
  ㉪ 「국민연금법」, 「고용보험 및 산업재해보상보험의 보험료징수 등에 관한 법률」, 「임금채권보장법」 및 「석면피해구제법」(이하 "징수위탁근거법"이라 한다)에 따라 위탁받은 업무
  ㉫ 그 밖에 국민건강보험법 또는 다른 법령에 따라 위탁받은 업무
  ㉬ 그 밖에 건강보험과 관련하여 보건복지부장관이 필요하다고 인정한 업무

② **자산의 관리·운영 및 증식사업방법** : 자산의 관리·운영 및 증식사업은 안정성과 수익성을 고려하여 다음의 방법에 따라야 한다.
  ㉠ 체신관서 또는 「은행법」에 따른 은행에의 예입 또는 신탁
  ㉡ 국가·지방자치단체 또는 「은행법」에 따른 은행이 직접 발행하거나 채무이행을 보증하는 유가증권의 매입

ⓒ 특별법에 따라 설립된 법인이 발행하는 유가증권의 매입

ⓔ 「자본시장과 금융투자업에 관한 법률」에 따른 신탁업자가 발행하거나 같은 법에 따른 집합투자업자가 발행하는 수익증권의 매입

ⓜ 공단의 업무에 사용되는 부동산의 취득 및 일부 임대

ⓗ 그 밖에 공단 자산의 증식을 위하여 대통령령으로 정하는 사업

③ **수수료와 사용료 징수**: 공단은 특정인을 위하여 업무를 제공하거나 공단 시설을 이용하게 할 경우 공단의 정관으로 정하는 바에 따라 그 업무의 제공 또는 시설의 이용에 대한 수수료와 사용료를 징수할 수 있다.

④ **건강보험과 관련된 정보 공개**: 공단은 「공공기관의 정보공개에 관한 법률」에 따라 건강보험과 관련하여 보유 · 관리하고 있는 정보를 공개한다.

3 법인격 등〈제15조〉

① **법인 설립**: 공단은 법인으로 한다.

② **공단의 설립**: 공단은 주된 사무소의 소재지에서 설립등기를 함으로써 성립한다.

4 사무소〈제16조〉

① **공단 소재지**: 공단의 주된 사무소의 소재지는 정관으로 정한다.

② **분사무소 개설**: 공단은 필요하면 정관으로 정하는 바에 따라 분사무소를 둘 수 있다.

5 정관〈제17조〉

① **정관에 기재사항**: 공단의 정관에는 다음의 사항을 적어야 한다.
   ㄱ 목적
   ㄴ 명칭
   ㄷ 사무소의 소재지
   ㄹ 임직원에 관한 사항
   ㅁ 이사회의 운영
   ㅂ 재정운영위원회에 관한 사항
   ㅅ 보험료 및 보험급여에 관한 사항

ⓞ 예산 및 결산에 관한 사항

ⓩ 자산 및 회계에 관한 사항

ⓒ 업무와 그 집행

ⓚ 정관의 변경에 관한 사항

ⓔ 공고에 관한 사항

② **정관 변경의 인가**：공단은 정관을 변경하려면 보건복지부장관의 인가를 받아야 한다.

6 등기〈제18조〉

공단의 설립등기에는 다음의 사항을 포함하여야 한다.

① 목적

② 명칭

③ 주된 사무소 및 분사무소의 소재지

④ 이사장의 성명·주소 및 주민등록번호

7 해산〈제19조〉

공단의 해산에 관하여는 법률로 정한다.

8 임원〈제20조〉

① **임원 구성**
 ㉠ 공단은 임원으로서 이사장 1명, 이사 14명 및 감사 1명을 둔다.
 ㉡ 이사장, 이사 중 5명 및 감사는 상임으로 한다.

② **이사장 임명**：이사장은 임원추천위원회(이하 "임원추천위원회"라 한다)가 복수로 추천한 사람 중에서 보건복지부장관의 제청으로 대통령이 임명한다.

③ **상임이사 임명**：상임이사는 보건복지부령으로 정하는 추천 절차를 거쳐 이사장이 임명한다.

④ **비상임이사 임명** : 비상임이사는 다음의 사람을 보건복지부장관이 임명한다.

　㉠ 노동조합·사용자단체·시민단체·소비자단체·농어업인단체 및 노인단체가 추천하는 각 1명

　㉡ 대통령령으로 정하는 바에 따라 추천하는 관계 공무원 3명

⑤ **감사 임명** : 감사는 임원추천위원회가 복수로 추천한 사람 중에서 재정경제부장관의 제청으로 대통령이 임명한다.

⑥ **비상임이사 실비변상** : 비상임이사는 정관으로 정하는 바에 따라 실비변상(實費辨償)을 받을 수 있다.

⑦ **임원의 임기** : 이사장의 임기는 3년, 이사(공무원인 이사는 제외한다)와 감사의 임기는 각각 2년으로 한다.

9 　징수이사〈제21조〉

① **징수이사의 선임** : 상임이사 중 제14조 제1항 제2호 및 제11호의 업무를 담당하는 이사(이하 "징수이사"라 한다)는 경영, 경제 및 사회보험에 관한 학식과 경험이 풍부한 사람으로서 보건복지부령으로 정하는 자격을 갖춘 사람 중에서 선임한다.

> **조문참고**
> **제14조(업무 등)**
>
> ① 공단은 다음 각 호의 업무를 관장한다.
> 제2호 : 보험료와 그 밖에 이 법에 따른 징수금의 부과·징수
> 제11호 : 「국민연금법」, 「고용보험 및 산업재해보상보험의 보험료징수 등에 관한 법률」, 「임금채권보장법」 및 「석면피해구제법」(이하 "징수위탁근거법"이라 한다)에 따라 위탁받은 업무

② **징수이사추천위원회**

　㉠ 징수이사 후보를 추천하기 위하여 공단에 이사를 위원으로 하는 징수이사추천위원회(이하 "추천위원회"라 한다)를 둔다.

　㉡ 추천위원회의 위원장은 이사장이 지명하는 이사로 한다.

③ **징수이사 후보의 모집 공고** : 추천위원회는 주요 일간신문에 징수이사 후보의 모집 공고를 하여야 하며, 이와 별도로 적임자로 판단되는 징수이사 후보를 조사하거나 전문단체에 조사를 의뢰할 수 있다.

④ **징수이사 후보 심사** : 추천위원회는 위 ③에 따라 모집한 사람을 보건복지부령으로 정하는 징수이사 후보 심사기준에 따라 심사하여야 하며, 징수이사 후보로 추천될 사람과 계약 조건에 관하여 협의하여야 한다.

⑤ **징수이사 상임이사로 임명** : 이사장은 심사와 협의 결과에 따라 징수이사 후보와 계약을 체결하여야 하며, 이 경우 제20조 제3항에 따른 상임이사의 임명으로 본다.

③ 상임이사는 보건복지부령으로 정하는 추천 절차를 거쳐 이사장이 임명한다.

⑥ **계약 조건에 관한 협의, 계약 체결** : 계약 조건에 관한 협의, 계약 체결 등에 필요한 사항은 보건복지부령으로 정한다.

10 임원의 직무〈제22조〉

① **이사장** : 이사장은 공단을 대표하고 업무를 총괄하며, 임기 중 공단의 경영성과에 대하여 책임을 진다.

② **상임이사** : 상임이사는 이사장의 명을 받아 공단의 업무를 집행한다.

③ **이사장 직무대행** : 이사장이 부득이한 사유로 그 직무를 수행할 수 없을 때에는 정관으로 정하는 바에 따라 상임이사 중 1명이 그 직무를 대행하고, 상임이사가 없거나 그 직무를 대행할 수 없을 때에는 정관으로 정하는 임원이 그 직무를 대행한다.

④ **감사** : 감사는 공단의 업무, 회계 및 재산 상황을 감사한다.

11 임원 결격사유〈제23조〉

다음의 어느 하나에 해당하는 사람은 공단의 임원이 될 수 없다.

① 대한민국 국민이 아닌 사람

② 「공공기관의 운영에 관한 법률」 제34조 제1항의 어느 하나에 해당하는 사람

① 다음 각 호의 어느 하나에 해당하는 사람은 공기업·준정부기관의 임원이 될 수 없다.
1. 「국가공무원법」 제33조(결격사유) 각 호의 어느 하나에 해당하는 사람
2. 해임된 날부터 3년이 지나지 아니한 사람

12 임원의 당연퇴임 및 해임〈제24조〉

① **임원의 당연퇴임** : 임원이 제23조(임원 결격사유)의 어느 하나에 해당하게 되거나 임명 당시 그에 해당하는 사람으로 확인되면 그 임원은 당연퇴임 한다.

② **임원 해임** : 임명권자는 임원이 다음의 어느 하나에 해당하면 그 임원을 해임할 수 있다.

　㉠ 신체장애나 정신장애로 직무를 수행할 수 없다고 인정되는 경우

　㉡ 직무상 의무를 위반한 경우

　㉢ 고의나 중대한 과실로 공단에 손실이 생기게 한 경우

　㉣ 직무 여부와 관계없이 품위를 손상하는 행위를 한 경우

　㉤ 국민건강보험법에 따른 보건복지부장관의 명령을 위반한 경우

13 임원의 겸직 금지 등〈제25조〉

① **영리 목적 사업 겸직 금지** : 공단의 상임임원과 직원은 그 직무 외에 영리를 목적으로 하는 사업에 종사하지 못한다.

② **비영리 목적 업무 겸직 허용** : 공단의 상임임원이 임명권자 또는 제청권자의 허가를 받거나 공단의 직원이 이사장의 허가를 받은 경우에는 비영리 목적의 업무를 겸할 수 있다.

14 이사회〈제26조〉

① **이사회 설치** : 공단의 주요 사항(「공공기관의 운영에 관한 법률」 제17조 제1항 각 호의 사항을 말한다)을 심의·의결하기 위하여 공단에 이사회를 둔다.

조문참고

공공기관의 운영에 관한 법률 제17조(이사회의 설치와 기능)

　① 공기업·준정부기관에 다음의 사항을 심의·의결하기 위하여 이사회를 둔다.

　　1. 경영목표, 예산, 운영계획 및 중장기재무관리계획
　　2. 예비비의 사용과 예산의 이월
　　3. 결산
　　4. 기본재산의 취득과 처분
　　5. 장기차입금의 차입 및 사채의 발행과 그 상환 계획
　　6. 생산 제품과 서비스의 판매가격
　　7. 잉여금의 처분
　　8. 다른 기업체 등에 대한 출자·출연
　　9. 다른 기업체 등에 대한 채무보증. 다만, 다른 법률에 따라 보증업무를 수행하는 공기업·준정부기관의 경우 그 사업 수행을 위한 채무보증은 제외한다.
　　10. 정관의 변경
　　11. 내규의 제정과 변경
　　12. 임원의 보수

13. 공기업·준정부기관의 장(이하 "기관장"이라 한다)이 필요하다고 인정하여 이사회의 심의·의결을 요청하는 사항

14. 그 밖에 이사회가 특히 필요하다고 인정하는 사항

② **이사회**: 이사회는 이사장과 이사로 구성한다.

③ **감사의 출석**: 감사는 이사회에 출석하여 발언할 수 있다.

④ **이사회의 의결 사항 및 운영 등**: 이사회의 의결 사항 및 운영 등에 필요한 사항은 대통령령으로 정한다.

15 직원의 임면〈제27조〉

이사장은 정관으로 정하는 바에 따라 직원을 임면(任免)한다.

16 벌칙 적용 시 공무원 의제〈제28조〉

공단의 임직원은 「형법」 제129조부터 제132조까지의 규정을 적용할 때 공무원으로 본다.

> **조문참고**
>
> **형법(제129조 ~ 제132조)**
>
> 제129조(수뢰, 사전수뢰)
> ① 공무원 또는 중재인이 그 직무에 관하여 뇌물을 수수, 요구 또는 약속한 때에는 5년 이하의 징역 또는 10년 이하의 자격정지에 처한다.
> ② 공무원 또는 중재인이 될 자가 그 담당할 직무에 관하여 청탁을 받고 뇌물을 수수, 요구 또는 약속한 후 공무원 또는 중재인이 된 때에는 3년 이하의 징역 또는 7년 이하의 자격정지에 처한다.
> 제130조(제삼자뇌물제공) 공무원 또는 중재인이 그 직무에 관하여 부정한 청탁을 받고 제3자에게 뇌물을 공여하게 하거나 공여를 요구 또는 약속한 때에는 5년 이하의 징역 또는 10년 이하의 자격정지에 처한다.
> 제131조(수뢰후부정처사, 사후수뢰)
> ① 공무원 또는 중재인이 전2조의 죄를 범하여 부정한 행위를 한 때에는 1년 이상의 유기징역에 처한다.
> ② 공무원 또는 중재인이 그 직무상 부정한 행위를 한 후 뇌물을 수수, 요구 또는 약속하거나 제삼자에게 이를 공여하게 하거나 공여를 요구 또는 약속한 때에도 전항의 형과 같다.
> ③ 공무원 또는 중재인이었던 자가 그 재직 중에 청탁을 받고 직무상 부정한 행위를 한 후 뇌물을 수수, 요구 또는 약속한 때에는 5년 이하의 징역 또는 10년 이하의 자격정지에 처한다.
> ④ 전3항의 경우에는 10년 이하의 자격정지를 병과할 수 있다.
> 제132조(알선수뢰) 공무원이 그 지위를 이용하여 다른 공무원의 직무에 속한 사항의 알선에 관하여 뇌물을 수수, 요구 또는 약속한 때에는 3년 이하의 징역 또는 7년 이하의 자격정지에 처한다.

17 규정 등⟨제29조⟩

공단의 조직·인사·보수 및 회계에 관한 규정은 이사회의 의결을 거쳐 보건복지부장관의 승인을 받아 정한다.

18 대리인의 선임⟨제30조⟩

이사장은 공단 업무에 관한 모든 재판상의 행위 또는 재판 외의 행위를 대행하게 하기 위하여 공단의 이사 또는 직원 중에서 대리인을 선임할 수 있다.

19 대표권의 제한⟨제31조⟩

① **대표권 제한**
   ㉠ 이사장은 공단의 이익과 자기의 이익이 상반되는 사항에 대하여는 공단을 대표하지 못한다.
   ㉡ 이 경우 감사가 공단을 대표한다.
② **공단과 이사장 사이의 소송** : 공단과 이사장 사이의 소송은 ①을 준용한다.

20 이사장 권한의 위임⟨제32조⟩

국민건강보험법에 규정된 이사장의 권한 중 급여의 제한, 보험료의 납입고지 등 대통령령으로 정하는 사항은 정관으로 정하는 바에 따라 분사무소의 장에게 위임할 수 있다.

21 재정운영위원회⟨제33조⟩

① **재정운영위원회 설치** : 요양급여비용의 계약 및 결손처분 등 보험재정에 관련된 사항을 심의·의결하기 위하여 공단에 재정운영위원회를 둔다.
② **위원장 호선** : 재정운영위원회의 위원장은 위원 중에서 호선(互選)한다.

22 재정운영위원회의 구성 등〈제34조〉

① **구성** : 재정운영위원회는 다음의 위원으로 구성한다.
　　㉠ 직장가입자를 대표하는 위원 10명
　　㉡ 지역가입자를 대표하는 위원 10명
　　㉢ 공익을 대표하는 위원 10명

② **위원의 임명 및 위촉** : 재정운영위원회의 위원은 다음의 사람을 보건복지부장관이 임명하거나 위촉한다.
　　㉠ 직장가입자를 대표하는 위원은 노동조합과 사용자단체에서 추천하는 각 5명
　　㉡ 지역가입자를 대표하는 위원은 대통령령으로 정하는 바에 따라 농어업인 단체 · 도시자영업자단체 및 시민단체에서 추천하는 사람
　　㉢ 공익을 대표하는 위원은 대통령령으로 정하는 관계 공무원 및 건강보험에 관한 학식과 경험이 풍부한 사람

③ **위원의 임기**
　　㉠ 재정운영위원회 위원(공무원인 위원은 제외한다)의 임기는 2년으로 한다.
　　㉡ 위원의 사임 등으로 새로 위촉된 위원의 임기는 전임위원 임기의 남은 기간으로 한다.

④ **재정운영위원회의 운영** : 재정운영위원회의 운영 등에 필요한 사항은 대통령령으로 정한다.

23 회계〈제35조〉

① **공단의 회계연도** : 공단의 회계연도는 정부의 회계연도에 따른다.

② **재정 통합 운영** : 공단은 직장가입자와 지역가입자의 재정을 통합하여 운영한다.

③ **구분회계처리** : 공단은 건강보험사업 및 징수위탁근거법의 위탁에 따른 국민연금사업 · 고용보험사업 · 산업재해보상보험사업 · 임금채권보장사업에 관한 회계를 공단의 다른 회계와 구분하여 각각 회계처리하여야 한다.

24 예산〈제36조〉

① **예산편성** : 공단은 회계연도마다 예산안을 편성하여 이사회의 의결을 거친 후 보건복지부장관의 승인을 받아야 한다.

② **예산변경** : 예산을 변경할 때에도 또한 같다.

25 차입금〈제37조〉

① **현금 부족시 차입** : 공단은 지출할 현금이 부족한 경우에는 차입할 수 있다.

② **장기차입시 승인** : 1년 이상 장기로 차입하려면 보건복지부장관의 승인을 받아야 한다.

26 준비금〈제38조〉

① **준비금 적립** : 공단은 회계연도마다 결산상의 잉여금 중에서 그 연도의 보험급여에 든 비용의 100분의 5 이상에 상당하는 금액을 그 연도에 든 비용의 100분의 50에 이를 때까지 준비금으로 적립하여야 한다.

② **준비금 보전** : 준비금은 부족한 보험급여 비용에 충당하거나 지출할 현금이 부족할 때 외에는 사용할 수 없으며, 현금 지출에 준비금을 사용한 경우에는 해당 회계연도 중에 이를 보전(補塡)하여야 한다.

③ **준비금의 관리 및 운영 방법** : 준비금의 관리 및 운영 방법 등에 필요한 사항은 보건복지부장관이 정한다.

27 결산〈제39조〉

① **결산보고서와 사업보고서** : 공단은 회계연도마다 결산보고서와 사업보고서를 작성하여 다음해 2월 말일까지 보건복지부장관에게 보고하여야 한다.

② **결산보고서와 사업보고서 공고** : 공단은 결산보고서와 사업보고서를 보건복지부장관에게 보고하였을 때에는 보건복지부령으로 정하는 바에 따라 그 내용을 공고하여야 한다.

28 재난적의료비 지원사업에 대한 출연〈제39조의2〉

① **재난적의료비 지원** : 공단은 재난적의료비 지원사업에 사용되는 비용에 충당하기 위하여 매년 예산의 범위에서 출연할 수 있다.

② **금액 상한** : 출연 금액의 상한 등에 필요한 사항은 대통령령으로 정한다.

공단에 관하여 이 법과 「공공기관의 운영에 관한 법률」에서 정한 사항 외에는 「민법」 중 재단법인에 관한 규정을 준용한다.

공단과 심사평가원의 비교		
구분	공단〈법 제15조〉	심사평가원〈법 제62조〉
설립	㉠ 건강보험의 보험자 : 국민건강보험공단 ㉡ 구성 : 법인 ㉢ 주된 사무소의 소재지 : 설립등기를 함으로써 성립 (정관으로 정함)	㉠ 설립목적 : 요양급여비용 심사 및 요양급여의 적정성 평가 ㉡ 구성 : 법인 ㉢ 주된 사무소의 소재지 : 설립등기를 함으로써 성립
임원 구성	㉠ 임원〈제20조〉 • 이사장 1명 • 이사 14명 • 감사 1명 ※ 이사장, 이사 중 5명 및 감사는 상임으로 한다. ㉡ 이사장 : 임원추천위원회가 복수로 추천한 사람 중에서 보건복지부장관의 제청으로 대통령이 임명 ㉢ 상임이사 : 보건복지부령으로 정하는 추천 절차를 거쳐 이사장이 임명 ㉣ 비상임이사 : 다음의 사람을 보건복지부장관이 임명 • 노동조합 · 사용자단체 · 시민단체 · 소비자단체 · 농어업인단체 및 노인단체가 추천하는 각 1명 • 대통령령으로 정하는 바에 따라 추천하는 관계 공무원 3명 ㉤ 감사 : 임원추천위원회가 복수로 추천한 사람 중에서 재정경제부장관의 제청으로 대통령이 임명 ㉥ 임기 • 이사장의 임기는 3년 • 이사(공무원인 이사는 제외)와 감사의 임기는 각각 2년	㉠ 임원〈제65조〉 • 원장 1명 • 이사 15명 • 감사 1명 ※ 원장, 이사 중 4명 및 감사는 상임으로 한다. ㉡ 원장 : 임원추천위원회가 복수로 추천한 사람 중에서 보건복지부장관의 제청으로 대통령이 임명 ㉢ 상임이사 : 보건복지부령으로 정하는 추천 절차를 거쳐 원장이 임명 ㉣ 비상임이사 : 다음의 사람 중에서 10명과 대통령령으로 정하는 바에 따라 추천한 관계 공무원 1명을 보건복지부장관이 임명 • 공단이 추천하는 1명 • 의약관계단체가 추천하는 5명 • 노동조합 · 사용자단체 · 소비자단체 및 농어업인단체가 추천하는 각 1명 ㉤ 감사 : 임원추천위원회가 복수로 추천한 사람 중에서 재정경제부장관의 제청으로 대통령이 임명 ㉥ 임기 • 원장의 임기는 3년 • 이사(공무원인 이사는 제외)와 감사의 임기는 각각 2년

(1) 건강보험의 보험자는 ______________으로 한다.

(2) 공단의 법인격 등
　㉠ 공단은 ____으로 한다.
　㉡ 공단은 주된 사무소의 소재지에서 ______를 함으로써 성립한다.

(3) 법인의 사무소
　㉠ 공단의 주된 사무소의 소재지는 ____으로 정한다.
　㉡ 공단은 필요하면 ____으로 정하는 바에 따라 분사무소를 둘 수 있다.

(4) 공단은 정관을 변경하려면 ____________의 인가를 받아야 한다.

(5) 공단은 임원으로서 이사장 1명, 이사 __명 및 감사 1명을 둔다. 이 경우 이사장, 이사 중 ______는 상임으로 한다.

(6) 임원의 임명
　㉠ 이사장은 임원추천위원회가 복수로 추천한 사람 중에서 보건복지부장관의 제청으로 ______이 임명한다.
　㉡ 상임이사는 보건복지부령으로 정하는 추천 절차를 거쳐 이사장이 임명한다.
　㉢ 비상임이사는 ____________이 임명한다.
　㉣ 감사는 임원추천위원회가 복수로 추천한 사람 중에서 재정경제부장관의 제청으로 ______이 임명한다.

(7) 이사장의 임기는 ___, 이사(공무원인 이사는 제외한다)와 감사의 임기는 각각 ___으로 한다.

(8) 상임이사 중 제14조 제1항 제2호 및 제11호의 업무를 담당하는 이사(이하 "______"라 한다)는 경영, 경제 및 사회보험에 관한 학식과 경험이 풍부한 사람으로서 보건복지부령으로 정하는 자격을 갖춘 사람 중에서 선임한다.

(9) 이사장이 부득이한 사유로 그 직무를 수행할 수 없을 때에는 정관으로 정하는 바에 따라 ______ 중 1명이 그 직무를 대행하고, ______가 없거나 그 직무를 대행할 수 없을 때에는 정관으로 정하는 임원이 그 직무를 대행한다.

(10) 공단의 이사회
　㉠ 이사회는 이사장과 이사로 구성하며, ___는 이사회에 출석하여 발언할 수 있다.
　㉡ 이사회의 의결 사항 및 운영 등에 필요한 사항은 _____령으로 정한다.

(11) 요양급여비용의 계약 및 ______ 등 보험재정에 관련된 사항을 심의·의결하기 위하여 공단에 재운영위원회를 둔다.

(12) 재정운영위원회는 ________·________·___을 대표하는 위원 각각 10명씩으로 구성한다.

(13) 공단은 직장가입자와 지역가입자의 재정을 ___하여 운영한다.

(14) 공단은 회계연도마다 결산상의 잉여금 중에서 그 연도의 보험급여에 든 비용의 ________ 이상에 상당하는 금액을 그 연도에 든 비용의 ________에 이를 때까지 준비금으로 적립하여야 한다.

(15) 공단은 회계연도마다 결산보고서와 사업보고서를 작성하여 다음해 _____까지 보건복지부장관에게 보고하여야 한다.

정답 및 해설

(1) 국민건강보험공단(공단)
(2) 법인, 설립등기
(3) 정관, 정관
(4) 보건복지부장관
(5) 14, 5명 및 감사

(6) 대통령, 보건복지부장관, 대통령
(7) 3년, 2년
(8) 징수이사
(9) 상임이사, 상임이사
(10) 감사, 대통령

(11) 결손처분
(12) 직장가입자, 지역가입자, 공익
(13) 통합
(14) 100분의 5, 100분의 50
(15) 2월 말일

출제예상문제

1 다음 중 건강보험의 보험자는?

① 국무총리   ② 행정안전부장관

③ 보건복지부장관   ④ 국민건강보험공단

> **TIP** 보험자〈「국민건강보험법」 제13조〉… 건강보험의 보험자는 국민건강보험공단으로 한다.

2 다음 중 건강보험공단에 대한 설명으로 옳지 않은 것은?

① 공단의 상임임원과 직원은 그 직무 외에 영리를 목적으로 하는 사업에 종사하지 못한다.

② 가입자 및 피부양자의 자격을 관리한다.

③ 건강보험공단 이사장은 보건복지부장관이 임명한다.

④ 국민건강보험공단은 건강보험의 보험자이다.

> **TIP** ③ 이사장은 임원추천위원회가 복수로 추천한 사람 중에서 보건복지부장관의 제청으로 대통령이 임명한다〈「국민건강보험법」 제20조 제2항〉.

3 다음은 공단의 업무에 대한 법조항이다. (　　) 안에 알맞은 것은?

> 공단은 특정인을 위하여 업무를 제공하거나 공단 시설을 이용하게 할 경우 (　　)으로 정하는 바에 따라 그 업무의 제공 또는 시설의 이용에 대한 수수료와 사용료를 징수할 수 있다.

① 대통령령   ② 보건복지부령

③ 지방자치단체의 조례   ④ 공단의 정관

> **TIP** 공단은 특정인을 위하여 업무를 제공하거나 공단 시설을 이용하게 할 경우 공단의 정관으로 정하는 바에 따라 그 업무의 제공 또는 시설의 이용에 대한 수수료와 사용료를 징수할 수 있다〈「국민건강보험법」 제14조 제3항〉.

4 다음 중 국민건강보험법상 공단의 업무가 아닌 것은?

① 요양급여의 적정성 평가 ② 보험급여의 관리

③ 건강보험에 관한 교육훈련 및 홍보 ④ 가입자 및 피부양자의 자격 관리

TIP ①은 건강보험심사평가원의 업무이다.

5 다음 중 공단의 업무를 모두 고르면?

> ㉠ 보험급여 비용의 지급
> ㉡ 건강보험에 관한 조사연구 및 국제협력
> ㉢ 자산의 관리·운영 및 증식사업
> ㉣ 의료시설의 운영
> ㉤ 요양급여의 심사기준 및 평가기준의 개발
> ㉥ 보험료와 그 밖에 국민건강보험법에 따른 징수금의 부과·징수

① ㉠㉢㉣㉤㉥ ② ㉠㉡㉢㉤㉥

③ ㉠㉡㉢㉣㉥ ④ ㉠㉡㉢㉣㉤㉥

TIP 건강보험공단의 업무〈「국민건강보험법」 제14조 제1항〉
  ㉠ 가입자 및 피부양자의 자격 관리
  ㉡ 보험료와 그 밖에 국민건강보험법에 따른 징수금의 부과·징수
  ㉢ 보험급여의 관리
  ㉣ 가입자 및 피부양자의 질병의 조기발견·예방 및 건강관리를 위하여 요양급여 실시 현황과 건강검진 결과 등을 활용하여 실시하는 예방사업으로서 대통령령으로 정하는 사업
  ㉤ 보험급여 비용의 지급
  ㉥ 자산의 관리·운영 및 증식사업
  ㉦ 의료시설의 운영
  ㉧ 건강보험에 관한 교육훈련 및 홍보
  ㉨ 건강보험에 관한 조사연구 및 국제협력
  ㉩ 국민건강보험법에서 공단의 업무로 정하고 있는 사항
  ㉪ 「국민연금법」, 「고용산재보험료징수법」, 「임금채권보장법」 및 「석면피해구제법」에 따라 위탁받은 업무
  ㉫ 그 밖에 국민건강보험법 또는 다른 법령에 따라 위탁받은 업무
  ㉬ 그 밖에 건강보험과 관련하여 보건복지부장관이 필요하다고 인정한 업무

Answer 1.④ 2.③ 3.④ 4.① 5.③

6 국민건강보험공단의 업무 중 자산의 관리 · 운영 및 증식사업과 관련하여 행할 수 있는 방법이 아닌 것은?

① 체신관서에의 예입 또는 신탁
② 국가 · 지방자치단체가 직접 발행한 유가증권의 매입
③ 공단의 업무에 사용되지 않는 부동산의 취득 및 전부 임대
④ 신탁업자가 발행하는 수익증권의 매입

TIP 업무 등〈「국민건강보험법」 제14조 제2항〉… 자산의 관리 · 운영 및 증식사업은 안정성과 수익성을 고려하여 다음의 방법에 따라야 한다.
　㉠ 체신관서 또는 「은행법」에 따른 은행에의 예입 또는 신탁
　㉡ 국가 · 지방자치단체 또는 「은행법」에 따른 은행이 직접 발행하거나 채무이행을 보증하는 유가증권의 매입
　㉢ 특별법에 따라 설립된 법인이 발행하는 유가증권의 매입
　㉣ 「자본시장과 금융투자업에 관한 법률」에 따른 신탁업자가 발행하거나 같은 법에 따른 집합투자업자가 발행하는 수익증권의 매입
　㉤ 공단의 업무에 사용되는 부동산의 취득 및 일부 임대
　㉥ 그 밖에 공단 자산의 증식을 위하여 대통령령으로 정하는 사업

7 공단에 대한 다음 설명 중 옳지 않은 것은?

① 공단은 법인으로 한다.
② 공단은 자산의 증식사업으로 공단의 업무에 사용되는 부동산의 일부를 임대할 수 있다.
③ 공단의 주된 사무소의 소재지는 정관으로 정한다.
④ 공단은 필요하면 정관과는 별개로 하여 분사무소를 둘 수 있다.

TIP ④ 공단은 필요하면 정관으로 정하는 바에 따라 분사무소를 둘 수 있다〈「국민건강보험법」 제16조 제2항〉.

8 국민건강보험법상 공단이 성립되기 위하여 해야 하는 등기는?

① 설립등기　　　　　　　　　　　② 이전등기
③ 변경등기　　　　　　　　　　　④ 촉탁등기

TIP 공단은 주된 사무소의 소재지에서 설립등기를 함으로써 성립한다〈「국민건강보험법」 제15조 제2항〉.

9 국민건강보험공단 정관에 기재해야 할 사항이 아닌 것은?

① 재정운영위원회에 관한 사항

② 보험 심사기준 및 평가기준

③ 공고에 관한 사항

④ 보험료 및 보험급여에 관한 사항

> **TIP** 정관〈「국민건강보험법」 제17조 제1항〉
> ㉠ 목적
> ㉡ 명칭
> ㉢ 사무소의 소재지
> ㉣ 임직원에 관한 사항
> ㉤ 이사회의 운영
> ㉥ 재정운영위원회에 관한 사항
> ㉦ 보험료 및 보험급여에 관한 사항
> ㉧ 예산 및 결산에 관한 사항
> ㉨ 자산 및 회계에 관한 사항
> ㉩ 업무와 그 집행
> ㉪ 정관의 변경에 관한 사항
> ㉫ 공고에 관한 사항

10 다음 중 공단의 설립등기에 포함되어야 하는 사항이 아닌 것은?

① 목적

② 명칭

③ 임직원의 성명·주소 목록

④ 주된 사무소 및 분사무소의 소재지

> **TIP** 등기〈「국민건강보험법」 제18조〉… 공단의 설립등기에는 다음의 사항을 포함하여야 한다.
> ㉠ 목적
> ㉡ 명칭
> ㉢ 주된 사무소 및 분사무소의 소재지
> ㉣ 이사장의 성명·주소 및 주민등록번호

11 다음 중 공단의 임원에 대한 설명으로 옳지 않은 것은?

① 이사장은 임원추천위원회가 복수로 추천한 사람 중에서 보건복지부장관의 제청으로 대통령이 임명한다.

② 공단은 임원으로서 이사장 1명, 이사 15명 및 감사 1명을 둔다.

③ 대한민국 국민이 아닌 사람은 공단의 임원이 될 수 없다.

④ 상임이사는 보건복지부령으로 정하는 추천 절차를 거쳐 이사장이 임명한다.

> **TIP** ② 공단은 임원으로서 이사장 1명, 이사 14명 및 감사 1명을 둔다. 이 경우 이사장, 이사 중 5명 및 감사는 상임으로 한다〈「국민건강보험법」 제20조 제1항〉.

12 국민건강보험법상 공단 이사장의 임기는?

① 1년　　　　　　　　　　　　　　　　② 2년

③ 3년　　　　　　　　　　　　　　　　④ 4년

> **TIP** 이사장의 임기는 3년, 이사(공무원인 이사 제외)와 감사의 임기는 각각 2년으로 한다〈「국민건강보험법」 제20조 제7항〉.

13 비상임이사는 다음의 사람을 보건복지부장관이 임명한다. (　　)에 들어갈 내용을 모두 합하면?

> 국민건강보험 제20조 제4항 비상임이사는 다음 각 호의 사람을 보건복지부장관이 임명한다.
> 1. 노동조합·사용자단체·시민단체·소비자단체·농어업인단체 및 노인단체가 추천하는 각 (　　)명
> 2. 대통령령으로 정하는 바에 따라 추천하는 관계 공무원 (　　)명

① 2명　　　　　　　　　　　　　　　　② 3명

③ 4명　　　　　　　　　　　　　　　　④ 5명

> **TIP** 비상임이사는 다음의 사람을 보건복지부장관이 임명한다〈「국민건강보험법」 제20조 제4항〉.
> ㉠ 노동조합·사용자단체·시민단체·소비자단체·농어업인단체 및 노인단체가 추천하는 각 1명
> ㉡ 대통령령으로 정하는 바에 따라 추천하는 관계 공무원 3명

14 다음 중 공단 감사의 추천 · 제청 · 임명과 관련이 없는 사람은?

① 대통령   ② 재정경제부장관

③ 임원추천위원회   ④ 보건복지부장관

> **TIP** 감사는 임원추천위원회가 복수로 추천한 사람 중에서 재정경제부장관의 제청으로 대통령이 임명한다〈「국민건강보험법」 제20조 제5항〉.

15 국민건강보험법상 공단 이사장의 임명권자는?

① 대통령   ② 국무총리

③ 보건복지부장관   ④ 보건복지부차관

> **TIP** ① 이사장은 「공공기관의 운영에 관한 법률」 제29조에 따른 임원추천위원회가 복수로 추천한 사람 중에서 보건복지부장관의 제청으로 대통령이 임명한다〈「국민건강보험법」 제20조 제2항〉.

16 다음 중 징수이사에 대한 설명으로 옳지 않은 것은?

① 징수이사는 보험료와 그 밖에 국민건강보험법에 따른 징수금의 부과 · 징수 업무를 담당한다.

② 이사장은 보건복지부장관과 협의한 후 협의결과에 따라 징수이사 후보와 계약을 체결하여야 하며, 이 경우 비상임이사의 임명으로 본다.

③ 징수이사 후보를 추천하기 위하여 공단에 이사를 위원으로 하는 징수이사추천위원회를 둔다.

④ 징수이사추천위원회는 주요 일간신문에 징수이사 후보의 모집 공고를 하여야 하며, 이와 별도로 적임자로 판단되는 징수이사 후보를 조사하거나 전문단체에 조사를 의뢰할 수 있다.

> **TIP** ② 이사장은 추천위원회의 심사와 협의 결과에 따라 징수이사 후보와 계약을 체결하여야 하며, 이 경우 상임이사의 임명으로 본다〈「국민건강보험법」 제21조 제5항〉.
>
> ※ 징수이사의 계약조건에 관한 협의, 계약체결 등에 필요한 사항은 보건복지부령으로 정한다〈「국민건강보험법」 제21조 제6항〉.

Answer   11.②   12.③   13.③   14.④   15.①   16.②

17 국민건강보험법상 공단 임원의 직무에 대한 설명으로 바르지 못한 것은?

① 이사장은 공단의 경영성과에 대하여 책임을 진다.

② 이사장은 공단을 대표하고 업무를 총괄한다.

③ 이사장이 부득이한 사유로 직무를 수행할 수 없을 때에는 보건복지부차관이 직무를 대행한다.

④ 상임이사는 이사장의 명을 받아 공단의 업무를 집행한다.

TIP ③ 이사장이 부득이한 사유로 그 직무를 수행할 수 없을 때에는 정관으로 정하는 바에 따라 상임이사 중 1명
이 그 직무를 대행하고, 상임이사가 없거나 그 직무를 대행할 수 없을 때에는 정관으로 정하는 임원이 그 직
무를 대행한다〈「국민건강보험법」 제22조 제3항〉.

18 다음 중 공단 감사의 직무로 옳지 않은 것은?

① 공단의 상임이사 유고시 직무대행　　　② 공단의 업무감사

③ 공단의 회계감사　　　　　　　　　　　④ 공단의 재산상황 감사

TIP 감사는 공단의 업무, 회계 및 재산 상황을 감사한다〈「국민건강보험법」 제22조 제4항〉.

19 다음 중 임원의 결격사유에 해당하지 않는 사람은?

① 대한민국 국민이 아닌 사람

② 국가공무원 결격사유에 해당하는 사람

③ 임명 당시 해외에 거주하는 사람

④ 해임된 날부터 3년이 지나지 아니한 사람

TIP 임원 결격사유〈「국민건강보험법」 제23조〉… 다음의 어느 하나에 해당하는 사람은 공단의 임원이 될 수 없다.
　　㉠ 대한민국 국민이 아닌 사람
　　㉡ 「공공기관의 운영에 관한 법률」 제34조 제1항 각 호의 어느 하나에 해당하는 사람
　　※ 공공기관의 운영에 관한 법률 제34조(결격사유) 제1항 … 다음의 어느 하나에 해당하는 사람은 공기업 · 준정
　　　부기관의 임원이 될 수 없다.
　　　㉠ 「국가공무원법」 제33조(결격사유) 각 호의 어느 하나에 해당하는 사람
　　　㉡ 해임된 날부터 3년이 지나지 아니한 사람

20 다음 중 임원을 해임할 수 있는 사유로 적절하지 않은 것은?

① 신체장애나 정신장애로 직무를 수행할 수 없다고 인정되는 경우

② 직무상 의무를 위반한 경우

③ 단순 착오로 공단에 손실이 생기게 한 경우

④ 직무 여부와 관계없이 품위를 손상하는 행위를 한 경우

TIP 임명권자가 임원을 해임할 수 있는 임원의 경우〈「국민건강보험법」 제24조 제2항〉
　　 ㉠ 신체장애나 정신장애로 직무를 수행할 수 없다고 인정되는 경우
　　 ㉡ 직무상 의무를 위반한 경우
　　 ㉢ 고의나 중대한 과실로 공단에 손실이 생기게 한 경우
　　 ㉣ 직무 여부와 관계없이 품위를 손상하는 행위를 한 경우
　　 ㉤ 국민건강보험법에 따른 보건복지부장관의 명령을 위반한 경우

21 다음의 공단임원 중 당연퇴임해야 하는 사람은?

① 직무상 의무를 위반한 사람　　　　　　② 해임된 날부터 3년이 지나지 아니한 사람

③ 고의로 공단에 손실이 생기게 한 사람　　④ 품위를 손상하는 행위를 한 사람

TIP ②는 「공공기관의 운영에 관한 법률」 제34조 제1항에 제2호에 해당하는 사람으로서 공기업·준정부기관의 임원이 될 수 없다〈공공기관의 운영에 관한 법률 제34조 제1항〉.
　　 ※ 공단의 임원이 임원 제23조(결격사유)에 해당하게 되거나 임명 당시 그에 해당하는 사람으로 확인되면 그 임원은 당연퇴임한다〈「국민건강보험법」 제24조 제1항〉.

22 공단의 임직원이 직무 외 업무를 겸할 수 있는 경우로 옳지 않은 것은? (단. 비영리 목적의 업무에 한함)

① 상임임원이 임명권자의 허가를 받은 경우　　② 상임임원이 제청권자의 허가를 받은 경우

③ 공단의 직원이 이사장의 허가를 받은 경우　　④ 공단의 직원이 심의위원회의 허가를 받은 경우

TIP 공단의 상임임원이 임명권자 또는 제청권자의 허가를 받거나 공단의 직원이 이사장의 허가를 받은 경우에는 비영리 목적의 업무를 겸할 수 있다〈「국민건강보험법」 제22조 제2항〉.

Answer　17.③　18.①　19.③　20.③　21.②　22.④

23 다음 중 공단 이사회에 대한 설명으로 옳지 않은 것은?

① 공단의 주요 사항을 심의 · 의결하기 위하여 공단에 이사회를 둔다.

② 보건복지부장관은 이사회에 출석하여 발언할 수 있다.

③ 이사회는 이사장과 이사로 구성한다.

④ 이사회의 의결 사항 및 운영 등에 필요한 사항은 대통령령으로 정한다.

> **TIP** 이사회〈「국민건강보험법」 제26조〉
> ㉠ 공단의 주요 사항(「공공기관의 운영에 관한 법률」 제17조 제1항 각 호의 사항을 말한다)을 심의 · 의결하기 위하여 공단에 이사회를 둔다.
> ㉡ 이사회는 이사장과 이사로 구성한다.
> ㉢ 감사는 이사회에 출석하여 발언할 수 있다.
> ㉣ 이사회의 의결 사항 및 운영 등에 필요한 사항은 대통령령으로 정한다.

24 공단의 이익과 이사장의 이익이 상반되는 사항에 대해 이사장이 공단을 대표하지 못할 때, 공단을 대표하는 사람은?

① 보건복지부장관   ② 이사회

③ 상임이사 중 1명   ④ 감사

> **TIP** ④ 이사장은 공단의 이익과 자기의 이익이 상반되는 사항에 대하여는 공단을 대표하지 못한다. 이 경우 감사가 공단을 대표한다〈「국민건강보험법」 제31조 제1항〉.

25 다음은 재정운영위원회에 대한 설명이다. 옳지 않은 것은?

① 위원은 이사장이 임명하거나 위촉한다.

② 재정운영위원회의 위원장은 위원 중에서 호선(互選)한다.

③ 재정운영위원회 위원의 임기는 2년으로 한다.

④ 보험재정에 관련된 사항을 심의 · 의결하기 위하여 재정운영위원회를 둔다.

> **TIP** ① 재정운영위원회의 위원은 보건복지부장관이 임명하거나 위촉한다〈「국민건강보험법」 제34조 제2항〉..

26 다음 중 재정운영위원회를 구성하는 위원을 바르게 설명한 것은?

① 직장가입자를 대표하는 위원 10명　　② 노동조합을 대표하는 위원 10명

③ 지역가입자를 대표하는 위원 5명　　④ 공익을 대표하는 위원 5명

> **TIP** 재정운영위원회의 구성〈「국민건강보험법」 제34조〉
> ㉠ 직장가입자를 대표하는 위원 10명
> ㉡ 지역가입자를 대표하는 위원 10명
> ㉢ 공익을 대표하는 위원 10명

27 보건복지부장관이 임명하거나 위촉할 수 있는 재정운영위원회는 위원으로 옳지 않은 것은?

① 노동조합에서 추천하는 3명

② 대통령령으로 정하는 바에 따라 농어업인 단체·도시자영업자단체 및 시민단체에서 추천하는 사람

③ 사용자단체에서 추천하는 5명

④ 대통령령으로 정하는 관계 공무원 및 건강보험에 관한 학식과 경험이 풍부한 사람

> **TIP** ① 노동조합과 사용자단체에서 추천하는 각 5명이다〈「국민건강보험법」 제34조 제2항 제1호〉.

28 공단의 회계와 예·결산에 대한 설명으로 옳지 않은 것은?

① 공단의 회계연도는 정부의 회계연도에 따른다.

② 공단은 직장가입자와 지역가입자의 재정을 분리하여 운영한다.

③ 공단은 회계연도마다 예산안을 편성하여 이사회의 의결을 거친 후 보건복지부장관의 승인을 받아야 한다.

④ 공단은 지출할 현금이 부족한 경우에는 차입할 수 있다.

> **TIP** 회계〈「국민건강보험법」 제35조〉
> ㉠ 공단의 회계연도는 정부의 회계연도에 따른다.
> ㉡ 공단은 직장가입자와 지역가입자의 재정을 통합하여 운영한다.
> ㉢ 공단은 건강보험사업 및 징수위탁근거법의 위탁에 따른 국민연금사업·고용보험사업·산업재해보상보험사업·임금채권보장사업에 관한 회계를 공단의 다른 회계와 구분하여 각각 회계처리하여야 한다.

Answer　23.② 24.④ 25.① 26.① 27.① 28.②

29 다음 중 국민건강보험법상 공단이 지출할 현금이 부족하여 1년 이상 장기로 현금을 차입할 경우 누구의 승인을 받아야 하는가?

① 재정경제부장관
② 보건복지부장관
③ 국민건강보험공단 이사회
④ 건강보험정책심의위원회

TIP 차입금〈「국민건강보험법」 제37조〉… 공단은 지출할 현금이 부족한 경우에는 차입할 수 있다. 다만, 1년 이상 장기로 차입하려면 보건복지부장관의 승인을 받아야 한다.

30 다음 빈칸에 들어갈 내용으로 옳은 것은?

> 국민건강보험공단은 회계연도마다 결산상의 잉여금 중에서 그 연도의 보험급여에 든 비용의 100분의 5 이상에 상당하는 금액을 그 연도에 든 비용의 100분의 50에 이를 때까지 (   )으로 적립하여야 한다.

① 의료지원금
② 보증보험기금
③ 요양급여비용
④ 준비금

TIP 준비금〈「국민건강보험법」 제38조〉
  ㉠ 공단은 회계연도마다 결산상의 잉여금 중에서 그 연도의 보험급여에 든 비용의 100분의 5 이상에 상당하는 금액을 그 연도에 든 비용의 100분의 50에 이를 때까지 준비금으로 적립하여야 한다.
  ㉡ 준비금은 부족한 보험급여 비용에 충당하거나 지출할 현금이 부족할 때 외에는 사용할 수 없으며, 현금 지출에 준비금을 사용한 경우에는 해당 회계연도 중에 이를 보전(補塡)하여야 한다.
  ㉢ 준비금의 관리 및 운영 방법 등에 필요한 사항은 보건복지부장관이 정한다.

31 공단은 회계연도마다 결산보고서와 사업보고서를 작성하여 언제까지 보건복지부장관에게 보고하여야 하는가?

① 당해연도 12월 말일
② 다음해 1월 말일
③ 다음해 2월 말일
④ 다음해 3월 말일

TIP 공단은 회계연도마다 결산보고서와 사업보고서를 작성하여 다음해 2월 말일까지 보건복지부장관에게 보고하여야 한다〈「국민건강보험법」 제39조 제1항〉.

32 다음 중 국민건강보험법상 공단에 대한 설명으로 옳은 것은?

① 이사장은 보건복지부령으로 정하는 바에 따라 직원을 임면(任免)하여야 한다.

② 공단의 조직·인사·보수 및 회계에 관한 규정은 이사회의 의결을 거쳐 이사장의 승인을 받아 정한다.

③ 국민건강보험법에 규정된 이사장의 권한 중 급여의 제한, 보험료의 납입고지 등 대통령령으로 정하는 사항은 보건복지부령으로 정하는 바에 따라 분사무소의 장에게 위임할 수 있다.

④ 결산보고서와 사업보고서를 보건복지부장관에게 보고하였을 때에는 보건복지부령으로 정하는 바에 따라 그 내용을 공고하여야 한다.

TIP ① 이사장은 정관으로 정하는 바에 따라 직원을 임면(任免)한다〈「국민건강보험법」 제27조〉.
② 공단의 조직·인사·보수 및 회계에 관한 규정은 이사회의 의결을 거쳐 보건복지부장관의 승인을 받아 정한다〈「국민건강보험법」 제29조〉.
③ 국민건강보험법에 규정된 이사장의 권한 중 급여의 제한, 보험료의 납입고지 등 대통령령으로 정하는 사항은 정관으로 정하는 바에 따라 분사무소의 장에게 위임할 수 있다〈「국민건강보험법」 제32조〉.
④ 「국민건강보험법」 제39조 제2항

보험급여

1 요양급여〈제41조〉

① **요양급여의 실시** : 가입자와 피부양자의 질병, 부상, 출산 등에 대하여 다음의 요양급여를 실시한다.
  ㉠ 진찰·검사
  ㉡ 약제(藥劑)·치료재료의 지급
  ㉢ 처치·수술 및 그 밖의 치료
  ㉣ 예방·재활
  ㉤ 입원
  ㉥ 간호
  ㉦ 이송(移送)

② **요양급여의 범위** : 요양급여(이하 "요양급여"라 한다)의 범위(이하 "요양급여대상"이라 한다)는 다음과 같다.
  ㉠ 위 ①의 요양급여(약제는 제외한다) : ④에 따라 보건복지부장관이 비급여대상으로 정한 것을 제외한 일체의 것
  ㉡ 약제 : 요양급여대상으로 보건복지부장관이 결정하여 고시한 것

③ **요양급여의 방법·절차·범위·상한** : 요양급여의 방법·절차·범위·상한 등의 기준은 보건복지부령으로 정한다.

④ **비급여대상 지정** : 보건복지부장관은 요양급여의 기준을 정할 때 업무나 일상생활에 지장이 없는 질환에 대한 치료 등 보건복지부령으로 정하는 사항은 요양급여대상에서 제외되는 사항(이하 "비급여대상"이라 한다)으로 정할 수 있다.

2 약제에 대한 요양급여비용 상한금액의 감액 등〈제41조의2〉

① **요양급여비용 상한금액의 감액** : 보건복지부장관은 「약사법」 제47조 제2항의 위반과 관련된 제41조 제1항 제2호의 약제에 대하여는 요양급여비용 상한금액(약제별 요양급여비용의 상한으로 정한 금액을 말한다. 이하 같다)의 100분의 20을 넘지 아니하는 범위에서 그 금액의 일부를 감액할 수 있다.

② **요양급여비용 상한금액의 일부 감액** : 보건복지부장관은 ①에 따라 요양급여비용의 상한금액이 감액된 약제가 감액된 날부터 5년의 범위에서 대통령령으로 정하는 기간 내에 다시 ①에 따른 감액의 대상이 된 경우에는 요양급여비용 상한금액의 100분의 40을 넘지 아니하는 범위에서 요양급여비용 상한금액의 일부를 감액할 수 있다.

③ **요양급여의 적용 정지** : 보건복지부장관은 위 ②에 따라 요양급여비용의 상한금액이 감액된 약제가 감액된 날부터 5년의 범위에서 대통령령으로 정하는 기간 내에 다시 「약사법」 제47조 제2항의 위반과 관련된 경우에는 해당 약제에 대하여 1년의 범위에서 기간을 정하여 요양급여의 적용을 정지할 수 있다.

약사법 제47조(의약품등의 판매 질서)

② 의약품공급자(법인의 대표자나 이사, 그 밖에 이에 종사하는 자를 포함하고, 법인이 아닌 경우 그 종사자를 포함한다. 이하 이 조에서 같다) 및 의약품 판촉영업자(법인의 대표자나 이사, 그 밖에 이에 종사하는 자를 포함하고, 법인이 아닌 경우 그 종사자를 포함한다. 이하 이 조에서 같다)는 의약품 채택 · 처방유도 · 거래유지 등 판매촉진을 목적으로 약사 · 한약사(해당 약국 종사자를 포함한다. 이하 이 조에서 같다) · 의료인 · 의료기관 개설자(법인의 대표자나 이사, 그 밖에 이에 종사하는 자를 포함한다. 이하 이 조에서 같다) 또는 의료기관 종사자에게 경제적 이익등을 제공하거나 약사 · 한약사 · 의료인 · 의료기관 개설자 또는 의료기관 종사자로 하여금 약국 또는 의료기관이 경제적 이익등을 취득하게 하여서는 아니 된다. 다만, 견본품 제공, 학술대회 지원, 임상시험 지원, 제품설명회, 대금결제조건에 따른 비용할인, 시판 후 조사 등의 행위(이하 "견본품 제공등의 행위"라 한다)로서 식품의약품안전처장과 협의하여 보건복지부령으로 정하는 범위 안의 경제적 이익등인 경우에는 그러하지 아니하다.

④ **요양급여비용 상한금액의 감액 및 요양급여 적용 정지의 기준, 절차** : 요양급여비용 상한금액의 감액 및 요양급여 적용 정지의 기준, 절차, 그 밖에 필요한 사항은 대통령령으로 정한다.

3 행위 · 치료재료 및 약제에 대한 요양급여대상 여부의 결정 및 조정〈제41조의3〉

① **요양급여대상 여부의 결정** : 요양기관, 치료재료의 제조업자 · 수입업자 등 보건복지부령으로 정하는 자는 요양급여대상 또는 비급여대상으로 결정되지 아니한 진찰 · 검사, 처치 · 수술 및 그 밖의 치료, 예방 · 재활의 요양급여에 관한 행위 및 약제(藥劑) · 치료재료의 지급의 치료재료(이하 "행위 · 치료재료"라 한다)에 대하여 요양급여대상 여부의 결정을 보건복지부장관에게 신청하여야 한다.

② **요양급여대상 여부의 결정을 신청** : 「약제법」에 따른 약제의 제조업자 · 수입업자 등 보건복지부령으로 정하는 자(이하 "약제의 제조업자등"이라 한다)는 요양급여대상에 포함되지 아니한 제41조 제1항 제2호의 약제(이하 이 조에서 "약제"라 한다)에 대하여 보건복지부장관에게 요양급여대상 여부의 결정을 신청할 수 있다.

③ **요양급여대상 또는 비급여대상의 여부를 결정하여 신청인에게 통보** : 신청을 받은 보건복지부장관은 정당한 사유가 없으면 보건복지부령으로 정하는 기간 이내에 요양급여대상 또는 비급여대상의 여부를 결정하여 신청인에게 통보하여야 한다.

④ **행위·치료재료 및 약제의 요양급여대상의 여부 결정** : 보건복지부장관은 신청이 없는 경우에도 환자의 진료상 반드시 필요하다고 보건복지부령으로 정하는 경우에는 직권으로 행위·치료재료 및 약제의 요양급여대상의 여부를 결정할 수 있다.

⑤ **요양급여대상 직권 조정** : 보건복지부장관은 요양급여대상으로 결정하여 고시한 약제에 대하여 보건복지부령으로 정하는 바에 따라 요양급여대상 여부, 범위, 요양급여비용 상한금액 등을 직권으로 조정할 수 있다.

⑥ **요양급여대상 여부의 결정 신청의 시기, 방법 등** : ① 및 ②에 따른 요양급여대상 여부의 결정 신청의 시기, 절차, 방법 및 업무의 위탁 등에 필요한 사항, ③과 ④에 따른 요양급여대상 여부의 결정 절차 및 방법, ⑤에 따른 직권 조정 사유·절차 및 방법 등에 관한 사항은 보건복지부령으로 정한다.

4 선별급여〈제41조의4〉

① **선별급여로 지정 실시** : 요양급여를 결정함에 있어 경제성 또는 치료효과성 등이 불확실하여 그 검증을 위하여 추가적인 근거가 필요하거나, 경제성이 낮아도 가입자와 피부양자의 건강회복에 잠재적 이득이 있는 등 대통령령으로 정하는 경우에는 예비적인 요양급여인 선별급여로 지정하여 실시할 수 있다.

② **요양급여의 기준 조정** : 보건복지부장관은 대통령령으로 정하는 절차와 방법에 따라 ①에 따른 선별급여 (이하 "선별급여"라 한다)에 대하여 주기적으로 요양급여의 적합성을 평가하여 요양급여 여부를 다시 결정하고, 요양급여의 기준을 조정하여야 한다.

5 방문요양급여〈제41조의5〉

가입자 또는 피부양자가 질병이나 부상으로 거동이 불편한 경우 등 보건복지부령으로 정하는 사유에 해당하는 경우에는 가입자 또는 피부양자를 직접 방문하여 요양급여를 실시할 수 있다.

◆ 방문요양급여 서비스 내용

- 신체활동 지원 : 세수, 양치, 목욕 보조, 식사 도움, 체위 변경, 이동 도움 등
- 일상생활 지원 : 취사(식사 준비), 청소 및 주변 정돈, 세탁 등
- 개인활동 지원 : 외출 시 동행(산책, 병원 이용 등), 일상업무 대행
- 정서지원 : 말벗, 격려 및 위로

6 요양급여내역 확인시스템 구축·운영 등〈제41조의6〉 **2025년 신설 / 시행 2026. 12. 24.**

① **요양급여내역 확인시스템 구축·운영** : 보건복지부장관은 환자의 안전 및 과도한 의료 이용의 방지를 위하여 요양기관이 실시하려는 요양급여가 보건복지부령으로 정하는 요양급여 대상별 인정횟수 등 기준에 부합하는지 여부를 확인하는 데 필요한 요양급여내역의 입력·연계·확인 등에 관한 정보시스템(이하 "요양급여내역 확인시스템"이라 한다)을 구축·운영하여야 한다.

② **심사평가원에 위탁**
　㉠ 보건복지부장관은 요양급여내역 확인시스템 업무의 전부 또는 일부를 대통령령으로 정하는 바에 따라 심사평가원에 위탁할 수 있다.
　㉡ 이 경우 보건복지부장관은 위탁한 업무를 수행하기 위하여 소요되는 비용의 전부 또는 일부를 지원하여야 한다.

③ **요양기관에 대하여 다음 각 호의 사항을 요청** : 보건복지부장관 및 요양급여내역 확인시스템 업무를 위탁받은 심사평가원은 요양기관에 대하여 다음 의 사항을 요청할 수 있다. 이 경우 요청을 받은 요양기관은 정당한 사유가 없으면 이에 따라야 한다.
　㉠ 요양급여내역 확인시스템 운영에 필요한 정보(민감정보 및 고유식별정보를 포함한다. 이 경우 해당 정보는 「개인정보 보호법」에 따라 보호하여야 한다)의 제공
　㉡ 요양급여내역 확인시스템과 요양기관이 사용하는 시스템 간의 실시간 연계

④ **정보제공 및 연계** : 요양급여내역 확인시스템의 구축·운영, 정보제공 및 연계 등에 필요한 사항은 보건복지부령으로 정한다.

> **◆ 민감정보 및 고유식별정보**
> - 민감정보 : 사상 및 신념, 노동조합·정당의 가입 및 탈퇴, 보건·의료 데이터, 생체인식정보, 인종 및 민족 정보, 범죄경력자료 등
> - 고유식별정보 : 주민등록번호, 여권번호, 운전면허번호, 외국인등록번호

7 요양기관〈제42조〉

① **요양급여의 실시** : 요양급여(간호와 이송은 제외한다)는 다음의 요양기관에서 실시한다. 이 경우 보건복지부장관은 공익이나 국가정책에 비추어 요양기관으로 적합하지 아니한 대통령령으로 정하는 의료기관 등은 요양기관에서 제외할 수 있다.
　㉠ 의료기관
　㉡ 약국
　㉢ 한국희귀·필수의약품센터

② 보건소 · 보건의료원 및 보건지소
⑩ 보건진료소

② **전문요양기관 인정**
    ㉠ 보건복지부장관은 효율적인 요양급여를 위하여 필요하면 보건복지부령으로 정하는 바에 따라 시설 · 장비 · 인력 및 진료과목 등 보건복지부령으로 정하는 기준에 해당하는 요양기관을 전문요양기관으로 인정할 수 있다.
    ㉡ 이 경우 해당 전문요양기관에 인정서를 발급하여야 한다.

③ **요양기관 인정취소** : 보건복지부장관은 인정받은 요양기관이 다음의 어느 하나에 해당하는 경우에는 그 인정을 취소한다.
    ㉠ 인정기준에 미달하게 된 경우
    ㉡ 발급받은 인정서를 반납한 경우

④ **요양급여의 절차 및 요양급여비용 별도처리** : 전문요양기관으로 인정된 요양기관 또는 상급종합병원에 대하여는 요양급여의 절차 및 요양급여비용을 다른 요양기관과 달리 할 수 있다.

⑤ **요양급여 거부금지** : 요양기관은 정당한 이유 없이 요양급여를 거부하지 못한다.

◆ **요양기관의 범위**
- 의료법에 따라 설치된 의료기관 : 약국, 병원(종합병원, 치과병원, 한방병원, 요양병원 포함), 의원(치과의원, 한방의원 포함)
- 약사법에 따라 등록된 약국
- 한국희귀 · 필수의약품센터
- 지역보건법에 따른 보건소, 보건의료원 및 보건지소
- 농어촌 등 보건의료를 위한 특별조치법에 따른 보건진료소

8 요양기관의 선별급여 실시에 대한 관리〈제42조의2〉

① **선별급여 실시** : 선별급여 중 자료의 축적 또는 의료 이용의 관리가 필요한 경우에는 보건복지부장관이 해당 선별급여의 실시 조건을 사전에 정하여 이를 충족하는 요양기관만이 해당 선별급여를 실시할 수 있다.

② **선별급여의 평가를 위한 자료 제출** : 선별급여를 실시하는 요양기관은 제41조의4 제2항에 따른 해당 선별급여의 평가를 위하여 필요한 자료를 제출하여야 한다.

③ **선별급여의 실시 제한** : 보건복지부장관은 요양기관이 선별급여의 실시 조건을 충족하지 못하거나 자료를 제출하지 아니할 경우에는 해당 선별급여의 실시를 제한할 수 있다.

④ **선별급여의 실시 조건, 자료 제출, 실시 제한 등** : 선별급여의 실시 조건, 자료의 제출, 선별급여의 실시 제한 등에 필요한 사항은 보건복지부령으로 정한다.

9 요양기관 현황에 대한 신고〈제43조〉

① **심사평가원에 신고** : 요양기관은 요양급여비용을 최초로 청구하는 때에 요양기관의 시설·장비 및 인력 등에 대한 현황을 심사평가원에 신고하여야 한다.

② **변경 신고** : 요양기관은 신고한 내용(요양급여비용의 증감에 관련된 사항만 해당한다)이 변경된 경우에는 그 변경된 날부터 15일 이내에 보건복지부령으로 정하는 바에 따라 심사평가원에 신고하여야 한다.

③ **신고의 범위, 대상, 방법 및 절차 등** : 신고의 범위, 대상, 방법 및 절차 등에 필요한 사항은 보건복지부령으로 정한다.

10 비용의 일부부담〈제44조〉

① **본인 부담**
　㉠ 요양급여를 받는 자는 대통령령으로 정하는 바에 따라 비용의 일부(이하 "본인일부부담금"이라 한다)를 본인이 부담한다.
　㉡ 이 경우 선별급여에 대해서는 다른 요양급여에 비하여 본인일부부담금을 상향 조정할 수 있다.

② **초과한 경우 공단 부담** : 본인이 연간 부담하는 다음의 금액의 합계액이 대통령령으로 정하는 금액(이하 이 조에서 "본인부담상한액"이라 한다)을 초과한 경우에는 공단이 그 초과 금액을 부담하여야 한다. 이 경우 공단은 당사자에게 그 초과 금액을 통보하고, 이를 지급하여야 한다.
　㉠ 본인일부부담금의 총액
　㉡ 제49조 제1항에 따른 요양이나 출산의 비용으로 부담한 금액(요양이나 출산의 비용으로 부담한 금액이 보건복지부장관이 정하여 고시한 금액보다 큰 경우에는 그 고시한 금액으로 한다)에서 같은 항에 따라 요양비로 지급받은 금액을 제외한 금액

③ **본인부담상한액** : 본인부담상한액은 가입자의 소득수준 등에 따라 정한다.

④ **본인부담상한액 설정** : 금액 및 합계액의 산정 방법, 본인부담상한액을 넘는 금액의 지급 방법 및 가입자의 소득수준 등에 따른 본인부담상한액 설정 등에 필요한 사항은 대통령령으로 정한다.

11 요양급여비용의 산정 등〈제45조〉

① 요양급여비용
　㉠ 요양급여비용은 공단의 이사장과 대통령령으로 정하는 의약계를 대표하는 사람들의 계약으로 정한다.
　㉡ 이 경우 계약기간은 1년으로 한다.

② 계약 체결 : 계약이 체결되면 그 계약은 공단과 각 요양기관 사이에 체결된 것으로 본다.

③ 계약 체결 기간
　㉠ 계약은 그 직전 계약기간 만료일이 속하는 연도의 5월 31일까지 체결하여야 하며, 그 기한까지 계약이 체결되지 아니하는 경우 보건복지부장관이 그 직전 계약기간 만료일이 속하는 연도의 6월 30일까지 심의위원회의 의결을 거쳐 요양급여비용을 정한다.
　㉡ 이 경우 보건복지부장관이 정하는 요양급여비용은 계약으로 정한 요양급여비용으로 본다.

④ 요양급여비용의 명세고시 : 요양급여비용이 정해지면 보건복지부장관은 그 요양급여비용의 명세를 지체 없이 고시하여야 한다.

⑤ 심의·의결 후 계약체결 : 공단의 이사장은 재정운영위원회의 심의·의결을 거쳐 계약을 체결하여야 한다.

⑥ 자료 요청 : 심사평가원은 공단의 이사장이 계약을 체결하기 위하여 필요한 자료를 요청하면 그 요청에 성실히 따라야 한다.

⑦ 계약 내용 : 계약의 내용과 그 밖에 필요한 사항은 대통령령으로 정한다.

12 약제·치료재료에 대한 요양급여비용의 산정〈제46조〉

약제·치료재료(이하 "약제·치료재료"라 한다)에 대한 요양급여비용은 요양기관의 약제·치료재료 구입금액 등을 고려하여 대통령령으로 정하는 바에 따라 달리 산정할 수 있다.

13 요양급여비용의 청구와 지급 등〈제47조〉

① 요양급여비용 지급 청구
　㉠ 요양기관은 공단에 요양급여비용의 지급을 청구할 수 있다.
　㉡ 이 경우 요양급여비용에 대한 심사청구는 공단에 대한 요양급여비용의 청구로 본다.

② 요양급여비용 심사청구

   ㉠ 요양급여비용을 청구하려는 요양기관은 심사평가원에 요양급여비용의 심사청구를 하여야 한다.

   ㉡ 심사청구를 받은 심사평가원은 이를 심사한 후 지체 없이 그 내용을 공단과 요양기관에 알려야 한다.

③ 요양급여비용 지급

   ㉠ 심사 내용을 통보받은 공단은 지체 없이 그 내용에 따라 요양급여비용을 요양기관에 지급한다.

   ㉡ 이 경우 이미 낸 본인일부부담금이 통보된 금액보다 더 많으면 요양기관에 지급할 금액에서 더 많이 낸 금액을 공제하여 해당 가입자에게 지급하여야 한다.

④ 요양급여비용 공제 : 공단은 요양급여비용을 요양기관에 지급하는 경우 해당 요양기관이 공단에 납부하여야 하는 보험료 또는 그 밖에 국민건강보험법에 따른 징수금을 체납할 때에는 요양급여비용에서 이를 공제하고 지급할 수 있다.

⑤ 보험료등과 상계 : 공단은 가입자에게 지급하여야 하는 금액을 그 가입자가 내야 하는 보험료와 그 밖에 국민건강보험법에 따른 징수금(이하 "보험료등"이라 한다)과 상계(相計)할 수 있다.

⑥ 요양급여 적정성 평가

   ㉠ 공단은 심사평가원이 요양급여의 적정성을 평가하여 공단에 통보하면 그 평가 결과에 따라 요양급여비용을 가산하거나 감액 조정하여 지급한다.

   ㉡ 이 경우 평가 결과에 따라 요양급여비용을 가산하거나 감액하여 지급하는 기준은 보건복지부령으로 정한다.

⑦ 심사청구 대행 : 요양기관은 심사청구를 다음의 단체가 대행하게 할 수 있다.

   ㉠ 의사회 · 치과의사회 · 한의사회 · 조산사회 또는 각각의 지부 및 분회

   ㉡ 의료기관 단체

   ㉢ 약사회 또는 지부 및 분회

⑧ 요양급여비용의 청구 · 심사 · 지급 등 : 요양급여비용의 청구 · 심사 · 지급 등의 방법과 절차에 필요한 사항은 보건복지부령으로 정한다.

14 요양급여비용의 지급 보류〈제47조의2〉

① 요양급여비용 지급 보류

   ㉠ 공단은 요양급여비용의 지급을 청구한 요양기관이 「의료법」 제4조 제2항, 제33조 제2항 · 제8항 또는 「약사법」 제20조 제1항, 제21조 제1항을 위반하였거나, 「의료법」 제33조 제10항 또는 「약사법」 제6조 제3항 · 제4항을 위반하여 개설 · 운영되었다는 사실을 수사기관의 수사 결과로 확인한 경우에는 해당 요양기관이 청구한 요양급여비용의 지급을 보류할 수 있다.

ⓛ 이 경우 요양급여비용 지급 보류 처분의 효력은 해당 요양기관이 그 처분 이후 청구하는 요양급여비용에 대해서도 미친다.

② 의견 제출 기회 제공 : 공단은 요양급여비용의 지급을 보류하기 전에 해당 요양기관에 의견 제출의 기회를 주어야 한다.

③ 무죄 판결 선고 이후 요양급여비용 지급 : 공단은 요양기관이 「의료법」 제4조 제2항, 제33조 제2항ㆍ제8항 또는 「약사법」 제20조 제1항, 제21조 제1항을 위반한 혐의나 「의료법」 제33조 제10항 또는 「약사법」 제6조 제3항ㆍ제4항을 위반하여 개설ㆍ운영된 혐의에 대하여 법원에서 무죄 판결이 선고된 경우 그 선고 이후 실시한 요양급여에 한정하여 해당 요양기관이 청구하는 요양급여비용을 지급할 수 있다.

④ 무죄 판결시 이자 가산 지급
　ⓐ 법원의 무죄 판결이 확정되는 등 대통령령으로 정하는 사유로 요양기관이 「의료법」 제4조 제2항, 제33조 제2항ㆍ제8항 또는 「약사법」 제20조 제1항, 제21조 제1항을 위반한 혐의나 「의료법」 제33조 제10항 또는 「약사법」 제6조 제3항ㆍ제4항을 위반하여 개설ㆍ운영된 혐의가 입증되지 아니한 경우에는 공단은 지급보류 처분을 취소하고, 지급 보류된 요양급여비용에 지급 보류된 기간 동안의 이자를 가산하여 해당 요양기관에 지급하여야 한다.
　ⓑ 이 경우 이자는 「민법」 제379조에 따른 법정이율을 적용하여 계산한다.

⑤ 지급 보류 절차 및 의견 제출의 절차 등 : 지급 보류 절차 및 의견 제출의 절차 등에 필요한 사항, 지급 보류된 요양급여비용 및 이자의 지급 절차 등에 필요한 사항은 대통령령으로 정한다.

조문참고

의료법 제4조(의료인과 의료기관의 장의 의무)

② 의료인은 다른 의료인 또는 의료법인 등의 명의로 의료기관을 개설하거나 운영할 수 없다.

조문참고

의료법 제33조(개설 등)

② 다음 각 호의 어느 하나에 해당하는 자가 아니면 의료기관을 개설할 수 없다. 이 경우 의사는 종합병원ㆍ병원ㆍ요양병원ㆍ정신병원 또는 의원을, 치과의사는 치과병원 또는 치과의원을, 한의사는 한방병원ㆍ요양병원 또는 한의원을, 조산사는 조산원만을 개설할 수 있다.
1. 의사, 치과의사, 한의사 또는 조산사
2. 국가나 지방자치단체
3. 의료업을 목적으로 설립된 법인(이하 "의료법인"이라 한다)
4. 「민법」이나 특별법에 따라 설립된 비영리법인
5. 「공공기관의 운영에 관한 법률」에 따른 준정부기관, 「지방의료원의 설립 및 운영에 관한 법률」에 따른 지방의료원, 「한국보훈복지의료공단법」에 따른 한국보훈복지의료공단

⑧ 제2항 제1호의 의료인은 어떠한 명목으로도 둘 이상의 의료기관을 개설·운영할 수 없다. 다만, 2 이 상의 의료인 면허를 소지한 자가 의원급 의료기관을 개설하려는 경우에는 하나의 장소에 한하여 면허 종별에 따른 의료기관을 함께 개설할 수 있다.

⑩ 의료기관을 개설·운영하는 의료법인등은 다른 자에게 그 법인의 명의를 빌려주어서는 아니 된다.

약사법 제6조(면허증 교부와 등록)

③ 약사 및 한약사는 받은 면허를 다른 사람에게 대여하여서는 아니 된다.

④ 누구든지 받은 면허를 대여 받아서는 아니 되며 면허 대여를 알선하여서도 아니 된다.

약사법 제20조(약국 개설등록)

① 약사 또는 한약사가 아니면 약국을 개설할 수 없다.

약사법 제21조(약국의 관리의무)

① 약사 또는 한약사는 하나의 약국만을 개설할 수 있다.

15 요양급여비용의 차등 지급〈제47조의3〉

지역별 의료자원의 불균형 및 의료서비스 격차의 해소 등을 위하여 지역별로 요양급여비용을 달리 정하여 지급할 수 있다.

16 요양급여의 적정성 평가〈제47조의4〉

① **적성성 평가 실시** : 심사평가원은 요양급여에 대한 의료의 질을 향상시키기 위하여 요양급여의 적정성 평가(이하 이 조에서 "평가"라 한다)를 실시할 수 있다.

② **평가사항** : 심사평가원은 요양기관의 인력·시설·장비, 환자안전 등 요양급여와 관련된 사항을 포함하여 평가할 수 있다.

③ **평가결과 통보** : 심사평가원은 평가 결과를 평가대상 요양기관에 통보하여야 하며, 평가 결과에 따라 요양급여비용을 가산 또는 감산할 경우에는 그 결정사항이 포함된 평가 결과를 가감대상 요양기관 및 공단에 통보하여야 한다.

④ **평가의 기준·범위·절차·방법 등에 필요한 사항은 보건복지부령으로 정한다.**

17 요양급여 대상 여부의 확인 등〈제48조〉

① **심사평가원에 확인 요청**: 가입자나 피부양자는 본인일부부담금 외에 자신이 부담한 비용이 요양급여 대상에서 제외되는 비용인지 여부에 대하여 심사평가원에 확인을 요청할 수 있다.

② **확인 요청 결과 통보**
   ㉠ 확인 요청을 받은 심사평가원은 그 결과를 요청한 사람에게 알려야 한다.
   ㉡ 이 경우 확인을 요청한 비용이 요양급여 대상에 해당되는 비용으로 확인되면 그 내용을 공단 및 관련 요양기관에 알려야 한다.

③ **과다본인부담금 지급**
   ㉠ 통보받은 요양기관은 받아야 할 금액보다 더 많이 징수한 금액(이하 "과다본인부담금"이라 한다)을 지체 없이 확인을 요청한 사람에게 지급하여야 한다.
   ㉡ 공단은 해당 요양기관이 과다본인부담금을 지급하지 아니하면 해당 요양기관에 지급할 요양급여비용에서 과다본인부담금을 공제하여 확인을 요청한 사람에게 지급할 수 있다.

④ 확인 요청의 범위, 방법, 절차, 처리기간 등 필요한 사항은 보건복지부령으로 정한다.

18 요양비〈제49조〉

① **요양비 지급**: 공단은 가입자나 피부양자가 보건복지부령으로 정하는 긴급하거나 그 밖의 부득이한 사유로 요양기관과 비슷한 기능을 하는 기관으로서 보건복지부령으로 정하는 기관(업무정지기간 중인 요양기관을 포함한다. 이하 "준요양기관"이라 한다)에서 질병·부상·출산 등에 대하여 요양을 받거나 요양기관이 아닌 장소에서 출산한 경우에는 그 요양급여에 상당하는 금액을 보건복지부령으로 정하는 바에 따라 가입자나 피부양자에게 요양비로 지급한다.

② **영수증 제출**: 준요양기관은 보건복지부장관이 정하는 요양비 명세서나 요양 명세를 적은 영수증을 요양을 받은 사람에게 내주어야 하며, 요양을 받은 사람은 그 명세서나 영수증을 공단에 제출하여야 한다.

③ **요양비 지급 청구**
   ㉠ ① 및 ②에도 불구하고 준요양기관은 요양을 받은 가입자나 피부양자의 위임이 있는 경우 공단에 요양비의 지급을 직접 청구할 수 있다.
   ㉡ 이 경우 공단은 지급이 청구된 내용의 적정성을 심사하여 준요양기관에 요양비를 지급할 수 있다.

④ ③에 따른 준요양기관의 요양비 지급 청구, 공단의 적정성 심사 등에 필요한 사항은 보건복지부령으로 정한다.

19 부가급여〈제50조〉

공단은 국민건강보험법에서 정한 요양급여 외에 대통령령으로 정하는 바에 따라 임신·출산 진료비, 장제비, 상병수당, 그 밖의 급여를 실시할 수 있다.

◆ 상병수당
- 직장인이 업무 외 질병·부상으로 인하여 경제활동을 하기 어려운 경우 치료에 집중할 수 있도록 국가에서 소득을 보전해 주는 제도를 말한다.

20 장애인에 대한 특례〈제51조〉

① **장애인인 및 보조기기에 보험급여 지급**: 공단은 「장애인복지법」에 따라 등록한 장애인인 가입자 및 피부양자에게는 「장애인·노인 등을 위한 보조기기 지원 및 활용촉진에 관한 법률」에 따른 보조기기(이하 이 조에서 "보조기기"라 한다)에 대하여 보험급여를 할 수 있다.

② **보조기기에 대한 보험급여 청구**: 장애인인 가입자 또는 피부양자에게 보조기기를 판매한 자는 가입자나 피부양자의 위임이 있는 경우 공단에 보험급여를 직접 청구할 수 있다. 이 경우 공단은 지급이 청구된 내용의 적정성을 심사하여 보조기기를 판매한 자에게 보조기기에 대한 보험급여를 지급할 수 있다.

③ **보조기기에 대한 보험급여의 방법·절차**: 보조기기에 대한 보험급여의 범위·방법·절차와 보조기기 판매업자의 보험급여 청구, 공단의 적정성 심사 및 그 밖에 필요한 사항은 보건복지부령으로 정한다.

◆ 보조기기
- 장애인등의 신체적·정신적 기능을 향상·보완하고 일상 활동의 편의를 돕기 위하여 사용하는 각종 기계·기구·장비로서 보건복지부령으로 정하는 것을 말한다.

21 건강검진〈제52조〉

① **건강검진 실시**: 공단은 가입자와 피부양자에 대하여 질병의 조기 발견과 그에 따른 요양급여를 하기 위하여 건강검진을 실시한다.

② **건강검진의 종류 및 대상**
  ㉠ **일반건강검진**: 직장가입자, 세대주인 지역가입자, 20세 이상인 지역가입자 및 20세 이상인 피부양자
  ㉡ **암검진**: 암의 종류별 검진주기와 연령 기준 등에 해당하는 사람
  ㉢ **영유아건강검진**: 6세 미만의 가입자 및 피부양자

③ 검진항목 설계 : 건강검진의 검진항목은 성별, 연령 등의 특성 및 생애 주기에 맞게 설계되어야 한다.

④ 건강검진의 횟수 · 절차 : 건강검진의 횟수 · 절차와 그 밖에 필요한 사항은 대통령령으로 정한다.

22 급여의 제한〈제53조〉

① 보험급여 제한 : 공단은 보험급여를 받을 수 있는 사람이 다음의 어느 하나에 해당하면 보험급여를 하지 아니한다.
  ㉠ 고의 또는 중대한 과실로 인한 범죄행위에 그 원인이 있거나 고의로 사고를 일으킨 경우
  ㉡ 고의 또는 중대한 과실로 공단이나 요양기관의 요양에 관한 지시에 따르지 아니한 경우
  ㉢ 고의 또는 중대한 과실로 제55조에 따른 문서와 그 밖의 물건의 제출을 거부하거나 질문 또는 진단을 기피한 경우

> **조문참고**
> 제55조(급여의 확인)
> 공단은 보험급여를 할 때 필요하다고 인정되면 보험급여를 받는 사람에게 문서와 그 밖의 물건을 제출하도록 요구하거나 관계인을 시켜 질문 또는 진단하게 할 수 있다.

  ㉣ 업무 또는 공무로 생긴 질병 · 부상 · 재해로 다른 법령에 따른 보험급여나 보상(報償) 또는 보상(補償)을 받게 되는 경우

> **◆ 보상(報償)과 보상(補償)**
> • 보상(報償) : 남에게 진 빚 또는 받은 물건을 갚는 것을 말한다.
> • 보상(補償) : 남에게 끼친 손해를 갚거나 국가 또는 단체가 적법한 행위에 의하여 국민이나 주민에게 가한 재산상의 손실을 갚아 주기 위하여 제공하는 대상(代償)을 말한다.

② 다른 법령에 따른 보험급여 제한 : 공단은 보험급여를 받을 수 있는 사람이 다른 법령에 따라 국가나 지방자치단체로부터 보험급여에 상당하는 급여를 받거나 보험급여에 상당하는 비용을 지급받게 되는 경우에는 그 한도에서 보험급여를 하지 아니한다.

③ 체납에 따른 보험급여 제한
  ㉠ 공단은 가입자가 대통령령으로 정하는 기간 이상 다음의 보험료를 체납한 경우 그 체납한 보험료를 완납할 때까지 그 가입자 및 피부양자에 대하여 보험급여를 실시하지 아니할 수 있다.
  • 보수 외 소득월액보험료
  • 세대단위의 보험료
  ㉡ 월별 보험료의 총체납횟수(이미 납부된 체납보험료는 총체납횟수에서 제외하며, 보험료의 체납기간은 고려하지 아니한다)가 대통령령으로 정하는 횟수 미만이거나 가입자 및 피부양자의 소득 · 재산 등이 대통령령으로 정하는 기준 미만인 경우에는 그러하지 아니하다.

④ **직장가입자의 귀책사유**

　㉠ 공단은 납부의무를 부담하는 사용자가 보수월액보험료를 체납한 경우에는 그 체납에 대하여 직장가입자 본인에게 귀책사유가 있는 경우에 한하여 ③의 규정을 적용한다.

　㉡ 이 경우 해당 직장가입자의 피부양자에게도 ③의 규정을 적용한다.

⑤ **분할납부 승인자의 보험급여**

　㉠ 공단으로부터 분할납부 승인을 받고 그 승인된 보험료를 1회 이상 낸 경우에는 보험급여를 할 수 있다.

　㉡ 분할납부 승인을 받은 사람이 정당한 사유 없이 5회(승인받은 분할납부 횟수가 5회 미만인 경우에는 해당 분할납부 횟수를 말한다. 이하 이 조에서 같다) 이상 그 승인된 보험료를 내지 아니한 경우에는 그러하지 아니하다.

⑥ **보험급여로 인정** : 보험급여를 하지 아니하는 기간(이하 이 항에서 "급여제한기간"이라 한다)에 받은 보험급여는 다음의 어느 하나에 해당하는 경우에만 보험급여로 인정한다.

　㉠ 공단이 급여제한기간에 보험급여를 받은 사실이 있음을 가입자에게 통지한 날부터 2개월이 지난 날이 속한 달의 납부기한 이내에 체납된 보험료를 완납한 경우

　㉡ 공단이 급여제한기간에 보험급여를 받은 사실이 있음을 가입자에게 통지한 날부터 2개월이 지난 날이 속한 달의 납부기한 이내에 분할납부 승인을 받은 체납보험료를 1회 이상 낸 경우. 다만, 분할납부 승인을 받은 사람이 정당한 사유 없이 5회 이상 그 승인된 보험료를 내지 아니한 경우에는 그러하지 아니하다.

23 급여의 정지〈제54조〉

① **보험급여 정지** : 보험급여를 받을 수 있는 사람이 다음의 어느 하나에 해당하면 그 기간에는 보험급여를 하지 아니한다.

　㉠ 국외에 체류하는 경우

　㉡ 「병역법」에 따른 현역병(지원에 의하지 아니하고 임용된 하사를 포함한다), 전환복무된 사람 및 군간부후보생에 해당하는 경우

　㉢ 교도소, 그 밖에 이에 준하는 시설에 수용되어 있는 경우

② 다만, 위 ㉡㉢의 경우에는 제60조에 따른 요양급여를 실시한다.

법 제60조(현역병 등에 대한 요양급여비용 등의 지급)

① 공단은 제54조 제3호 및 제4호에 해당하는 사람이 요양기관에서 대통령령으로 정하는 치료 등(이하 이 조에서 "요양급여"라 한다)을 받은 경우 그에 따라 공단이 부담하는 비용(이하 이 조에서 "요양급여비용"이라 한다)과 제49조에 따른 요양비를 법무부장관·국방부장관·경찰청장·소방청장 또는 해양경찰청장으로부터 예탁 받아 지급할 수 있다. 이 경우 법무부장관·국방부장관·경찰청장·소방청장 또는 해양경찰청장은 예산상 불가피한 경우 외에는 연간(年間) 들어갈 것으로 예상되는 요양급여비용과 요양비를 대통령령으로 정하는 바에 따라 미리 공단에 예탁하여야 한다.

② 요양급여, 요양급여비용 및 요양비 등에 관한 사항은 제41조, 제41조의4, 제42조, 제42조의2, 제44조부터 제47조까지, 제47조의2, 제48조, 제49조, 제55조, 제56조, 제56조의2 및 제59조제2항을 준용한다.

24 급여의 확인〈제55조〉

공단은 보험급여를 할 때 필요하다고 인정되면 보험급여를 받는 사람에게 문서와 그 밖의 물건을 제출하도록 요구하거나 관계인을 시켜 질문 또는 진단하게 할 수 있다.

25 요양비 등의 지급〈제56조〉

공단은 국민건강보험법에 따라 지급의무가 있는 요양비 또는 부가급여의 청구를 받으면 지체 없이 이를 지급하여야 한다.

26 요양비등수급계좌〈제56조의2〉

① **요양비등수급계좌 입금**

　㉠ 공단은 국민건강보험법에 따른 보험급여로 지급되는 현금(이하 "요양비등"이라 한다)을 받는 수급자의 신청이 있는 경우에는 요양비등을 수급자 명의의 지정된 계좌(이하 "요양비등수급계좌"라 한다)로 입금하여야 한다.

　㉡ 정보통신장애나 그 밖에 대통령령으로 정하는 불가피한 사유로 요양비등수급계좌로 이체할 수 없을 때에는 직접 현금으로 지급하는 등 대통령령으로 정하는 바에 따라 요양비등을 지급할 수 있다.

② **요양비등수급계좌 관리** : 요양비등수급계좌가 개설된 금융기관은 요양비등수급계좌에 요양비등만이 입금되도록 하고, 이를 관리하여야 한다.

③ **요양비등수급계좌 신청방법 및 절차** : 요양비등수급계좌의 신청 방법·절차와 관리에 필요한 사항은 대통령령으로 정한다.

27 부당이득의 징수〈제57조〉

① **부당이득 징수** : 공단은 속임수나 그 밖의 부당한 방법으로 보험급여를 받은 사람·준요양기관 및 보조기기 판매업자나 보험급여 비용을 받은 요양기관에 대하여 그 보험급여나 보험급여 비용에 상당하는 금액을 징수한다.

② **징수금 납부** : 공단은 속임수나 그 밖의 부당한 방법으로 보험급여 비용을 받은 요양기관이 다음 각 호의 어느 하나에 해당하는 경우에는 해당 요양기관을 개설한 자에게 그 요양기관과 연대하여 같은 항에 따른 징수금을 납부하게 할 수 있다.

　㉠ 「의료법」 제33조 제2항을 위반하여 의료기관을 개설할 수 없는 자가 의료인의 면허나 의료법인 등의 명의를 대여 받아 개설·운영하는 의료기관

> **조문참고**
>
> **의료법 제33조(개설 등)**
>
> ② 다음 각 호의 어느 하나에 해당하는 자가 아니면 의료기관을 개설할 수 없다. 이 경우 의사는 종합병원·병원·요양병원·정신병원 또는 의원을, 치과의사는 치과병원 또는 치과의원을, 한의사는 한방병원·요양병원 또는 한의원을, 조산사는 조산원만을 개설할 수 있다.
> 　1. 의사, 치과의사, 한의사 또는 조산사
> 　2. 국가나 지방자치단체
> 　3. 의료업을 목적으로 설립된 법인(이하 "의료법인"이라 한다)
> 　4. 「민법」이나 특별법에 따라 설립된 비영리법인
> 　5. 「공공기관의 운영에 관한 법률」에 따른 준정부기관, 「지방의료원의 설립 및 운영에 관한 법률」에 따른 지방의료원, 「한국보훈복지의료공단법」에 따른 한국보훈복지의료공단

　㉡ 「약사법」 제20조 제1항을 위반하여 약국을 개설할 수 없는 자가 약사 등의 면허를 대여받아 개설·운영하는 약국

> **조문참고**
>
> **약사법 제20조(약국 개설등록)**
>
> ① 약사 또는 한약사가 아니면 약국을 개설할 수 없다.

　㉢ 「의료법」 제4조 제2항 또는 제33조 제8항·제10항을 위반하여 개설·운영하는 의료기관

> **조문참고**
>
> **의료법 제4조(의료인과 의료기관의 장의 의무)**
>
> ② 의료인은 다른 의료인 또는 의료법인 등의 명의로 의료기관을 개설하거나 운영할 수 없다.

의료법 제33조(개설 등)

⑧ 의사, 치과의사, 한의사 또는 조산사는 어떠한 명목으로도 둘 이상의 의료기관을 개설·운영할 수 없다. 다만, 2 이상의 의료인 면허를 소지한 자가 의원급 의료기관을 개설하려는 경우에는 하나의 장소에 한하여 면허 종별에 따른 의료기관을 함께 개설할 수 있다.
⑩ 의료기관을 개설·운영하는 의료법인등은 다른 자에게 그 법인의 명의를 빌려주어서는 아니 된다.

ⓔ 「약사법」 제21조 제1항을 위반하여 개설·운영하는 약국

약사법 제21조(약국의 관리의무)

① 약사 또는 한약사는 하나의 약국만을 개설할 수 있다.

ⓜ 「약사법」 제6조 제3항·제4항을 위반하여 면허를 대여받아 개설·운영하는 약국

약사법 제6조(면허증 교부와 등록)

③ 약사 및 한약사는 받은 면허를 다른 사람에게 대여하여서는 아니 된다.
④ 누구든지 받은 면허를 대여 받아서는 아니 되며 면허 대여를 알선하여서도 아니 된다.

③ **연대하여 징수금 납부**: 사용자나 가입자의 거짓 보고나 거짓 증명(건강보험증이나 신분증명서를 양도·대여하여 다른 사람이 보험급여를 받게 하는 것을 포함한다), 요양기관의 거짓 진단이나 거짓 확인(제12조 제4항을 위반하여 건강보험증이나 신분증명서로 가입자 또는 피부양자의 본인 여부 및 그 자격을 확인하지 아니한 것을 포함한다) 또는 준요양기관이나 보조기기를 판매한 자의 속임수 및 그 밖의 부당한 방법으로 보험급여가 실시된 경우 공단은 이들에게 보험급여를 받은 사람과 연대하여 징수금을 내게 할 수 있다.

④ **부당한 방법으로 보험급여를 받은 사람과 연대하여 징수금 납부**: 공단은 속임수나 그 밖의 부당한 방법으로 보험급여를 받은 사람과 같은 세대에 속한 가입자(속임수나 그 밖의 부당한 방법으로 보험급여를 받은 사람이 피부양자인 경우에는 그 직장가입자를 말한다)에게 속임수나 그 밖의 부당한 방법으로 보험급여를 받은 사람과 연대하여 징수금을 내게 할 수 있다.

⑤ **보험료등과 상계**
  ㉠ 요양기관이 가입자나 피부양자로부터 속임수나 그 밖의 부당한 방법으로 요양급여비용을 받은 경우 공단은 해당 요양기관으로부터 이를 징수하여 가입자나 피부양자에게 지체 없이 지급하여야 한다.
  ㉡ 이 경우 공단은 가입자나 피부양자에게 지급하여야 하는 금액을 그 가입자 및 피부양자가 내야 하는 보험료등과 상계할 수 있다.

28 부당이득 징수금 체납자의 인적사항 등 공개〈제57조의2〉

① 인적사항 등 공개

　㉠ 공단은 제57조 제2항 각 호의 어느 하나에 해당하여 징수금을 납부할 의무가 있는 요양기관 또는 요양기관을 개설한 자가 납입 고지 문서에 기재된 납부기한의 다음 날부터 1년이 경과한 징수금을 1억 원 이상 체납한 경우 징수금 발생의 원인이 되는 위반행위, 체납자의 인적사항 및 체납액 등 대통령령으로 정하는 사항(이하 이 조에서 "인적사항등"이라 한다)을 공개할 수 있다.

　㉡ 체납된 징수금과 관련하여 이의신청, 심판청구가 제기되거나 행정소송이 계류 중인 경우 또는 그 밖에 체납된 금액의 일부 납부 등 대통령령으로 정하는 사유가 있는 경우에는 그러하지 아니하다.

> **조문참고**
>
> 제57조(부당이득의 징수)
>
> ② 공단은 속임수나 그 밖의 부당한 방법으로 보험급여 비용을 받은 요양기관이 다음 각 호의 어느 하나에 해당하는 경우에는 해당 요양기관을 개설한 자에게 그 요양기관과 연대하여 같은 항에 따른 징수금을 납부하게 할 수 있다.
>
> 　1. 「의료법」 제33조 제2항을 위반하여 의료기관을 개설할 수 없는 자가 의료인의 면허나 의료법인 등의 명의를 대여받아 개설·운영하는 의료기관
> 　2. 「약사법」 제20조 제1항을 위반하여 약국을 개설할 수 없는 자가 약사 등의 면허를 대여받아 개설·운영하는 약국
> 　3. 「의료법」 제4조 제2항 또는 제33조 제8항·제10항을 위반하여 개설·운영하는 의료기관
> 　4. 「약사법」 제21조 제1항을 위반하여 개설·운영하는 약국
> 　5. 「약사법」 제6조 제3항·제4항을 위반하여 면허를 대여받아 개설·운영하는 약국

② **부당이득징수금체납정보공개심의위원회 설치** : 인적사항등의 공개 여부를 심의하기 위하여 공단에 부당이득징수금체납정보공개심의위원회를 둔다.

③ **공개대상자 선정** : 공단은 부당이득징수금체납정보공개심의위원회의 심의를 거친 인적사항등의 공개대상자에게 공개대상자임을 서면으로 통지하여 소명의 기회를 부여하여야 하며, 통지일부터 6개월이 경과한 후 체납자의 납부이행 등을 고려하여 공개대상자를 선정한다.

④ **인터넷 홈페이지에 게시** : 인적사항등의 공개는 관보에 게재하거나 공단 인터넷 홈페이지에 게시하는 방법으로 한다.

⑤ **기타 필요한 사항** : 인적사항등의 공개 절차 및 부당이득징수금체납정보공개심의위원회의 구성·운영 등에 필요한 사항은 대통령령으로 정한다.

29 구상권〈제58조〉

① **손해배상 청구 권리** : 공단은 제3자의 행위로 보험급여사유가 생겨 가입자 또는 피부양자에게 보험급여를 한 경우에는 그 급여에 들어간 비용 한도에서 그 제3자에게 손해배상을 청구할 권리를 얻는다.

② **배상액 한도내 보험급여 정지** : 보험급여를 받은 사람이 제3자로부터 이미 손해배상을 받은 경우에는 공단은 그 배상액 한도에서 보험급여를 하지 아니한다.

> ◆ **구상권(求償權)**
> - 다른 사람을 위하여 그 사람의 빚을 갚은 사람이 다른 연대 채무자나 주된 채무자에게 상환을 요구할 수 있는 권리를 말한다.

30 수급권 보호〈제59조〉

① **수급권 양도 및 압류 금지** : 보험급여를 받을 권리는 양도하거나 압류할 수 없다.

② **요양비등 압류 금지** : 요양비등수급계좌에 입금된 요양비 등은 압류할 수 없다.

> ◆ **수급권과 압류**
> - **수급권(受給權)** : 수급권은 국가나 공공기관으로부터 특정한 급여나 서비스(연금, 의료비, 기초 생활비, 보험금 등)를 받을 수 있는 법적 권리를 말한다.
> - **압류(押留)** : 압류는 채권자의 신청에 따라 국가권력(법원 등)이 채무자의 재산처분을 강제로 금지하는 집행절차를 말한다.

31 현역병 등에 대한 요양급여비용 등의 지급〈제60조〉

① **현역병 등에 대한 요양급여비용 예탁 지급**
- ㉠ 공단은 현역병(지원에 의하지 아니하고 임용된 하사를 포함한다), 전환복무된 사람 및 군간부후보생에 해당하는 경우와 교도소, 그 밖에 이에 준하는 시설에 수용되어 있는 경우에 해당하는 사람이 요양기관에서 대통령령으로 정하는 치료 등(이하 이 조에서 "요양급여"라 한다)을 받은 경우 그에 따라 공단이 부담하는 비용(이하 이 조에서 "요양급여비용"이라 한다)과 요양비를 법무부장관·국방부장관·경찰청장·소방청장 또는 해양경찰청장으로부터 예탁 받아 지급할 수 있다.
- ㉡ 법무부장관·국방부장관·경찰청장·소방청장 또는 해양경찰청장은 예산상 불가피한 경우 외에는 연간(年間) 들어갈 것으로 예상되는 요양급여비용과 요양비를 대통령령으로 정하는 바에 따라 미리 공단에 예탁하여야 한다.

◆ 전환복무된 사람 및 군간부후보생

- 전환복무된 사람 : 현역병의 신분을 유지한 상태에서 군대가 아닌 다른 기관에서 치안업무나 소방업무 등을 수행하는 사람들을 말한다.
  - 예 교정시설경비교도(현재는 폐지 추세), 전투경찰대원 · 의무경찰(현재는 폐지), 의무소방원
- 군간부후보생 : 장교나 부사관이 되기 위해 교육기관에서 훈련과 교육을 받고 있는 과정에 있는 사람을 말한다.
  - 예 학군단(ROTC), 학사사관후보생, 사관학교 생도, 부사관후보생 등.

② 요양급여, 요양급여비용 및 요양비 등 : 요양급여, 요양급여비용 및 요양비 등에 관한 사항은 제41조(요양급여), 제41조의4(선별급여), 제42조(요양기관), 제42조의2(요양기관의 선별급여 실시에 대한 관리), 제44조(비용의 일부부담), 제45조(요양급여비용의 산정 등), 제46조(약제 · 치료재료에 대한 요양급여비용의 산정), 제47조(요양급여비용의 청구와 지급 등), 제47조의2(요양급여비용의 지급 보류), 제48조(요양급여 대상 여부의 확인 등), 제49조(요양비), 제55조(급여의 확인), 제56조(요양비 등의 지급), 제56조의2(요양비등수급계좌) 및 제59조 제2항(제56조의2 제1항에 따라 요양비등수급계좌에 입금된 요양비등은 압류할 수 없다)을 준용한다.

32 요양급여비용의 정산〈제61조〉

공단은 근로복지공단이 국민건강보험법에 따라 요양급여를 받을 수 있는 사람에게 요양급여를 지급한 후 그 지급결정이 취소되어 해당 요양급여의 비용을 청구하는 경우에는 그 요양급여가 국민건강보험법에 따라 실시할 수 있는 요양급여에 상당한 것으로 인정되면 그 요양급여에 해당하는 금액을 지급할 수 있다.

<table>
<tr><th colspan="3" style="text-align:center">요양급여 · 선별급여 · 방문요양급여의 비교</th></tr>
<tr><td colspan="2" style="text-align:center">구분</td><td style="text-align:center">내 용</td></tr>
<tr>
<td rowspan="2">요양급여</td>
<td>실시</td>
<td>• 가입자와 피부양자의 질병, 부상, 출산 등에 대하여 실시</td>
</tr>
<tr>
<td>실시범위</td>
<td>• 진찰 · 검사
• 약제(藥劑) · 치료재료의 지급
• 처치 · 수술 및 그 밖의 치료
• 예방 · 재활
• 입원
• 간호
• 이송(移送)
※ 보건복지부장관이 비급여대상으로 정한 것을 제외한 일체의 것(약제는 제외)
※ 약제 : 요양급여대상으로 보건복지부장관이 결정하여 고시한 것</td>
</tr>
<tr>
<td rowspan="3">선별급여</td>
<td>실시</td>
<td>• 요양급여를 결정함에 있어 경제성 또는 치료효과성 등이 불확실하여 그 검증을 위하여 추가적인 근거가 필요하거나, 경제성이 낮아도 가입자와 피부양자의 건강회복에 잠재적 이득이 있는 등 대통령령으로 정하는 경우에는 예비적인 요양급여인 선별급여로 지정하여 실시할 수 있다.</td>
</tr>
<tr>
<td>결정</td>
<td>• 보건복지부장관은 대통령령으로 정하는 절차와 방법에 따라 선별급여에 대하여 주기적으로 요양급여의 적합성을 평가하여 요양급여 여부를 다시 결정하고, 요양급여의 기준을 조정하여야 한다.</td>
</tr>
<tr>
<td>대상</td>
<td>• 주로 고가의 예비급여항목이나 MRI, 초음파, 상급병실료(2~3인실) 등이 선별급여 안에 포함된다.</td>
</tr>
<tr>
<td rowspan="2">방문요양급여</td>
<td>실시</td>
<td>• 가입자 또는 피부양자가 질병이나 부상으로 거동이 불편한 경우 등 보건복지부령으로 정하는 사유에 해당하는 경우에는 가입자 또는 피부양자를 직접 방문하여 요양급여를 실시할 수 있다.</td>
</tr>
<tr>
<td>대상</td>
<td>• 신체활동지원 : 세수, 양치, 목욕보조, 식사도움, 몸단장, 체위변경, 화장실이용 돕기 등
• 일상생활지원 : 외출동행(병원방문 등), 장보기, 식사준비, 청소 및 주변정돈, 세탁 등
• 개인활동지원 : 어르신의 일상 업무대행 및 산책 등 활동보조
• 정서지원 : 말벗, 격려 및 위로.</td>
</tr>
</table>

(1) 가입자와 피부양자의 ___, ___, ___ 등에 대하여 진찰·검사, 약제·치료재료의 지급, 처치·수술 및 그 밖의 치료, 예방·재활, 입원, 간호, 이송의 요양급여를 실시한다.

(2) 보건복지부장관은 요양급여의 기준을 정할 때 업무나 일상생활에 지장이 없는 질환에 대한 치료 등 보건복지부령으로 정하는 사항은 _________으로 정할 수 있다.

(3) 보건복지부장관은 요양급여비용의 상한금액이 감액된 약제가 감액된 날부터 ___의 범위에서 대통령령으로 정하는 기간 내에 다시 「약사법」 제47조 제2항의 위반과 관련된 경우에는 해당 약제에 대하여 ___의 범위에서 기간을 정하여 요양급여의 적용을 정지할 수 있다.

(4) 보건복지부장관은 요양급여대상으로 결정하여 고시한 약제에 대하여 _________령으로 정하는 바에 따라 요양급여대상 여부, 범위, 요양급여비용 상한금액 등을 직권으로 조정할 수 있다.

(5) 요양급여를 결정함에 있어 경제성 또는 치료효과성 등이 불확실하여 그 검증을 위하여 추가적인 근거가 필요하거나, 경제성이 낮아도 가입자와 피부양자의 건강회복에 잠재적 이득이 있는 등 대통령령으로 정하는 경우에는 예비적인 요양급여인 _______로 지정하여 실시할 수 있다.

(6) 가입자 또는 피부양자가 질병이나 부상으로 거동이 불편한 경우 등 보건복지부령으로 정하는 사유에 해당하는 경우에는 가입자 또는 피부양자를 직접 방문하여 _______를 실시할 수 있다.

(7) 요양급여(간호와 이송은 제외한다)는 의료기관, 약국, _____________________, 보건소·보건의료원 및 보건지소, 보건진료소의 요양기관에서 실시한다. 이 경우 보건복지부장관은 공익이나 국가정책에 비추어 요양기관으로 적합하지 아니한 대통령령으로 정하는 의료기관 등은 요양기관에서 제외할 수 있다.

(8) 요양기관은 요양급여비용을 ___로 청구하는 때에 요양기관의 시설·장비 및 인력 등에 대한 현황을 건강보험심사평가원(이하 "심사평가원"이라 한다)에 ___하여야 한다.

(9) 요양급여를 받는 자는 대통령령으로 정하는 바에 따라 ___________을 본인이 부담한다.

(10) 요양급여비용은 공단의 이사장과 대통령령으로 정하는 의약계를 대표하는 사람들의 계약으로 정한다. 이 경우 계약기간은 ___으로 한다. 계약은 그 직전 계약기간 만료일이 속하는 연도의 _______까지 체결하여야 한다.

(11) 요양기관은 ___에 요양급여비용의 지급을 청구할 수 있다.

(12) 지역별 의료자원의 불균형 및 의료서비스 격차의 해소 등을 위하여 지역별로 _____을 달리 정하여 지급할 수 있다.

(13) 심사평가원은 요양급여에 대한 의료의 질을 향상시키기 위하여 요양급여의 _________를 실시할 수 있다.

(14) 공단은 가입자와 피부양자에 대하여 질병의 조기 발견과 그에 따른 요양급여를 하기 위하여 _______을 실시한다.

(15) 보험급여를 받을 권리는 ___하거나 ___할 수 없다.

정답 및 해설

(1) 질병, 부상, 출산
(2) 비급여대상
(3) 5년, 1년
(4) 보건복지부
(5) 선별급여

(6) 요양급여
(7) 한국희귀·필수의약품센터
(8) 최초, 신고
(9) 본인일부부담금
(10) 1년, 5월 31일

(11) 공단
(12) 요양급여비용
(13) 적정성 평가
(14) 건강검진
(15) 양도, 압류

출제예상문제

1 다음 중 보험급여에 대한 설명으로 옳지 않은 것은?

① 공단은 가입자와 피부양자의 질병, 부상, 출산 등에 대하여 요양급여를 실시한다.

② 보건복지부장관은 요양급여의 기준을 정할 때 업무나 일상생활에 지장이 없는 질환에 대한 치료 등 보건복지부령으로 정하는 사항은 비급여대상으로 정할 수 있다.

③ 가입자와 피부양자의 예방 · 재활에 대하여 요양급여를 실시한다.

④ 요양급여의 방법 · 절차 · 범위 · 상한 등의 기준은 공단 이사회에서 정한다.

TIP ④ 요양급여의 방법 · 절차 · 범위 · 상한 등의 기준은 보건복지부령으로 정한다⟨「국민건강보험법」 제41조 제3항⟩.

2 다음 중 국민건강보험법상 요양급여의 실시대상으로 볼 수 없는 것은?

① 피부양자의 교통사고 　　　　　　　　② 가입자의 부상

③ 가입자의 질병 　　　　　　　　　　　④ 피부양자의 출산

TIP 가입자와 피부양자의 질병, 부상, 출산 등에 대하여 요양급여를 실시한다⟨「국민건강보험법」 제41조 제1항⟩.

3 다음 중 가입자와 피부양자의 요양급여를 실시해야 하는 것으로 옳지 않은 것은?

① 진찰 · 검사 　　　　　　　　　　　　② 사시교정

③ 치료재료의 지급 　　　　　　　　　　④ 이송(移送)

TIP 요양급여 실시해야 하는 대상⟨「국민건강보험법」 제41조 제1항⟩
　　　㉠ 진찰 · 검사
　　　㉡ 약제(藥劑) · 치료재료의 지급
　　　㉢ 처치 · 수술 및 그 밖의 치료
　　　㉣ 예방 · 재활, 입원, 간호
　　　㉤ 이송(移送)

4 다음 중 보건복지부장관이 요양급여대상으로 결정하여 고시하여야 요양급여대상이 되는 것은?

① 처치 및 수술　　　　　　　　　　　　② 입원
③ 간호　　　　　　　　　　　　　　　　④ 약제

> **TIP** 요양급여대상〈「국민건강보험법」 제41조 제2항〉
> ㉠ 진찰·검사, 약제·치료재료의 지급, 처치·수술 및 그 밖의 치료, 예방·재활, 입원, 간호, 이송(약제는 제외한다) : 보건복지부장관이 비급여대상으로 정한 것을 제외한 일체의 것
> ㉡ 약제 : 요양급여대상으로 보건복지부장관이 결정하여 고시한 것

5 일상생활에 지장이 없는 질환에 대한 치료 등을 비급여대상으로 지정할 수 있는 주체는?

① 보건복지부령　　　　　　　　　　　　② 보건복지부장관
③ 공단　　　　　　　　　　　　　　　　④ 심사평가원

> **TIP** 보건복지부장관은 요양급여의 기준을 정할 때 업무나 일상생활에 지장이 없는 질환에 대한 치료 등 보건복지부령으로 정하는 사항은 비급여대상으로 정할 수 있다〈「국민건강보험법」 제41조 제4항〉.

6 다음 빈칸에 들어갈 내용으로 옳은 것은?

> 제41조의2(약제에 대한 요양급여비용 상한금액의 감액 등) ① 보건복지부장관은 「약사법」 제47조 제2항의 위반과 관련된 제41조 제1항 제2호의 약제에 대하여는 요양급여비용 상한금액(제41조 제3항에 따라 약제별 요양급여비용의 상한으로 정한 금액을 말한다. 이하 같다)의 100분의 (　　)을 넘지 아니하는 범위에서 그 금액의 일부를 감액할 수 있다.

① 10　　　　　　　　　　　　　　　　② 20
③ 30　　　　　　　　　　　　　　　　④ 40

> **TIP** 약제에 대한 요양급여비용 상한금액의 감액 등〈「국민건강보험법」 제41조의2 제1항〉… 보건복지부장관은 「약사법」 제47조 제2항의 위반과 관련된 약제에 대하여는 요양급여비용 상한금액(약제별 요양급여비용의 상한으로 정한 금액을 말한다)의 100분의 20을 넘지 아니하는 범위에서 그 금액의 일부를 감액할 수 있다.

Answer　　1.④　2.①　3.②　4.④　5.②　6.②

7 다음은 국민건강보험법 제41조의2 제2항이다. 빈칸에 들어갈 숫자를 합하면?

> 보건복지부장관은 요양급여비용의 상한금액이 감액된 약제가 감액된 날부터 (   )년의 범위에서 대통령령으로 정하는 기간 내에 다시 제1항에 따른 감액의 대상이 된 경우에는 요양급여비용 상한금액의 100분의 (   )을 넘지 아니하는 범위에서 요양급여비용 상한금액의 일부를 감액할 수 있다.

① 30 　　　　　　　　　　　　　　　② 35
③ 40 　　　　　　　　　　　　　　　④ 45

TIP 보건복지부장관은 요양급여비용의 상한금액이 감액된 약제가 감액된 날부터 5년의 범위에서 대통령령으로 정하는 기간 내에 다시 감액의 대상이 된 경우에는 요양급여비용 상한금액의 100분의 40을 넘지 아니하는 범위에서 요양급여비용 상한금액의 일부를 감액할 수 있다〈「국민건강보험법」 제41조의2 제2항〉.
※ 5 + 40 = 45

8 요양급여비용의 상한금액이 감액된 약제가 감액된 날부터 3년 후에 다시 「약사법」 제47조 제2항을 위반한 해당 약제에 대하여 요양급여의 적용을 정지할 수 있는 기간은?

① 3개월 　　　　　　　　　　　　　② 6개월
③ 1년 　　　　　　　　　　　　　　④ 2년

TIP 보건복지부장관은 요양급여비용의 상한금액이 감액된 약제가 감액된 날부터 5년의 범위에서 대통령령으로 정하는 기간 내에 다시 「약사법」 제47조 제2항의 위반과 관련된 경우에는 해당 약제에 대하여 1년의 범위에서 기간을 정하여 요양급여의 적용을 정지할 수 있다〈「국민건강보험법」 제41조의2 제3항〉.

9 요양급여비용 상한금액의 감액 및 요양급여 적용정지의 기준을 정한 것은?

① 대통령령 　　　　　　　　　　　② 보건복지부령
③ 공단 이사회의 의결 　　　　　④ 건강보험심사평가원

TIP 요양급여비용 상한금액의 감액 및 요양급여 적용 정지의 기준, 절차, 그 밖에 필요한 사항은 대통령령으로 정한다〈「국민건강보험법」 제41조의2 제4항〉.

10 다음 중 약제의 제조업자등이 요양급여대상에 포함되지 않은 약제를 요양급여대상에 포함시켜달라고 신청할 수 있는 기관은?

① 건강보험정책심의위원회　　　　　　　② 공단 이사회

③ 보건복지부장관　　　　　　　　　　　④ 국무총리실

> **TIP** 「약사법」에 따른 약제의 제조업자·수입업자 등 보건복지부령으로 정하는 자(이하 "약제의 제조업자등"이라 한다)는 요양급여대상에 포함되지 아니한 약제에 대하여 보건복지부장관에게 요양급여대상 여부의 결정을 신청할 수 있다〈「국민건강보험법」 제41조의3 제2항〉.

11 요양급여대상으로 결정·고시한 약제에 대하여 보건복지부장관이 직권으로 조정할 수 있는 것으로 옳지 않은 것은?

① 요양급여비용의 지급시기　　　　　　② 요양급여대상 여부

③ 요양급여대상 범위　　　　　　　　　④ 요양급여비용 상한금액

> **TIP** 보건복지부장관은 요양급여대상으로 결정하여 고시한 약제에 대하여 보건복지부령으로 정하는 바에 따라 요양급여대상 여부, 범위, 요양급여비용 상한금액 등을 직권으로 조정할 수 있다〈「국민건강보험법」 제41조의3 제5항〉.

12 다음 빈칸에 들어갈 내용으로 적절한 것은?

> 요양급여를 결정함에 있어 경제성 또는 치료효과성 등이 불확실하여 그 검증을 위하여 추가적인 근거가 필요하거나, 경제성이 낮아도 가입자와 피부양자의 건강회복에 잠재적 이득이 있는 등 대통령령으로 정하는 경우에는 예비적인 요양급여인 (　　　)로 지정하여 실시할 수 있다.

① 예비급여　　　　　　　　　　　　　　② 추가급여

③ 잠재급여　　　　　　　　　　　　　　④ 선별급여

> **TIP** 요양급여를 결정함에 있어 경제성 또는 치료효과성 등이 불확실하여 그 검증을 위하여 추가적인 근거가 필요하거나, 경제성이 낮아도 가입자와 피부양자의 건강회복에 잠재적 이득이 있는 등 대통령령으로 정하는 경우에는 예비적인 요양급여인 <u>선별급여</u>로 지정하여 실시할 수 있다〈「국민건강보험법」 제41조의4 제1항〉.

Answer　7.④　8.③　9.①　10.③　11.①　12.④

13 보건복지부장관이 선별급여에 대한 요양급여의 기준을 조정하고자 할 때 절차와 방법의 기준을 정하고 있는 것은?

① 대통령령　　　　　　　　　　　　② 보건복지부령

③ 공단의 정관　　　　　　　　　　　④ 심의위원회의 심의·의결

> **TIP** 보건복지부장관은 대통령령으로 정하는 절차와 방법에 따라 선별급여에 대하여 주기적으로 요양급여의 적합성을 평가하여 요양급여 여부를 다시 결정하고, 요양급여의 기준을 조정하여야 한다〈「국민건강보험법」 제41조의4 제2항〉.

14 다음 중 국민건강보험법상 요양급여의 실시기관으로 적절하지 않은 곳은?

① 의료기관　　　　　　　　　　　　② 약국

③ 한국희귀·필수의약품센터　　　　④ 건강생활지원센터

> **TIP** 요양급여(간호와 이송은 제외)를 실시할 수 있는 요양기관〈「국민건강보험법」 제42조 제1항〉
> ㉠ 「의료법」에 따라 개설된 의료기관
> ㉡ 「약사법」에 따라 등록된 약국
> ㉢ 「약사법」 제91조에 따라 설립된 한국희귀·필수의약품센터
> ㉣ 「지역보건법」에 따른 보건소·보건의료원 및 보건지소
> ㉤ 「농어촌 등 보건의료를 위한 특별조치법」에 따라 설치된 보건진료소

15 다음 중 요양기관에 대한 설명으로 옳지 않은 것은?

① 요양기관은 정당한 이유 없이 요양급여를 거부하지 못한다.

② 간호와 이송에 대한 요양급여는 관련법령에 따라 개설된 의료기관 등에서 실시하여야 한다.

③ 요양기관은 요양급여비용을 최초로 청구하는 때에 요양기관의 시설·장비 및 인력 등에 대한 현황을 건강보험심사평가원에 신고하여야 한다.

④ 보건복지부장관은 요양기관이 선별급여의 실시 조건을 충족하지 못하거나 자료를 제출하지 아니할 경우에는 해당 선별급여의 실시를 제한할 수 있다.

> **TIP** ② 간호와 이송은 요양급여에서 제외한다〈「국민건강보험법」 제42조 제1항〉.

16 인정받은 요양기관의 인정을 취소해야 하는 경우로 옳은 것은?

① 요양급여를 거부한 경우 ② 상급종합병원에서 등급이 강등된 경우

③ 의료사고로 사망자가 다수 발생한 경우 ④ 인정기준에 미달하게 된 경우

> **TIP** 보건복지부장관이 인정받은 요양기관의 인정을 취소해야 하는 경우〈「국민건강보험법」 제42조 제3항〉
> ㉠ 인정기준에 미달하게 된 경우
> ㉡ 인정서를 반납한 경우

17 국민건강보험법상 가입자 또는 피부양자가 질병이나 부상으로 거동이 불편하여 직접 방문하여 요양급여를 실시하는 것은?

① 일반요양급여 ② 요양간병급여

③ 방문요양급여 ④ 특별현금급여

> **TIP** 방문요양급여〈「국민건강보험법」 제41조의5〉 … 가입자 또는 피부양자가 질병이나 부상으로 거동이 불편한 경우 등 보건복지부령으로 정하는 사유에 해당하는 경우에는 가입자 또는 피부양자를 직접 방문하여 요양급여를 실시할 수 있다.

18 다음 중 국민건강보험법상 요양기관 현황에 대한 신고를 설명한 것으로 옳지 않은 것은?

① 요양기관은 신고한 내용이 변경된 경우에는 요양급여비용의 증감에 관련된 사항만 신고하면 된다.
② 요양기관은 요양급여비용을 최초로 청구하는 때에 요양기관의 시설·장비 및 인력 등에 대한 현황을 건강보험심사평가원에 신고하여야 한다.
③ 요양기관 신고의 범위, 대상, 방법 및 절차 등에 필요한 사항은 보건복지부령으로 정한다.
④ 요양기관은 신고한 내용이 변경된 경우에는 변경된 날부터 30일 이내에 보건복지부령으로 정하는 바에 따라 건강보험심사평가원에 신고하여야 한다.

> **TIP** ④ 요양기관은 신고한 내용(제45조에 따른 요양급여비용의 증감에 관련된 사항만 해당한다)이 변경된 경우에는 그 변경된 날부터 15일 이내에 보건복지부령으로 정하는 바에 따라 심사평가원에 신고하여야 한다〈「국민건강보험법」 제43조 제2항〉.

19 다음 중 본인일부부담금에 대한 설명으로 옳지 않은 것은?

① 요양급여를 받는 자는 대통령령으로 정하는 바에 따라 비용의 일부를 본인이 부담한다.

② 본인일부부담금을 본인이 부담한 경우 선별급여에 대해서는 본인일부부담금을 상향 조정할 수 없다.

③ 본인부담상한액은 가입자의 소득수준 등에 따라 정한다.

④ 본인일부부담금 총액 산정 방법, 본인부담상한액을 넘는 금액의 지급 방법 및 가입자의 소득수준 등에 따른 본인부담상한액 설정 등에 필요한 사항은 대통령령으로 정한다.

TIP ② 요양급여를 받은 자는 대통령령으로 정하는 바에 따라 비용의 일부(이하 "본인일부부담금"이라 한다)를 본인이 부담한다. 이 경우 선별급여에 대해서는 다른 요양급여에 비하여 본인일부부담금을 상향 조정 할 수 있다〈「국민건강보험법」 제44조 제1항〉.

20 요양급여를 받는 자가 연간 부담하는 합계액이 본인부담상한액을 초과할 경우 그 초과한 금액을 부담해야 하는 곳은?

① 요양급여를 시행하는 요양기관 　　② 국민건강보험공단
③ 보건복지부 　　④ 재정경제부

TIP 비용의 일부부담〈「국민건강보험법」 제44조 2항〉 … 본인이 연간 부담하는 다음의 금액의 합계액이 대통령령으로 정하는 금액(이하 이 조에서 "본인부담상한액"이라 한다)을 초과한 경우에는 공단이 그 초과 금액을 부담하여야 한다. 이 경우 공단은 당사자에게 그 초과 금액을 통보하고, 이를 지급하여야 한다.
　㉠ 본인일부부담금의 총액
　㉡ 요양이나 출산의 비용으로 부담한 금액(요양이나 출산의 비용으로 부담한 금액이 보건복지부장관이 정하여 고시한 금액보다 큰 경우에는 그 고시한 금액으로 한다)에서 같은 항에 따라 요양비로 지급받은 금액을 제외한 금액

21 국민건강보험법상 본인부담상한액을 정하는 기준으로 옳은 것은?

① 대통령령 　　② 보건복지부령
③ 심사평가원의 평가기준 　　④ 가입자의 소득수준 등

TIP 본인부담상한액은 가입자의 소득수준 등에 따라 정한다〈「국민건강보험법」 제44조 3항〉.

22 다음은 요양급여비용의 산정에 대한 법조항이다. 빈칸에 들어갈 내용이 바르게 짝지어진 것은?

> 국민건강보험법 제45조 제3항 요양급여비용의 산정에 대한 계약은 그 직전 계약기간 만료일이 속하는 연도의 (   )까지 체결하여야 하며, 그 기한까지 계약이 체결되지 아니하는 경우 보건복지부장관이 그 직전 계약기간 만료일이 속하는 연도의 (   )까지 심의위원회의 의결을 거쳐 요양급여비용을 정한다. 이 경우 보건복지부장관이 정하는 요양급여비용은 제1항 및 제2항에 따라 계약으로 정한 요양급여비용으로 본다.

① 3월 31일, 4월 30일

② 4월 30일, 5월 31일

③ 5월 31일, 6월 30일

④ 6월 30일, 7월 31일

TIP 요양급여비용의 산정에 대한 계약은 그 직전 계약기간 만료일이 속하는 연도의 <u>5월 31일</u>까지 체결하여야 하며, 그 기한까지 계약이 체결되지 아니하는 경우 보건복지부장관이 그 직전 계약기간 만료일이 속하는 연도의 <u>6월 30일</u>까지 심의위원회의 의결을 거쳐 요양급여비용을 정한다. 이 경우 보건복지부장관이 정하는 요양급여비용은 제1항 및 제2항에 따라 계약으로 정한 요양급여비용으로 본다〈「국민건강보험법」 제45조 제3항〉.

23 다음 중 국민건강보험법상 요양급여비용의 산정에 대한 설명으로 옳지 않은 것은?

① 요양급여비용은 공단의 이사장과 의약계를 대표하는 사람들의 계약으로 정한다.

② 심사평가원은 공단의 이사장이 계약을 체결하기 위하여 필요한 자료를 요청하면 그 요청에 성실히 따라야 한다.

③ 요양급여비용의 산정에 대한 계약은 그 직전 계약기간 만료일이 속하는 연도의 6월 30일까지 체결하여야 한다.

④ 계약에 의하여 요양급여비용이 정해지면 보건복지부장관은 요양급여비용의 명세를 지체 없이 고시하여야 한다.

TIP ③ 요양급여비용의 산정에 대한 계약〈「국민건강보험법」 제45조 제3항〉
　㉠ 계약은 그 직전 계약기간 만료일이 속하는 연도의 5월 31일까지 체결하여야 하며, 그 기한까지 계약이 체결되지 아니하는 경우 보건복지부장관이 그 직전 계약기간 만료일이 속하는 연도의 6월 30일까지 심의위원회의 의결을 거쳐 요양급여비용을 정한다.
　㉡ 이 경우 보건복지부장관이 정하는 요양급여비용은 제1항 및 제2항에 따라 계약으로 정한 요양급여비용으로 본다.

Answer　19.② 20.② 21.④ 22.③ 23.③

24 다음 중 국민건강보험법상 요양급여비용을 계약할 때 그 계약기간은?

① 1년   ② 2년
③ 3년   ④ 5년

TIP ① 요양급여비용은 공단의 이사장과 대통령령으로 정하는 의약계를 대표하는 사람들의 계약으로 정한다. 이 경우 계약기간은 1년으로 한다〈「국민건강보험법」 제45조 제3항〉.

25 다음 중 국민건강보험법상 약제·치료재료에 대하여 요양급여비용을 산정할 때 고려해야 할 사항으로 가장 적절한 것은?

① 요양기관이 정한 금액   ② 약제·치료재료 구입금액 등
③ 보건복지부령으로 정하는 바에 따라   ④ 시장 가격의 변동여부

TIP 약제·치료재료에 대한 요양급여비용의 산정〈「국민건강보험법」 제46조〉 … 약제·치료재료(이하 "약제·치료재료"라 한다)에 대한 요양급여비용은 요양기관의 약제·치료재료 구입금액 등을 고려하여 대통령령으로 정하는 바에 따라 달리 산정할 수 있다.

26 다음은 국민건강보험법상 요양급여비용의 청구와 지급에 대한 설명으로 옳지 않은 것은?

① 요양기관이 공단에 요양급여비용의 지급을 청구할 경우 요양급여비용에 대한 심사청구는 공단에 대한 요양급여비용의 청구로 본다.
② 요양급여비용을 청구하려는 요양기관은 심사평가원에 요양급여비용의 심사청구를 하여야 한다.
③ 공단은 가입자에게 지급하여야 하는 금액을 그 가입자가 내야 하는 보험료와 그 밖에 국민건강보험법에 따른 징수금과 상계(相計)할 수 있다.
④ 요양급여비용의 청구·심사·지급 및 지급하여야 하는 금액 등의 방법과 절차에 필요한 사항은 대통령령으로 정한다.

TIP ④ 요양급여비용의 청구·심사·지급 등의 방법과 절차에 필요한 사항은 보건복지부령으로 정한다〈「국민건강보험법」 제47조 제8항〉.

27 국민건강보험법상 공단은 심사평가원의 평가결과에 따라 요양급여비용을 가산하거나 감액하여 지급할 수 있다. 이 때 요양급여비용을 가산하거나 감액하여 지급하는 기준으로 가장 옳은 것은?

① 심의위원회의 심의 · 의결
② 대통령령으로 정한 기준
③ 보건복지부령으로 정한 기준
④ 심사평가원의 평가결과

TIP 공단은 심사평가원이 요양급여의 적정성을 평가하여 공단에 통보하면 그 평가 결과에 따라 요양급여비용을 가산하거나 감액 조정하여 지급한다. 이 경우 평가 결과에 따라 요양급여비용을 가산하거나 감액하여 지급하는 기준은 보건복지부령으로 정한다〈「국민건강보험법」 제47조 제6항〉.

28 국민건강보험법상 요양기관으로부터 심사청구를 받은 심사평가원이 심사 후 그 내용을 알려야 하는 곳으로 옳은 것은?

① 보건복지부와 요양기관
② 공단과 요양기관
③ 심의위원회
④ 재정경제부와 심사위원회

TIP 요양급여비용을 청구하려는 요양기관은 심사평가원에 요양급여비용의 심사청구를 하여야 하며, 심사청구를 받은 심사평가원은 이를 심사한 후 지체 없이 그 내용을 공단과 요양기관에 알려야 한다〈「국민건강보험법」 제47조 제2항〉.

29 요양기관은 요양급여비용의 심사청구를 단체에 대행하게 할 수 있다. 다음 중 요양급여비용 심사청구를 대행할 수 있는 단체로 옳지 않은 곳은?

① 「의료법」에 따른 치과의사회
② 「의료법」에 따른 한의사회
③ 「의료법」에 따른 조산사회
④ 「의료법」에 따른 대한민국의학한림원

TIP 요양기관이 요양급여비용의 심사청구를 대행하게 할 수 있는 단체〈「국민건강보험법」 제47조 제7항〉
　㉠ 「의료법」 제28조 제1항에 따른 의사회 · 치과의사회 · 한의사회 · 조산사회 또는 같은 조 제6항에 따라 신고한 각각의 지부 및 분회
　㉡ 「의료법」 제52조에 따른 의료기관 단체
　㉢ 「약사법」 제11조에 따른 약사회 또는 같은 법 제14조에 따라 신고한 지부 및 분회
　※ 대한민국의학한림원은 「의료법」 제52조의2에 규정되어 있다.

Answer　24.① 25.② 26.④ 27.③ 28.② 29.④

30 다음 중 공단의 요양급여비용 지급보류에 대한 설명으로 옳지 않은 것은?

① 법원의 무죄 판결이 확정되는 등 약사법을 위반하여 개설·운영된 혐의가 입증되지 아니한 경우에는 공단은 지급보류 처분을 취소한다.

② 지급 보류 절차 및 의견 제출의 절차 등에 필요한 사항, 지급 보류된 요양급여비용 및 이자의 지급 절차 등에 필요한 사항은 대통령령으로 정한다.

③ 공단은 요양기관이 의료법을 위반하였다는 사실을 확인 하였더라도 법원의 판결이 확정되기 전까지는 요양기관이 청구한 요양급여비용의 지급을 보류할 수 없다.

④ 공단은 요양급여비용의 지급을 보류하기 전에 해당 요양기관에 의견 제출의 기회를 주어야 한다.

> **TIP** ③ 공단은 요양급여비용의 지급을 청구한 요양기관이 「의료법」 제4조 제2항, 제33조 제2항·제8항 또는 「약사법」 제20조 제1항, 제21조 제1항을 위반하였거나, 「의료법」 제33조 제10항 또는 「약사법」 제6조 제3항·제4항을 위반하여 개설·운영되었다는 사실을 수사기관의 수사 결과로 확인한 경우에는 해당 요양기관이 청구한 요양급여비용의 지급을 보류할 수 있다. 이 경우 요양급여비용 지급 보류 처분의 효력은 해당 요양기관이 그 처분 이후 청구하는 요양급여비용에 대해서도 미친다〈「국민건강보험법」 제47조의2 제1항〉.

31 다음은 요양급여의 적정성평가에 대한 설명이다. 옳지 않은 것은?

① 요양급여에 대한 의료의 질을 향상시키기 위하여 요양급여의 적정성평가를 실시한다.

② 심사평가원은 요양급여의 적정성 평가 결과를 공단에 통보하여야 한다.

③ 요양급여의 적정성 평가에는 요양기관의 인력·시설·장비 등 요양급여와 관련된 사항을 포함할 수 있다.

④ 평가의 기준·범위·절차·방법 등에 필요한 사항은 보건복지부령으로 정한다.

> **TIP** ③ 심사평가원은 평가결과를 평가대상 요양기관에 통보하여야 한다.
> ※ **요양급여의 적정성 평가**〈「국민건강보험법」 제47조의4〉
> ㉠ 심사평가원은 요양급여에 대한 의료의 질을 향상시키기 위하여 요양급여의 적정성평가(이하 이 조에서 "평가"라 한다)를 실시할 수 있다.
> ㉡ 심사평가원은 요양기관의 인력·시설·장비, 환자안전 등 요양급여와 관련된 사항을 포함하여 평가할 수 있다.
> ㉢ 심사평가원은 평가 결과를 평가대상 요양기관에 통보하여야 하며, 평가 결과에 따라 요양급여비용을 가산 또는 감산할 경우에는 그 결정사항이 포함된 평가 결과를 가감대상 요양기관 및 공단에 통보하여야 한다.
> ㉣ 평가의 기준·범위·절차·방법 등에 필요한 사항은 보건복지부령으로 정한다.

32 국민건강보험법상 요양급여비용을 차등 지급할 수 있는 요건으로 가장 옳은 것은?

① 지역별 의료자원의 불균형 및 의료서비스 격차의 해소

② 지역별 의료자원의 조화로운 균형의 추구

③ 특정 지역의 과잉된 의료공급 및 의료서비스의 해소

④ 모든 의료기관에 동등한 요양급여비용의 지급추진

TIP 요양급여비용의 차등 지급〈「국민건강보험법」 제47조의3〉… 지역별 의료자원의 불균형 및 의료서비스 격차의 해소 등을 위하여 지역별로 요양급여비용을 달리 정하여 지급할 수 있다.

33 다음 중 가입자나 피부양자의 요양급여 대상 여부의 확인에 대한 설명으로 옳지 않은 것은?

① 가입자는 자신이 부담한 비용이 요양급여 대상에서 제외되는 비용인지 여부에 대하여 심사평가원에 확인을 요청할 수 있다.

② 심사평가원은 요양급여 대상 여부의 확인 요청을 받은 경우 그 결과를 요청한 사람에게 알려야 한다.

③ 과다본인부담금 대상에 해당된다고 통보받은 요양기관은 과다본인부담금 내역을 확인을 요청한 사람에게 즉시 통보하여야 한다.

④ 확인 요청의 방법, 절차, 처리기간 등 필요한 사항은 보건복지부령으로 정한다.

TIP ③ 과다본인부담금 대상에 해당된다고 통보받은 요양기관은 과다본인부담금을 지체 없이 확인을 요청한 사람에게 지급하여야 한다〈「국민건강보험법」 제48조 제3항〉.

34 국민건강보험법상 보건복지부령으로 정하는 곳으로 요양기관과 비슷한 기능을 하는 곳은?

① 요양원   ② 한의원

③ 진료소   ④ 준요양기관

TIP 요양기관과 비슷한 기능을 하는 기관으로서 보건복지부령으로 정하는 기관(업무정지기간 중인 요양기관 포함)을 준요양기관이라 한다〈「국민건강보험법」 제49조 제1항〉.

Answer   30.③ 31.② 32.① 33.③ 34.④

35 다음은 국민건강보험법 제49조이다. 다음 빈칸에 알맞은 것은 무엇인가?

> 공단은 가입자나 피부양자가 보건복지부령으로 정하는 긴급하거나 그 밖의 부득이한 사유로 요양기관과 비슷한 기능을 하는 기관으로서 보건복지부령으로 정하는 준요양기관에서 질병·부상·출산 등에 대하여 요양을 받거나 요양기관이 아닌 장소에서 출산한 경우에는 그 요양급여에 상당하는 금액을 보건복지부령으로 정하는 바에 따라 가입자나 피부양자에게 (   )로 지급한다.

① 입원비 ② 요양비
③ 출산비 ④ 선별급여

TIP 요양비〈「국민건강보험법」 제49조 제1항〉 … 공단은 가입자나 피부양자가 보건복지부령으로 정하는 긴급하거나 그 밖의 부득이한 사유로 요양기관과 비슷한 기능을 하는 기관으로서 보건복지부령으로 정하는 기관(업무정지기간 중인 요양기관을 포함한다, 이하 "준요양기관"이라 한다)에서 질병·부상·출산 등에 대하여 요양을 받거나 요양기관이 아닌 장소에서 출산한 경우에는 그 요양급여에 상당하는 금액을 보건복지부령으로 정하는 바에 따라 가입자나 피부양자에게 요양비로 지급한다.

36 다음 중 국민건강보험법상 부가급여에 해당하지 않는 것은?

① 처치·수술비 ② 임신·출산 진료비
③ 장제비 ④ 상병수당

TIP 부가급여〈「국민건강보험법」 제50조〉 … 공단은 국민건강보험법에서 정한 요양급여 외에 대통령령으로 정하는 바에 따라 임신·출산 진료비, 장제비, 상병수당, 그 밖의 급여를 실시할 수 있다.

37 국민건강보험법상 장애인에 대한 특례로 보험급여를 할 수 있는 것은?

① 재활·예방 ② 긴급이송
③ 보조기기 ④ 대중교통비

TIP 공단은 「장애인복지법」에 따라 등록한 장애인인 가입자 및 피부양자에게는 「장애인·노인 등을 위한 보조기기 지원 및 활용촉진에 관한 법률」 제3조 제2호에 따른 보조기기(이하 이 조에서 "보조기기"라 한다)에 대하여 보험급여를 할 수 있다〈「국민건강보험법」 제50조 제1항〉.

38 다음 중 건강검진에 대한 설명으로 옳지 않은 것은?

① 영유아건강검진이란 6세 미만의 가입자 및 피부양자에 실시하는 검진을 말한다.

② 가입자와 피부양자에 대하여 질병의 조기 발견과 그에 따른 요양급여를 하기 위하여 건강검진을 실시한다.

③ 건강검진의 검진항목은 성별, 연령 등의 특성 및 생애 주기에 맞게 설계되어야 한다.

④ 건강검진의 횟수·절차에 관한 사항은 보건복지부령으로 정한다

TIP 건강검진의 횟수·절차와 그 밖에 필요한 사항은 대통령령으로 정한다〈「국민건강보험법」 제52조 제4항〉.

39 다음 중 건강검진의 종류로 옳지 않은 것은?

① 일반건강검진   ② 치과검진

③ 암검진   ④ 영유아건강검진

TIP 건강검진의 종류〈「국민건강보험법」 제52조 제2항〉
　㉠ **일반건강검진** : 직장가입자, 세대주인 지역가입자, 20세 이상인 지역가입자 및 20세 이상인 피부양자
　㉡ **암검진** : 암의 종류별 검진주기와 연령 기준 등에 해당하는 사람
　㉢ **영유아건강검진** : 6세 미만의 가입자 및 피부양자

40 다음 중 일반건강검진의 대상자가 아닌 사람은?

① 세대주인 지역가입자   ② 6세 미만의 가입자 및 피부양자

③ 직장가입자   ④ 20세 이상인 피부양자

TIP ②는 영유아건강검진 대상자이다.
　※ **일반건강검진 대상자**〈「국민건강보험법」 제52조 제2항〉
　　㉠ 직장가입자
　　㉡ 세대주인 지역가입자
　　㉢ 20세 이상인 지역가입자
　　㉣ 20세 이상인 피부양자

Answer　35.② 36.① 37.③ 38.④ 39.② 40.②

41 다음 중 보험급여를 받을 수 있는 사람에게 보험급여를 제한할 수 있는 경우에 해당하지 않는 것은?

① 고의 또는 중대한 과실로 인한 범죄행위에 그 원인이 있거나 고의로 사고를 일으킨 경우

② 고의 또는 중대한 과실로 공단이나 요양기관의 요양에 관한 지시에 따르지 아니한 경우

③ 고의 또는 중대한 과실로 문서와 그 밖의 물건의 제출을 거부한 경우

④ 업무 또는 공무로 생긴 질병·부상·재해로 다른 법령에 따른 보험급여나 보상 또는 보상을 받지 못하게 되는 경우

> **TIP** 공단은 보험급여를 받을 수 있는 사람이 다음의 어느 하나에 해당하면 보험급여를 하지 아니한다〈「국민건강보험법」 제53조 제1항〉.
> ㉠ 고의 또는 중대한 과실로 인한 범죄행위에 그 원인이 있거나 고의로 사고를 일으킨 경우
> ㉡ 고의 또는 중대한 과실로 공단이나 요양기관의 요양에 관한 지시에 따르지 아니한 경우
> ㉢ 고의 또는 중대한 과실로 제55조(급여의 확인)에 따른 문서와 그 밖의 물건의 제출을 거부하거나 질문 또는 진단을 기피한 경우
> ㉣ 업무 또는 공무로 생긴 질병·부상·재해로 다른 법령에 따른 보험급여나 보상(報償) 또는 보상(補償)을 받게 되는 경우

42 다음은 급여제한기간에 받은 보험급여를 인정하는 경우에 대한 법조항이다. 빈칸에 공통으로 들어갈 내용으로 적절한 것은?

> 1. 공단이 급여제한기간에 보험급여를 받은 사실이 있음을 가입자에게 통지한 날부터 (　　　)이 지난 날이 속한 달의 납부기한 이내에 체납된 보험료를 완납한 경우
> 2. 공단이 급여제한기간에 보험급여를 받은 사실이 있음을 가입자에게 통지한 날부터 (　　　)이 지난 날이 속한 달의 납부기한 이내에 제82조에 따라 분할납부 승인을 받은 체납보험료를 1회 이상 낸 경우

① 1개월　　　　　　　　　　　　② 2개월

③ 3개월　　　　　　　　　　　　④ 4개월

> **TIP** 급여제한기간에 받은 보험급여를 인정하는 경우〈「국민건강보험법」 제53조 제6항〉
> ㉠ 공단이 급여제한기간에 보험급여를 받은 사실이 있음을 가입자에게 통지한 날부터 <u>2개월</u>이 지난 날이 속한 달의 납부기한 이내에 체납된 보험료를 완납한 경우
> ㉡ 공단이 급여제한기간에 보험급여를 받은 사실이 있음을 가입자에게 통지한 날부터 <u>2개월</u>이 지난 날이 속한 달의 납부기한 이내에 제82조에 따라 분할납부 승인을 받은 체납보험료를 1회 이상 낸 경우. 다만, 제82조에 따른 분할납부 승인을 받은 사람이 정당한 사유 없이 5회 이상 그 승인된 보험료를 내지 아니한 경우에는 그러하지 아니하다.

43 다음 중 급여 정지 대상자가 아닌 경우는? (단, 「국민건강보험법」 제60조에 해당되지 않는 경우에 한함)

① 국외에 체류하는 경우

②「병역법」에 따른 현역병

③「경찰공무원법」에 따른 경찰관

④ 교도소, 그 밖에 이에 준하는 시설에 수용되어 있는 경우

> **TIP** 급여의 정지〈「국민건강보험법」 제54조〉… 보험급여를 받을 수 있는 사람이 다음의 어느 하나에 해당하면 그 기간에는 보험급여를 하지 아니한다. 다만, ⓒⓒ의 경우에는 제60조(현역병 등에 대한 요양급여비용등의 지급)에 따른 요양급여를 실시한다.
> ㉠ 국외에 체류하는 경우
> ㉡「병역법」에 따른 현역병(지원에 의하지 아니하고 임용된 하사를 포함한다), 전환복무된 사람 및 군간부후보생
> ㉢ 교도소, 그 밖에 이에 준하는 시설에 수용되어 있는 경우

44 다음 중 요양비등수급계좌에 대한 설명으로 옳지 않은 것은?

① 공단은 보험급여로 지급되는 현금을 받는 수급자의 신청이 있는 경우에는 요양비등을 수급자 명의의 지정된 계좌로 입금하여야 한다.

② 정보통신장애나 불가피한 사유로 요양비등수급계좌로 이체할 수 없을 때에는 1회에 한하여 15일 이내로 연기하여 요양비등을 지급할 수 있다.

③ 요양비등수급계좌가 개설된 금융기관은 요양비등수급계좌에 요양비등만이 입금되도록 하고, 이를 관리하여야 한다.

④ 요양비등수급계좌의 신청방법·절차와 관리에 필요한 사항은 대통령령으로 정한다.

> **TIP** ② 공단은 이 법에 따른 보험급여로 지급되는 현금(이하 "요양비등"이라 한다)을 받는 수급자의 신청이 있는 경우에는 요양비등을 수급자 명의의 지정된 계좌(이하 "요양비등수급계좌"라 한다)로 입금하여야 한다. 다만, 정보통신장애나 그 밖에 대통령령으로 정하는 불가피한 사유로 요양비등수급계좌로 이체할 수 없을 때에는 직접 현금으로 지급하는 등 대통령령으로 정하는 바에 따라 요양비등을 지급할 수 있다〈「국민건강보험법」 제56조의2 제1항〉.

45 다음 중 부당이득 징수금 체납자의 인적사항공개에 대한 설명으로 옳지 않은 것은?

① 공단은 징수금을 납부할 의무가 있는 요양기관을 개설한 자가 납입 고지 문서에 기재된 납부기한의 다음 날부터 1년이 경과한 징수금을 2억 원 이상 체납한 경우 징수금 발생의 원인이 되는 위반행위, 체납자의 인적사항 및 체납액 등을 공개할 수 있다.

② 체납된 징수금과 관련하여 이의신청, 심판청구가 제기되거나 행정소송이 계류 중인 경우 또는 그 밖에 체납된 금액의 일부 납부된 경우에는 공개할 수 없다.

③ 공단은 부당이득징수금체납정보공개심의위원회의 심의를 거친 인적사항등을 공개대상자에게 공개대상자임을 서면으로 통지하여 소명의 기회를 부여하여야 한다.

④ 인적사항등의 공개는 관보에 게재하거나 공단 인터넷 홈페이지에 게시하는 방법으로 한다.

> **TIP** ① 공단은 징수금을 납부할 의무가 있는 요양기관 또는 요양기관을 개설한 자가 납입 고지 문서에 기재된 납부기한의 다음 날부터 1년이 경과한 징수금을 1억 원 이상 체납한 경우 징수금 발생의 원인이 되는 위반행위, 체납자의 인적사항 및 체납액 등 대통령령으로 정하는 사항을 공개할 수 있다〈「국민건강보험법」 제57조의2 제1항〉.

46 다음 중 부당이득의 징수에 대한 설명으로 옳지 않은 것은?

① 속임수나 그 밖의 부당한 방법으로 보험급여를 받은 사람이나 준요양기관 및 보조기기 판매업자나 보험급여 비용을 받은 요양기관에 대하여 그 보험급여나 보험급여 비용에 상당하는 금액을 징수한다.

② 의료기관을 개설할 수 없는 자가 의료인의 면허나 의료법인 등의 명의를 대여받아 개설·운영하는 의료기관이 속임수나 부당한 방법으로 보험급여 비용을 받은 경우 해당 요양기관을 개설한 자에게 그 요양기관과 연대하여 징수금을 납부하게 할 수 있다.

③ 사용자나 가입자의 거짓 보고나 거짓 증명 또는 요양기관의 거짓 진단에 따라 보험급여가 실시된 경우 공단은 이들에게 보험급여를 받은 사람과 연대하여 징수금을 내게 할 수 있다.

④ 요양기관이 가입자나 피부양자로부터 속임수나 그 밖의 부당한 방법으로 요양급여비용을 받은 경우 공단은 해당 요양기관으로부터 이를 징수하여 가입자나 피부양자에게 1개월 이내에 지급하여야 한다.

> **TIP** ④ 요양기관이 가입자나 피부양자로부터 속임수나 그 밖의 부당한 방법으로 요양급여비용을 받은 경우 공단은 해당 요양기관으로부터 이를 징수하여 가입자나 피부양자에게 지체 없이 지급하여야 한다. 이 경우 공단은 가입자나 피부양자에게 지급하여야 하는 금액을 그 가입자 및 피부양자가 내야 하는 보험료등과 상계할 수 있다〈「국민건강보험법」 제57조 제5항〉.

47 다음은 국민건강보험법상 구상권과 수급권보호에 대하여 설명한 것이다. 옳지 않은 것을 고르면?

① 보험급여를 받은 사람이 제3자로부터 이미 손해배상을 받은 경우에는 공단은 그 배상액 한도에서 보험급여를 하지 아니한다.

② 보험급여를 받을 권리는 양도하거나 압류할 수 없다.

③ 공단은 제3자의 행위로 보험급여사유가 생겨 가입자 또는 피부양자에게 보험급여를 한 경우에는 그 급여에 들어간 비용 한도에서 그 제3자에게 손해배상을 청구할 권리를 얻는다.

④ 요양비등수급계좌에 입금된 요양비등은 수사기관의 수사가 진행 중인 경우에는 압류할 수 있다.

> **TIP** ④ 요양비등수급계좌에 입금된 요양비등은 압류할 수 없다〈「국민건강보험법」제59조 제2항〉.

48 국민건강보험법령상 요양급여내역 확인시스템에 관한 설명으로 옳지 않은 것은?

① 요양급여내역 확인시스템의 구축·운영은 환자안전 및 과도한 의료이용행위를 방지하기 위한 목적이다.

② 보건복지부장관은 요양급여내역 확인시스템 구축·운영 업무를 공단에 위탁할 수 있다.

③ 보건복지부장관은 요양기관에 민감정보 및 고유식별정보의 제공을 요청할 수 있다.

④ 요양급여내역 확인시스템의 구축·운영에 필요한 사항은 보건복지부령으로 정한다.

> **TIP** ② 보건복지부장관은 요양급여내역 확인시스템 구축·운영 업무의 전부 또는 일부를 대통령령으로 정하는 바에 따라 심사평가원에 위탁할 수 있다. 이 경우 보건복지부장관은 위탁한 업무를 수행하기 위하여 소요되는 비용의 전부 또는 일부를 지원하여야 한다〈법 제41조의6 제2항〉.
> ① 법 제41조의6 제1항
> ③ 법 제41조의6 제3항 제1호
> ④ 법 제41조의6 제4항
> **2025년 신설 / 시행 2026. 12. 24.**

건강보험심사평가원

1 설립〈제62조〉

요양급여비용을 심사하고 요양급여의 적정성을 평가하기 위하여 건강보험심사평가원을 설립한다.

2 업무 등〈제63조〉

① 심사평가원의 관장 업무
  ㉠ 요양급여비용의 심사
  ㉡ 요양급여의 적정성 평가
  ㉢ 심사기준 및 평가기준의 개발
  ㉣ ㉠~㉢의 규정에 따른 업무와 관련된 조사연구 및 국제협력
  ㉤ 다른 법률에 따라 지급되는 급여비용의 심사 또는 의료의 적정성 평가에 관하여 위탁받은 업무
  ㉥ 그 밖에 이 법 또는 다른 법령에 따라 위탁받는 업무
  ㉦ 건강보험과 관련하여 보건복지부장관이 필요하다고 인정한 업무
  ㉧ 그 밖에 보험급여 비용의 심사와 보험급여의 적정성 평가와 관련하여 대통령령으로 정하는 업무

② **요양급여 등의 적정성 평가의 기준·절차·방법 등**: ①의 ㉧에 따른 요양급여의 적정성 평가의 기준·절차·방법 등에 필요한 사항은 보건복지부장관이 정하여 고시한다.

3 법인격 등〈제64조〉

① **법인 설립**: 심사평가원은 법인으로 한다.

② **성립**: 심사평가원은 주된 사무소의 소재지에서 설립등기를 함으로써 성립한다.

4 임원〈제65조〉

① **임원 구성**
　㉠ 심사평가원에 임원으로서 원장, 이사 15명 및 감사 1명을 둔다.
　㉡ 이 경우 원장, 이사 중 4명 및 감사는 상임으로 한다.

② **원장 임명** : 원장은 임원추천위원회가 복수로 추천한 사람 중에서 보건복지부장관의 제청으로 대통령이 임명한다.

③ **상임이사** : 상임이사는 보건복지부령으로 정하는 추천 절차를 거쳐 원장이 임명한다.

④ **비상임이사** : 비상임이사는 다음의 사람 중에서 10명과 대통령령으로 정하는 바에 따라 추천한 관계 공무원 1명을 보건복지부장관이 임명한다.
　㉠ 공단이 추천하는 1명
　㉡ 의약관계단체가 추천하는 5명
　㉢ 노동조합 · 사용자단체 · 소비자단체 및 농어업인단체가 추천하는 각 1명

⑤ **감사** : 감사는 임원추천위원회가 복수로 추천한 사람 중에서 재정경제부장관의 제청으로 대통령이 임명한다.

⑥ **비상임이사 급여** : 비상임이사는 정관으로 정하는 바에 따라 실비변상을 받을 수 있다.

⑦ **임원의 임기** : 원장의 임기는 3년, 이사(공무원인 이사는 제외한다)와 감사의 임기는 각각 2년으로 한다.

5 진료심사평가위원회〈제66조〉

① **심사위원회 설치** : 심사평가원의 업무를 효율적으로 수행하기 위하여 심사평가원에 진료심사평가위원회(이하 "심사위원회"라 한다)를 둔다.

② **심사위원회 구성** : 심사위원회는 위원장을 포함하여 90명 이내의 상근 심사위원과 1천명 이내의 비상근 심사위원으로 구성하며, 진료과목별 분과위원회를 둘 수 있다.

③ **상근 심사위원 임명** : 상근 심사위원은 심사평가원의 원장이 보건복지부령으로 정하는 사람 중에서 임명한다.

④ **비상근 심사위원 위촉** : 비상근 심사위원은 심사평가원의 원장이 보건복지부령으로 정하는 사람 중에서 위촉한다.

⑤ **심사위원 해임 또는 해촉** : 심사평가원의 원장은 심사위원이 다음의 어느 하나에 해당하면 그 심사위원을 해임 또는 해촉할 수 있다.

㉠ 신체장애나 정신장애로 직무를 수행할 수 없다고 인정되는 경우

㉡ 직무상 의무를 위반하거나 직무를 게을리한 경우

㉢ 고의나 중대한 과실로 심사평가원에 손실이 생기게 한 경우

㉣ 직무 여부와 관계없이 품위를 손상하는 행위를 한 경우

⑥ **심사위원회 위원의 자격·임기 및 심사위원회의 구성·운영 등** : 심사위원회 위원의 자격·임기 및 심사위원회의 구성·운영 등에 필요한 사항은 보건복지부령으로 정한다.

6 진료심사평가위원회 위원의 겸직〈제66조의2〉

① 「고등교육법」 제14조 제2항에 따른 교원 중 교수·부교수 및 조교수는 「국가공무원법」 제64조 및 「사립학교법」 제55조 제1항에도 불구하고 소속대학 총장의 허가를 받아 진료심사평가위원회 위원의 직무를 겸할 수 있다.

② 대학의 교원이 진료심사평가위원회 위원을 겸하는 경우 필요한 사항은 대통령령으로 정한다.

> **조문참고**
> **고등교육법 제14조(교직원의 구분)**
> ② 학교에 두는 교원은 제1항에 따른 총장이나 학장 외에 교수·부교수·조교수 및 강사로 구분한다.

> **조문참고**
> **국가공무원법 제64조(영리 업무 및 겸직 금지)**
> ① 공무원은 공무 외에 영리를 목적으로 하는 업무에 종사하지 못하며 소속 기관장의 허가 없이 다른 직무를 겸할 수 없다.
> ② 제1항에 따른 영리를 목적으로 하는 업무의 한계는 대통령령등으로 정한다.

> **조문참고**
> **사립학교법 제55조(복무)**
> ① 사립학교 교원의 복무에 관하여는 국립학교·공립학교 교원에 관한 규정을 준용한다.

7 자금의 조달 등〈제67조〉

① **부담금 징수** : 심사평가원은 제63조 제1항에 따른 업무(다른 법률에 따라 지급되는 급여비용의 심사 또는 의료의 적정성 평가에 관하여 위탁받은 업무는 제외한다)를 하기 위하여 공단으로부터 부담금을 징수할 수 있다.

제63조(업무 등)

① 심사평가원은 다음 각 호의 업무를 관장한다.
　　1. 요양급여비용의 심사
　　2. 요양급여의 적정성 평가
　　3. 심사기준 및 평가기준의 개발
　　4. 제1호부터 제3호까지의 규정에 따른 업무와 관련된 조사연구 및 국제협력
　　5. 다른 법률에 따라 지급되는 급여비용의 심사 또는 의료의 적정성 평가에 관하여 위탁받은 업무
　　6. 그 밖에 이 법 또는 다른 법령에 따라 위탁받은 업무
　　7. 건강보험과 관련하여 보건복지부장관이 필요하다고 인정한 업무
　　8. 그 밖에 보험급여 비용의 심사와 보험급여의 적정성 평가와 관련하여 대통령령으로 정하는 업무

② **수수료 징수** : 심사평가원은 제63조 제1항 제5호에 따라 급여비용의 심사 또는 의료의 적정성 평가에 관한 업무를 위탁받은 경우에는 위탁자로부터 수수료를 받을 수 있다.

③ **부담금 및 수수료의 금액·징수 방법 등** : 부담금 및 수수료의 금액·징수 방법 등에 필요한 사항은 보건복지부령으로 정한다.

8 준용 규정〈제68조〉

(1) 업무 및 사무소

① 업무 등〈제14조〉
　ㄱ 심사평가원은 특정인을 위하여 업무를 제공하거나 공단 시설을 이용하게 할 경우 심사평가원의 정관으로 정하는 바에 따라 그 업무의 제공 또는 시설의 이용에 대한 수수료와 사용료를 징수할 수 있다.
　ㄴ 심사평가원은 「공공기관의 정보공개에 관한 법률」에 따라 건강보험과 관련하여 보유·관리하고 있는 정보를 공개한다.

② 사무소〈제16조〉
　ㄱ 심사평가원의 주된 사무소의 소재지는 정관으로 정한다.
　ㄴ 심사평가원은 필요하면 정관으로 정하는 바에 따라 분사무소를 둘 수 있다.

(2) 정관 및 등기·해산

① 정관〈제17조〉
　ㄱ 심사평가원의 정관에는 다음의 사항을 적어야 한다.

- 목적
- 명칭
- 사무소의 소재지
- 임직원에 관한 사항
- 이사회의 운영
- 예산 및 결산에 관한 사항
- 자산 및 회계에 관한 사항
- 업무와 그 집행
- 정관의 변경에 관한 사항
- 공고에 관한 사항

ⓛ 심사평가원은 정관을 변경하려면 보건복지부장관의 인가를 받아야 한다.

② 등기〈제18조〉 : 심사평가원의 설립등기에는 다음의 사항을 포함하여야 한다.

　㉠ 목적
　㉡ 명칭
　㉢ 주된 사무소 및 분사무소의 소재지
　㉣ 원장의 성명·주소 및 주민등록번호

③ 해산〈제19조〉 : 심사평가원의 해산에 관하여는 법률로 정한다.

(3) 임원의 직무 및 결격사유

① 임원의 직무〈제22조〉

　㉠ 원장은 심사평가원을 대표하고 업무를 총괄하며, 임기 중 심사평가원의 경영성과에 대하여 책임을 진다.
　㉡ 상임이사는 원장의 명을 받아 심사평가원의 업무를 집행한다.
　㉢ 원장이 부득이한 사유로 그 직무를 수행할 수 없을 때에는 정관으로 정하는 바에 따라 상임이사 중 1명이 그 직무를 대행하고, 상임이사가 없거나 그 직무를 대행할 수 없을 때에는 정관으로 정하는 임원이 그 직무를 대행한다.
　㉣ 감사는 심사평가원의 업무, 회계 및 재산 상황을 감사한다.

② 임원 결격사유〈제23조〉 : 다음의 어느 하나에 해당하는 사람은 심사평가원의 임원이 될 수 없다.

　㉠ 대한민국 국민이 아닌 사람
　㉡ 「공공기관의 운영에 관한 법률」 제34조 제1항 각 호의 어느 하나에 해당하는 사람

공공기관의 운영에 관한 법률 제34조(결격사유)

① 다음 각 호의 어느 하나에 해당하는 사람은 공기업·준정부기관의 임원이 될 수 없다.
1. 「국가공무원법」 제33조(결격사유) 각 호의 어느 하나에 해당하는 사람
2. 제22조 제1항, 제31조 제7항, 제35조 제2항·제3항, 제36조 제2항, 제48조 제4항·제8항 및 제52조의3 제3항에 따라 해임된 날부터 3년이 지나지 아니한 사람

(4) 임원의 퇴임·해임 겸직금지

① 임원의 당연퇴임 및 해임〈제24조〉
  ㉠ 임원이 제23조 각 호의 어느 하나에 해당하게 되거나 임명 당시 그에 해당하는 사람으로 확인되면 그 임원은 당연퇴임한다.
  ㉡ 임명권자는 임원이 다음 각 호의 어느 하나에 해당하면 그 임원을 해임할 수 있다.
  • 신체장애나 정신장애로 직무를 수행할 수 없다고 인정되는 경우
  • 직무상 의무를 위반한 경우
  • 고의나 중대한 과실로 심사평가원에 손실이 생기게 한 경우
  • 직무 여부와 관계없이 품위를 손상하는 행위를 한 경우
  • 국민건강보험법에 따른 보건복지부장관의 명령을 위반한 경우

② 임원의 겸직 금지 등〈제25조〉
  ㉠ 심사평가원의 상임임원과 직원은 그 직무 외에 영리를 목적으로 하는 사업에 종사하지 못한다.
  ㉡ 심사평가원의 상임임원이 임명권자 또는 제청권자의 허가를 받거나 심사평가원의 직원이 원장의 허가를 받은 경우에는 비영리 목적의 업무를 겸할 수 있다.

(5) 이사회 및 직원의 임면

① 이사회〈제26조〉
  ㉠ 심사평가원의 주요 사항(「공공기관의 운영에 관한 법률」 제17조 제1항 각 호의 사항을 말한다)을 심의·의결하기 위하여 심사평가원에 이사회를 둔다.
  ㉡ 이사회는 원장과 이사로 구성한다.
  ㉢ 감사는 이사회에 출석하여 발언할 수 있다.
  ㉣ 이사회의 의결 사항 및 운영 등에 필요한 사항은 대통령령으로 정한다.

공공기관의 운영에 관한 법률 제17조(이사회의 설치와 기능)

① 공기업 · 준정부기관에 다음 각 호의 사항을 심의 · 의결하기 위하여 이사회를 둔다.
  1. 경영목표, 예산, 운영계획 및 중장기재무관리계획
  2. 예비비의 사용과 예산의 이월
  3. 결산
  4. 기본재산의 취득과 처분
  5. 장기차입금의 차입 및 사채의 발행과 그 상환 계획
  6. 생산 제품과 서비스의 판매가격
  7. 잉여금의 처분
  8. 다른 기업체 등에 대한 출자 · 출연
  9. 다른 기업체 등에 대한 채무보증. 다만, 다른 법률에 따라 보증업무를 수행하는 공기업 · 준정부기관의 경우 그 사업 수행을 위한 채무보증은 제외한다.
  10. 정관의 변경
  11. 내규의 제정과 변경
  12. 임원의 보수
  13. 공기업 · 준정부기관의 장(이하 "기관장"이라 한다)이 필요하다고 인정하여 이사회의 심의 · 의결을 요청하는 사항
  14. 그 밖에 이사회가 특히 필요하다고 인정하는 사항

② **직원의 임면〈제27조〉** : 원장은 정관으로 정하는 바에 따라 직원을 임면(任免)한다.

(6) 벌칙 적용 시 공무원 의제 및 규정 등

① **벌칙 적용 시 공무원 의제〈제28조〉** : 심사평가원의 임직원은 「형법」 제129조부터 제132조까지의 규정을 적용할 때 공무원으로 본다.

② **규정 등〈제29조〉** : 심사평가원의 조직 · 인사 · 보수 및 회계에 관한 규정은 이사회의 의결을 거쳐 보건복지부장관의 승인을 받아 정한다.

(7) 대리인의 선임 및 대표권의 제한, 원장 권한의 위임

① **대리인의 선임〈제30조〉** : 원장은 심사평가원 업무에 관한 모든 재판상의 행위 또는 재판 외의 행위를 대행하게 하기 위하여 심사평가원의 이사 또는 직원 중에서 대리인을 선임할 수 있다.

② **대표권의 제한〈제31조〉**
  ㉠ 원장은 심사평가원의 이익과 자기의 이익이 상반되는 사항에 대하여는 심사평가원을 대표하지 못한다. 이 경우 감사가 심사평가원을 대표한다.
  ㉡ 심사평가원과 원장 사이의 소송은 제1항을 준용한다.

③ 원장 권한의 위임〈제32조〉: 국민건강기본법에 규정된 원장의 권한 중 급여의 제한, 보험료의 납입고지 등 대통령령으로 정하는 사항은 정관으로 정하는 바에 따라 분사무소의 장에게 위임할 수 있다.

(8) 회계 · 예산 · 차입금 · 결산 등

① 회계〈제35조〉: 심사평가원의 회계연도는 정부의 회계연도에 따른다.

◆ 정부의 회계연도

- 국가회계법 제5조(회계연도) 국가의 회계연도는 매년 1월 1일에 시작하여 12월 31일에 종료한다.

② 예산〈제36조〉
　　㉠ 심사평가원은 회계연도마다 예산안을 편성하여 이사회의 의결을 거친 후 보건복지부장관의 승인을 받아야 한다.
　　㉡ 예산을 변경할 때에도 또한 같다.

③ 차입금〈제37조〉
　　㉠ 심사평가원은 지출할 현금이 부족한 경우에는 차입할 수 있다.
　　㉡ 다만, 1년 이상 장기로 차입하려면 보건복지부장관의 승인을 받아야 한다.

④ 결산〈제39조〉
　　㉠ 심사평가원은 회계연도마다 결산보고서와 사업보고서를 작성하여 다음해 2월 말일까지 보건복지부장관에게 보고하여야 한다.
　　㉡ 심사평가원은 결산보고서와 사업보고서를 보건복지부장관에게 보고하였을 때에는 보건복지부령으로 정하는 바에 따라 그 내용을 공고하여야 한다.

⑤ 민법의 준용〈제40조〉: 심사평가원에 관하여 국민건강보험법과 「공공기관의 운영에 관한 법률」에서 정한 사항 외에는 「민법」 중 재단법인에 관한 규정을 준용한다.

국민건강보험법 제68조(준용규정)

심사평가원에 관하여 제14조(업무 등) 제3항·제4항, 제16조(사무소), 제17조(정관)(같은 조 제1항 제6호 및 제7호는 제외한다), 제18조(등기), 제19조(해산), 제22조(임원의 직무), 제23조(임원 결격사유), 제24조(임원의 당연퇴임 및 해임), 제25조(임원의 겸직 금지 등), 제26조(이사회), 제27조(직원의 임면), 제28조(벌칙 적용 시 공무원 의제), 제29조(규정 등), 제30조(대리인의 선임), 제31조(대표권의 제한), 제32조(이사장 권한의 위임), 제35조 제1항, 제36조(예산), 제37조(차입금), 제39조(결산) 및 제40조(「민법」의 준용)를 준용한다. 이 경우 "공단"은 "심사평가원"으로, "이사장"은 "원장"으로 본다.

<table>
<tr><th colspan="3" align="center">공단과 심사평가원의 비교</th></tr>
<tr><th>구분</th><th>공단</th><th>심사평가원</th></tr>
<tr>
<td>업무</td>
<td>

〈법 제14조 제1항〉

㉠ 가입자 및 피부양자의 자격 관리
㉡ 보험료와 그 밖에 이 법에 따른 징수금의 부과·징수
㉢ 보험급여의 관리
㉣ 가입자 및 피부양자의 질병의 조기발견·예방 및 건강관리를 위하여 요양급여 실시 현황과 건강검진 결과 등을 활용하여 실시하는 예방사업으로서 대통령령으로 정하는 사업
㉤ 보험급여 비용의 지급
㉥ 자산의 관리·운영 및 증식사업
㉦ 의료시설의 운영
㉧ 건강보험에 관한 교육훈련 및 홍보
㉨ 건강보험에 관한 조사연구 및 국제협력
㉩ 이 법에서 공단의 업무로 정하고 있는 사항
㉪ 징수위탁근거법에 따라 위탁받은 업무
㉫ 그 밖에 이 법 또는 다른 법령에 따라 위탁받은 업무
㉬ 그 밖에 건강보험과 관련하여 보건복지부장관이 필요하다고 인정한 업무
</td>
<td>

〈법 제63조 제1항〉

㉠ 요양급여비용의 심사
㉡ 요양급여의 적정성 평가
㉢ 심사기준 및 평가기준의 개발
㉣ ㉠~㉢의 규정에 따른 업무와 관련된 조사연구 및 국제협력
㉤ 다른 법률에 따라 지급되는 급여비용의 심사 또는 의료의 적정성 평가에 관하여 위탁받은 업무
㉥ 그 밖에 이 법 또는 다른 법령에 따라 위탁받은 업무
㉦ 건강보험과 관련하여 보건복지부장관이 필요하다고 인정한 업무
㉧ 그 밖에 보험급여 비용의 심사와 보험급여의 적정성 평가와 관련하여 대통령령으로 정하는 업무
</td>
</tr>
<tr>
<td>위원회</td>
<td>

재정운영위원회〈제33조 제34조〉

㉠ 설치 : 요양급여비용의 계약 및 결손처분 등 보험재정에 관련된 사항을 심의·의결하기 위하여 공단에 설치
㉡ 위원장 : 재정운영위원회의 위원장은 위원 중 호선
㉢ 재정운영위원회의 구성
• 직장가입자를 대표하는 위원 10명
• 지역가입자를 대표하는 위원 10명
• 공익을 대표하는 위원 10명
㉣ 위원의 임기
• 재정운영위원회 위원(공무원인 위원은 제외)의 임기는 2년
• 위원의 사임 등으로 새로 위촉된 위원의 임기는 전임위원 임기의 남은 기간
㉤ 재정운영위원회의 운영 등에 필요한 사항 : 대통령령으로 정함
</td>
<td>

진료심사평가위원회〈제66조〉

㉠ 설치 : 심사평가원의 업무를 효율적으로 수행하기 위하여 심사평가원에 설치
㉡ 구성
• 심사위원회는 위원장을 포함하여 90명 이내의 상근 심사위원
• 1천명 이내의 비상근 심사위원
㉢ 심사위원
• 상근 심사위원 : 심사평가원의 원장이 보건복지부령으로 정하는 사람 중에서 임명
• 비상근 심사위원 : 심사평가원의 원장이 보건복지부령으로 정하는 사람 중에서 위촉
㉣ 심사위원을 해임 또는 해촉 : 심사평가원의 원장이 사유발생 시 해임 또는 해촉
㉤ 심사위원회 위원의 자격·임기 및 심사위원회의 구성·운영 등에 필요한 사항 : 보건복지부령으로 정함
</td>
</tr>
</table>

(1) 요양급여비용을 ____하고 요양급여의 ______을 평가하기 위하여 건강보험심사평가원을 설립한다.

(2) 보험급여의 적정성 평가의 기준ㆍ절차ㆍ방법 등에 필요한 사항은 ____________이 정하여 고시한다.

(3) 심사평가원에 임원으로서 원장, 이사 ____ 및 감사 1명을 둔다. 이 경우 원장, 이사 중 4명 및 감사는 상임으로 한다.

(4) 원장은 임원추천위원회가 복수로 추천한 사람 중에서 보건복지부장관의 제청으로 ______이 임명하고, 상임이사는 보건복지부령으로 정하는 추천 절차를 거쳐 ____이 임명한다.

(5) 비상임이사는 다음의 사람 중에서 10명과 대통령령으로 정하는 바에 따라 추천한 관계 공무원 1명을 ____________이 임명한다.
　㉠ 공단이 추천하는 1명
　㉡ 의약관계단체가 추천하는 5명
　㉢ 노동조합ㆍ사용자단체ㆍ소비자단체 및 농어업인단체가 추천하는 각 1명

(6) 감사는 임원추천위원회가 복수로 추천한 사람 중에서 ____________의 제청으로 대통령이 임명한다.

(7) 원장의 임기는 ____, 이사(공무원인 이사는 제외한다)와 감사의 임기는 각각 ____으로 한다.

(8) 진료심사평가위원회
　㉠ 심사평가원의 업무를 효율적으로 수행하기 위하여 심사평가원에 진료심사평가위원회(이하 "심사위원회"라 한다)를 둔다.
　㉡ 심사위원회는 위원장을 포함하여 ____ 이내의 상근 심사위원과 ____ 이내의 비상근 심사위원으로 구성하며, 진료과목별 분과위원회를 둘 수 있다.
　㉢ 상근 심사위원은 심사평가원의 원장이 보건복지부령으로 정하는 사람 중에서 ____한다.
　㉣ 비상근 심사위원은 심사평가원의 원장이 보건복지부령으로 정하는 사람 중에서 위촉한다.

(9) 심사평가원의 원장은 심사위원이 다음의 어느 하나에 해당하면 그 심사위원을 ____ 또는 ____할 수 있다.
　㉠ 신체장애나 정신장애로 직무를 수행할 수 없다고 인정되는 경우
　㉡ 직무상 의무를 위반하거나 직무를 게을리한 경우
　㉢ 고의나 중대한 과실로 심사평가원에 손실이 생기게 한 경우
　㉣ 직무 여부와 관계없이 품위를 손상하는 행위를 한 경우

(10) 심사위원회 위원의 자격ㆍ임기 및 심사위원회의 구성ㆍ운영 등에 필요한 사항은 ________령으로 정한다.

(11) 교원 중 교수ㆍ부교수 및 조교수는 소속대학 총장의 허가를 받아 ______________ 위원의 직무를 겸할 수 있다.

(12) 대학의 교원이 진료심사평가위원회 위원을 겸하는 경우 필요한 사항은 ________령으로 정한다.

(13) 심사평가원은 업무를 하기 위하여 공단으로부터 ______을 징수할 수 있다.

정답 및 해설

(1) 심사, 적정성	(6) 재정경제부장관	(11) 진료심사평가위원회
(2) 보건복지부장관	(7) 3년, 2년	(12) 대통령
(3) 15명	(8) 90명, 1천명, 임명	(13) 부담금
(4) 대통령, 원장	(9) 해임, 해촉	
(5) 보건복지부장관	(10) 보건복지부	

출제예상문제

1 다음 중 심사평가원에 대한 설명으로 옳지 않은 것은?

① 건강보험심사평가원은 요양급여비용을 심사하고 요양급여의 적정성을 평가하기 위하여 설립한다.

② 심사평가원은 보험급여 비용의 심사와 보험급여의 적정성 평가와 관련하여 대통령령으로 정하는 업무를 관장한다.

③ 심사평가원은 법인으로 한다.

④ 원장은 임원추천위원회가 복수로 추천한 사람 중에서 건강보험공단 이사장의 제청으로 보건복지부장관이 임명한다.

TIP ④ 심사평가원장은 임원추천위원회가 복수로 추천한 사람 중에서 보건복지부장관의 제청으로 대통령이 임명한다〈「국민건강보험법」 제65조 제2항〉.

2 국민건강보험법상 건강보험심사평가원의 업무가 아닌 것은?

① 요양급여비용의 심사

② 심사기준 및 평가기준의 개발

③ 보험급여 비용의 지급

④ 건강보험과 관련하여 보건복지부장관이 필요하다고 인정한 업무

TIP ③ 국민건강보험공단의 업무에 해당한다.
　※ **건강보험심사평가원의 관장 업무**〈「국민건강보험법」 제63조 제1항〉
　　㉠ 요양급여비용의 심사
　　㉡ 요양급여의 적정성 평가
　　㉢ 심사기준 및 평가기준의 개발
　　㉣ ㉠ ~ ㉢까지의 규정에 따른 업무와 관련된 조사연구 및 국제협력
　　㉤ 다른 법률에 따라 지급되는 급여비용의 심사 또는 의료의 적정성 평가에 관하여 위탁받은 업무
　　㉥ 그 밖에 국민건강보험법 또는 다른 법령에 따라 위탁받은 업무
　　㉦ 건강보험과 관련하여 보건복지부장관이 필요하다고 인정한 업무
　　㉧ 그 밖에 보험급여 비용의 심사와 보험급여의 적정성 평가와 관련하여 대통령령으로 정하는 업무

3 국민건강보험법상 건강보험심사평가원의 설립목적으로 옳은 것은?

① 요양급여비용의 심사 및 요양급여의 적정성 평가
② 국민건강보험법에 따른 징수금의 부과·징수
③ 건강보험에 관한 교육훈련 및 홍보
④ 보험급여 비용의 지급 및 의료시설의 운영

> **TIP** 요양급여비용을 심사하고 요양급여의 적정성을 평가하기 위하여 건강보험심사평가원을 설립한다〈「국민건강보험법」 제62조〉.

4 다음은 심사평가원의 임원에 대한 설명이다. 옳지 않은 것은?

① 심사평가원에 임원으로서 원장, 이사 15명, 감사 1명을 둔다.
② 원장, 이사 중 4명 및 감사는 상임으로 한다.
③ 상임이사는 대통령령으로 정하는 추천 절차를 거쳐 보건복지부장관이 임명한다.
④ 감사는 임원추천위원회가 추천한 사람 중에서 재정경제부장관의 제청으로 대통령이 임명한다.

> **TIP** ③ 상임이사는 보건복지부령으로 정하는 추천 절차를 거쳐 원장이 임명한다〈「국민건강보험법」 제65조 제3항〉.

5 다음 중 심사위원회에 대한 설명으로 옳지 않은 것은?

① 심사위원회의 구성은 위원장을 포함하여 90명 이내의 상근 심사위원과 1천명 이내의 비상근 심사위원으로 구성한다.
② 상근 심사위원은 보건복지부령으로 정하는 사람 중에서 보건복지부차관이 임명한다.
③ 심사위원회의 구성·운영 등에 필요한 사항은 보건복지부령으로 정한다.
④ 비상근 심사위원은 보건복지부령으로 정하는 사람 중에서 심사평가원의 원장이 위촉한다.

> **TIP** ② 상근 심사위원은 심사평가원의 원장이 보건복지부령으로 정하는 사람 중에서 임명한다〈「국민건강보험법」 제66조 제3항〉.

Answer 1.④ 2.③ 3.① 4.③ 5.②

6 심사평가원은 업무를 효율적으로 수행하기 위하여 진료심사평가위원회를 둘 수 있다. 이 때 심사위원을 해임할 수 있는 경우로 옳지 않은 것은?

① 고의나 중대한 과실로 심사평가원에 손실이 생기게 한 경우

② 신체장애나 정신장애로 직무를 수행할 수 없다고 인정되는 경우

② 직무상 의무를 위반하거나 직무를 게을리 한 경우

④ 정기회의에 사전 통보 없이 무단으로 불참한 경우

> **TIP** 심사평가원의 원장은 심사위원이 다음의 어느 하나에 해당하면 그 심사위원을 해임 또는 해촉할 수 있다〈「국민건강보험법」 제66조 제5항〉.
> ㉠ 신체장애나 정신장애로 직무를 수행할 수 없다고 인정되는 경우
> ㉡ 직무상 의무를 위반하거나 직무를 게을리 한 경우
> ㉢ 고의나 중대한 과실로 심사평가원에 손실이 생기게 한 경우
> ㉣ 직무 여부와 관계없이 품위를 손상하는 행위를 한 경우

7 다음 중 자금의 조달 등에 대한 설명으로 옳지 않은 것은?

① 심사평가원은 심사기준 및 평가기준의 개발업무를 위하여 재정경제부에 부담금을 요구할 수 있다.

② 심사평가원은 요양급여비용의 심사 및 요양급여의 적정성 평가업무를 하기 위하여 공단으로부터 부담금을 징수할 수 있다.

③ 심사평가원은 급여비용의 심사 또는 의료의 적정성 평가에 관한 업무를 위탁받은 경우에는 위탁자로부터 수수료를 받을 수 있다.

④ 부담금 및 수수료의 금액·징수 방법 등은 보건복지부령으로 정한다.

> **TIP** ① 심사평가원은 심사평가원의 업무(다른 법률에 따라 지급되는 급여비용의 심사 또는 의료의 적정성 평가에 관하여 위탁받은 업무는 제외)를 하기 위하여 공단으로부터 부담금을 징수할 수 있다〈「국민건강보험법」 제67조 제1항〉.

8 건강보험법 제68조(준용규정)에 따른 심사평가원에 대한 설명으로 옳지 않은 것은?

① 심사평가원은 「공공기관의 정보공개에 관한 법률」에 따라 건강보험과 관련하여 보유·관리하고 있는 정보를 공개한다.

② 심사평가원의 주된 사무소의 소재지는 정관으로 정한다.

③ 심사평가원은 특정인을 위하여 업무를 제공할 경우 수수료와 사용료를 징수할 수 있다.

④ 심사평가원은 필요하면 보건복지부장관의 인가를 받아 분사무소를 둘 수 있다.

> **TIP** ④ 심사평가원은 필요하면 정관으로 정하는 바에 따라 분사무소를 둘 수 있다〈「국민건강보험법」 제16조 제2항 준용〉.
> ① 국민건강보험법 제14조 제4항 준용
> ② 국민건강보험법 제16조 제1항 준용
> ③ 국민건강보험법 제14조 제3항 준용

9 다음은 심사평가원의 정관에 적어야 할 사항이다. 옳은 것만으로 묶은 것은?

㉠ 사무소의 소재지 및 임직원에 관한 사항	㉡ 예산 및 결산에 관한 사항
㉢ 재정운영위원회에 관한 사항	㉣ 목적 및 명칭
㉤ 보험료 및 보험급여에 관한 사항	㉥ 정관의 변경에 관한 사항

① ㉠㉡㉢㉣

② ㉠㉡㉣㉥

③ ㉠㉡㉣㉤㉥

④ ㉠㉡㉢㉣㉤㉥

> **TIP** ㉢㉤은 심사평가원의 정관에 적어야 할 사항에서 제외한다〈「국민건강보험법」 제68조〉.
> ※ **심사평가원의 정관에 적어야 할 사항**〈「국민건강보험법」 제17조 준용〉
> ㉠ 목적 및 명칭
> ㉡ 사무소의 소재지
> ㉢ 임직원에 관한 사항
> ㉣ 이사회의 운영
> ㉤ 예산 및 결산에 관한 사항
> ㉥ 자산 및 회계에 관한 사항
> ㉦ 업무와 그 집행
> ㉧ 정관의 변경에 관한 사항
> ㉨ 공고에 관한 사항

Answer　6.④　7.①　8.④　9.②

10 국민건강보험법상 심사평가원의 임원의 직무에 대하여 설명한 것으로 틀린 것은?

① 원장은 임기 중 심사평가원의 경영성과에 대하여 책임을 진다.

② 상임이사는 원장의 명을 받아 심사평가원의 업무를 집행한다.

③ 원장이 직무를 수행할 수 없을 때에는 상임이사 중 1명이 그 직무를 대행한다.

④ 감사는 심사평가원 임직원의 인사와 회계 및 재산 상황을 감사한다.

TIP ④ 감사는 심사평가원의 업무, 회계 및 재산 상황을 감사한다〈「국민건강보험법」 제22조 제4항 준용〉.

11 다음 중 임명권자자 심사평가원의 임원을 해임할 수 있는 경우로 옳지 않은 것은?

① 직무상 의무를 위반한 경우

② 고의나 중대한 과실로 심사평가원에 손실이 생기게 한 경우

③ 임원이 대한민국 국민이 아닌 경우

④ 신체장애나 정신장애로 직무를 수행할 수 없다고 인정되는 경우

TIP ③ 임원이 대한민국 국민이 아닌 사람으로 확인되면 그 임원은 당연퇴임하여야 한다〈「국민건강보험법」 제24조 제1항 준용〉.

※ **임명권자자 임원을 해임할 수 있는 경우**〈「국민건강보험법」 제24조 제2항 준용〉
  ㉠ 신체장애나 정신장애로 직무를 수행할 수 없다고 인정되는 경우
  ㉡ 직무상 의무를 위반한 경우
  ㉢ 고의나 중대한 과실로 심사평가원에 손실이 생기게 한 경우
  ㉣ 직무 여부와 관계없이 품위를 손상하는 행위를 한 경우
  ㉤ 국민건강보험법에 따른 보건복지부장관의 명령을 위반한 경우

12 심사평가원의 이사회에 대한 설명으로 틀린 것은?

① 심사평가원의 주요 사항을 심의 · 의결하기 위하여 심사평가원에 이사회를 둔다.

② 이사회는 원장과 이사로 구성한다.

③ 감사는 이사회에 출석하여 발언할 수 있다.

④ 이사회의 의결사항에 필요한 사항은 보건복지부령으로 정한다.

TIP ④ 이사회의 의결사항 및 운영 등에 필요한 사항은 대통령령으로 정한다〈「국민건강보험법」 제26조 제4항 준용〉.

13 심사평가원장이 다음사항에 해당할 경우 심사평가원을 대표할 수 있는 사람은?

> 원장은 심사평가원의 이익과 자기의 이익이 상반되는 사항에 대하여는 심사평가원을 대표하지 못한다.

① 선임된 대리인   ② 감사
③ 상임이사 중 1명   ④ 공단의 이사장

TIP 원장은 심사평가원의 이익과 자기의 이익이 상반되는 사항에 대하여는 심사평가원을 대표하지 못한다. 이 경우 감사가 심사평가원을 대표한다〈「국민건강보험법」 제31조 제1항 준용〉.

14 심사평가원은 회계연도마다 예산안을 편성하여 누구의 승인을 받아야 하는가?

① 국회 소관 상임위원회   ② 보건복지부장관
③ 재정운영위원회   ④ 이사회의 의결

TIP 심사평가원은 회계연도마다 예산안을 편성하여 이사회의 의결을 거친 후 보건복지부장관의 승인을 받아야 한다. 예산을 변경할 때에도 또한 같다〈「국민건강보험법」 제36조 준용〉.

15 심사평가원은 회계연도마다 결산보고서와 사업보고서를 작성한 후 보건복지부장관에게 보고해야 한다. 이 때 보고해야 하는 기한은?

① 당해 12월 말일까지   ② 다음해 1월 말일까지
③ 다음해 2월 말일까지   ④ 다음해 6월 말일까지

TIP 심사평가원은 회계연도마다 결산보고서와 사업보고서를 작성하여 다음해 2월 말일까지 보건복지부장관에게 보고하여야 한다〈「국민건강보험법」 제39조 제1항 준용〉.

06 보험료

1 보험료〈제69조〉

① **보험료 징수** : 공단은 건강보험사업에 드는 비용에 충당하기 위하여 보험료의 납부의무자로부터 보험료를 징수한다.

② **징수기간**
　㉠ 보험료는 가입자의 자격을 취득한 날이 속하는 달의 다음 달부터 가입자의 자격을 잃은 날의 전날이 속하는 달까지 징수한다.
　㉡ 가입자의 자격을 매월 1일에 취득한 경우 또는 건강보험 적용 신청으로 가입자의 자격을 취득하는 경우에는 그 달부터 징수한다.

③ **변동되기 전 자격을 기준으로 징수**
　㉠ 보험료를 징수할 때 가입자의 자격이 변동된 경우에는 변동된 날이 속하는 달의 보험료는 변동되기 전의 자격을 기준으로 징수한다.
　㉡ 가입자의 자격이 매월 1일에 변동된 경우에는 변동된 자격을 기준으로 징수한다.

④ **직장가입자 월별 보험료액** : 직장가입자의 월별 보험료액은 다음에 따라 산정한 금액으로 한다.
　㉠ **보수월액보험료** : 보수월액에 보험료율을 곱하여 얻은 금액
　㉡ **보수 외 소득월액보험료** : 보수 외 소득월액에 보험료율을 곱하여 얻은 금액

⑤ **지역가입자 월별 보험료액** : 지역가입자의 월별 보험료액은 다음의 구분에 따라 산정한 금액을 합산한 금액으로 한다. 이 경우 보험료액은 세대 단위로 산정한다.
　㉠ **소득** : 지역가입자의 소득월액에 보험료율을 곱하여 얻은 금액
　㉡ **재산** : 재산보험료부과점수에 재산보험료부과점수당 금액을 곱하여 얻은 금액

⑥ **월별 보험료액 상한 및 하한** : 월별 보험료액은 가입자의 보험료 평균액의 일정비율에 해당하는 금액을 고려하여 대통령령으로 정하는 기준에 따라 상한 및 하한을 정한다.

2 보수월액〈제70조〉

① **직장가입자 보수월액** : 직장가입자의 보수월액은 직장가입자가 지급받는 보수를 기준으로 하여 산정한다.

② **휴직이나 그 밖의 사유로 인한 보수월액 기준** : 휴직이나 그 밖의 사유로 보수의 전부 또는 일부가 지급되지 아니하는 가입자(이하 "휴직자등"이라 한다)의 보수월액보험료는 해당 사유가 생기기 전 달의 보수월액을 기준으로 산정한다.

③ **보수**
  ㉠ 보수는 근로자등이 근로를 제공하고 사용자·국가 또는 지방자치단체로부터 지급받는 금품(실비변상적인 성격을 갖는 금품은 제외한다)으로서 대통령령으로 정하는 것을 말한다.
  ㉡ 이 경우 보수 관련 자료가 없거나 불명확한 경우 등 대통령령으로 정하는 사유에 해당하면 보건복지부장관이 정하여 고시하는 금액을 보수로 본다.

④ **사용자의 보수월액** : 보수월액의 산정 및 보수가 지급되지 아니하는 사용자의 보수월액의 산정 등에 필요한 사항은 대통령령으로 정한다.

3 소득월액〈제71조〉

① **소득월액 계산식** : 직장가입자의 보수 외 소득월액은 보수월액의 산정에 포함된 보수를 제외한 직장가입자의 소득(이하 "보수 외 소득"이라 한다)이 대통령령으로 정하는 금액을 초과하는 경우 다음의 계산식에 따른 값을 보건복지부령으로 정하는 바에 따라 평가하여 산정한다.

$$(\text{연간 보수 외 소득} - \text{대통령령으로 정하는 금액}) \times 1/12$$

② **지역가입자의 소득월액** : 지역가입자의 소득월액은 지역가입자의 연간 소득을 12개월로 나눈 값을 보건복지부령으로 정하는 바에 따라 평가하여 산정한다.

③ **소득월액의 산정에 필요한 사항** : 소득의 구체적인 범위, 소득월액을 산정하는 기준, 방법 등 소득월액의 산정에 필요한 사항은 대통령령으로 정한다.

4 재산보험료부과점수〈제72조〉

① **재산보험료부과점수 산정** : 재산보험료부과점수는 지역가입자의 재산을 기준으로 산정 한다. 다만, 대통령령으로 정하는 지역가입자가 실제 거주를 목적으로 대통령령으로 정하는 기준 이하의 주택을 구입 또는 임차하기 위하여 다음의 어느 하나에 해당하는 대출을 받고 그 사실을 공단에 통보하는 경우에는 해당

대출금액을 대통령령으로 정하는 바에 따라 평가하여 재산보험료부과점수 산정 시 제외한다.

   ㉠ 「금융실명거래 및 비밀보장에 관한 법률」에 따른 금융회사등(이하 "금융회사등"이라 한다)으로부터 받은 대출

   ㉡ 「주택도시기금법」에 따른 주택도시기금을 재원으로 하는 대출 등 보건복지부장관이 정하여 고시하는 대출

② **재산보험료부과점수의 산정방법과 산정기준** : 재산보험료부과점수의 산정방법과 산정기준을 정할 때 법령에 따라 재산권의 행사가 제한되는 재산에 대하여는 다른 재산과 달리 정할 수 있다.

③ **공단에 통보** : 지역가입자는 공단에 통보할 때 「신용정보의 이용 및 보호에 관한 법률」에 따른 신용정보, 「금융실명거래 및 비밀보장에 관한 법률」에 따른 금융자산, 금융거래의 내용에 대한 자료·정보 중 대출금액 등 대통령령으로 정하는 자료·정보(이하 "금융정보등"이라 한다)를 공단에 제출하여야 하며, 재산보험료부과점수 산정을 위하여 필요한 금융정보등을 공단에 제공하는 것에 대하여 동의한다는 서면을 함께 제출하여야 한다.

④ **산정방법·산정기준 등에 필요한 사항** : 재산보험료부과점수의 산정방법·산정기준 등에 필요한 사항은 대통령령으로 정한다.

5 보험료 부과제도에 대한 적정성 평가〈제72조의3〉

① **산정 기준 및 방법의 적정성 평가** : 보건복지부장관은 피부양자 인정기준(이하 이 조에서 "인정기준"이라 한다)과 보험료, 보수월액, 소득월액 및 재산보험료부과점수의 산정 기준 및 방법 등(이하 이 조에서 "산정기준"이라 한다)에 대하여 적정성을 평가하고, 국민건강보험법 시행일로부터 4년이 경과한 때 이를 조정하여야 한다.

② **적정성 평가시 고려사항** : 보건복지부장관은 적정성 평가를 하는 경우에는 다음을 종합적으로 고려하여야 한다.

   ㉠ 심의위원회가 심의한 가입자의 소득 파악 현황 및 개선방안

   ㉡ 공단의 소득 관련 자료 보유 현황

   ㉢ 종합소득(종합과세되는 종합소득과 분리과세되는 종합소득을 포함한다) 과세 현황

   ㉣ 직장가입자에게 부과되는 보험료와 지역가입자에게 부과되는 보험료 간 형평성

   ㉤ ①에 따른 인정기준 및 산정기준의 조정으로 인한 보험료 변동

   ㉥ 그 밖에 적정성 평가 대상이 될 수 있는 사항으로서 보건복지부장관이 정하는 사항

③ **그 밖에 적정성 평가** : 적정성 평가의 절차, 방법 및 그 밖에 적정성 평가를 위하여 필요한 사항은 대통령령으로 정한다.

6 보험료율 등〈제73조〉

① **직장가입자의 보험료율** : 직장가입자의 보험료율은 1천분의 80의 범위에서 심의위원회의 의결을 거쳐 대통령령으로 정한다.

② **국외에서 업무에 종사는 직장가입자의 보험료율** : 국외에서 업무에 종사하고 있는 직장가입자에 대한 보험료율은 정해진 보험료율의 100분의 50으로 한다.

③ **지역가입자의 재산보험료부과점수당 금액** : 지역가입자의 보험료율과 재산보험료부과점수당 금액은 심의위원회의 의결을 거쳐 대통령령으로 정한다.

7 보험료의 면제〈제74조〉

① **보험료의 면제**
　㉠ 공단은 직장가입자가 제54조 제2호부터 제4호까지의 어느 하나에 해당하는 경우(같은 조 제2호에 해당하는 경우에는 1개월 이상의 기간으로서 대통령령으로 정하는 기간 이상 국외에 체류하는 경우에 한정한다. 이하 이 조에서 같다) 그 가입자의 보험료를 면제한다.
　㉡ 국외에 체류하는 직장가입자의 경우에는 국내에 거주하는 피부양자가 없을 때에만 보험료를 면제한다.

② **보험료부과점수 제외** : 지역가입자가 제54조 제2호부터 제4호까지의 어느 하나에 해당하면 그 가입자가 속한 세대의 보험료를 산정할 때 그 가입자의 소득월액 및 재산보험료부과점수를 제외한다.

③ **보험료 산정에서 제외되는 보험료부과점수**
　㉠ 보험료의 면제나 보험료의 산정에서 제외되는 소득월액 및 재산보험료부과점수에 대하여는 제54조 제2호부터 제4호까지의 어느 하나에 해당하는 급여정지 사유가 생긴 날이 속하는 달의 다음 달부터 사유가 없어진 날이 속하는 달까지 적용한다.
　㉡ 다음의 어느 하나에 해당하는 경우에는 그 달의 보험료를 면제하지 아니하거나 보험료의 산정에서 소득월액 및 재산보험료부과점수를 제외하지 아니한다.
　• 급여정지 사유가 매월 1일에 없어진 경우
　• 국외에 체류하는 경우의 가입자 또는 그 피부양자가 국내에 입국하여 입국일이 속하는 달에 보험급여를 받고 그 달에 출국하는 경우

　조문참고
　제54조(급여의 정지)
　보험급여를 받을 수 있는 사람이 다음 각 호의 어느 하나에 해당하면 그 기간에는 보험급여를 하지 아니한다. 다만, 제3호 및 제4호의 경우에는 제60조에 따른 요양급여를 실시한다.

1. 삭제
2. 국외에 체류하는 경우
3. 현역병(지원에 의하지 아니하고 임용된 하사를 포함한다), 전환복무된 사람 및 군간부후보생에 해당하게 된 경우
4. 교도소, 그 밖에 이에 준하는 시설에 수용되어 있는 경우

8 보험료의 경감 등〈제75조〉

① **보험료 일부 경감** : 다음의 어느 하나에 해당하는 가입자 중 보건복지부령으로 정하는 가입자에 대하여는 그 가입자 또는 그 가입자가 속한 세대의 보험료의 일부를 경감할 수 있다.
   ㉠ 섬 · 벽지(僻地) · 농어촌 등 대통령령으로 정하는 지역에 거주하는 사람
   ㉡ 65세 이상인 사람
   ㉢ 장애인
   ㉣ 국가유공자
   ㉤ 휴직자
   ㉥ 그 밖에 생활이 어렵거나 천재지변 등의 사유로 보험료를 경감할 필요가 있다고 보건복지부장관이 정하여 고시하는 사람

② **보험료 감액** : 보험료 납부의무자가 다음의 어느 하나에 해당하는 경우에는 대통령령으로 정하는 바에 따라 보험료를 감액하는 등 재산상의 이익을 제공할 수 있다.
   ㉠ 보험료의 납입 고지 또는 독촉을 전자문서로 받는 경우
   ㉡ 보험료를 계좌 또는 신용카드 자동이체의 방법으로 내는 경우

③ **보험료 경감 방법 · 절차 등** : 보험료 경감의 방법 · 절차 등에 필요한 사항은 보건복지부장관이 정하여 고시한다.

9 보험료의 부담〈제76조〉

① **직장가입자의 보수월액보험**
   ㉠ 직장가입자의 보수월액보험료는 직장가입자와 다음의 구분에 따른 자가 각각 보험료액의 100분의 50씩 부담한다.
   • 직장가입자가 근로자인 경우에는 근로자가 소속되어 있는 사업장의 사업주
   • 직장가입자가 공무원인 경우에는 그 공무원이 소속되어 있는 국가 또는 지방자치단체

- 직장가입자가 교직원(사립학교에 근무하는 교원은 제외한다)인 경우에는 교직원이 소속되어 있는 사립학교를 설립·운영하는 자에 해당하는 사용자
  ㉡ 직장가입자가 교직원으로서 사립학교에 근무하는 교원이면 보험료액은 그 직장가입자가 100분의 50을, 교직원이 소속되어 있는 사립학교를 설립·운영하는 사용자가 100분의 30을, 국가가 100분의 20을 각각 부담한다.

② **직장가입자 보험료 부담** : 직장가입자의 보수 외 소득월액보험료는 직장가입자가 부담한다.

③ **지역가입자 보험료 부담** : 지역가입자의 보험료는 그 가입자가 속한 세대의 지역가입자 전원이 연대하여 부담한다.

④ **직장가입자가 교직원인 경우** : 직장가입자가 교직원인 경우 교직원이 소속되어 있는 사립학교를 설립·운영하는 사용자가 부담액 전부를 부담할 수 없으면 그 부족액을 학교에 속하는 회계에서 부담하게 할 수 있다.

10 보험료 납부의무〈제77조〉

① **직장가입자 보험료 납부** : 직장가입자의 보험료는 다음의 구분에 따라 정한 자가 납부한다.
  ㉠ 보수월액보험료 : 사용자 → 이 경우 사업장의 사용자가 2명 이상인 때에는 그 사업장의 사용자는 해당 직장가입자의 보험료를 연대하여 납부한다.
  ㉡ 보수 외 소득월액보험료 : 직장가입자

② **지역가입자의 보험료 납부**
  ㉠ 지역가입자의 보험료는 그 가입자가 속한 세대의 지역가입자 전원이 연대하여 납부한다.
  ㉡ 소득 및 재산이 없는 미성년자와 소득 및 재산 등을 고려하여 대통령령으로 정하는 기준에 해당하는 미성년자는 납부의무를 부담하지 아니한다.

③ **사용자는 보수에서 공제 납부**
  ㉠ 사용자는 보수월액보험료 중 직장가입자가 부담하여야 하는 그 달의 보험료액을 그 보수에서 공제하여 납부하여야 한다.
  ㉡ 이 경우 직장가입자에게 공제액을 알려야 한다.

◆ **보수월액**
- 보수월액은 직장가입자가 지급받는 보수를 기준으로 하여 산정한다.

11 제2차 납부의무〈제77조의2〉

① 무한책임사원 또는 과점주주 제2차 납부의 의무
  ㉠ 법인의 재산으로 그 법인이 납부하여야 하는 보험료, 연체금 및 체납처분비를 충당하여도 부족한 경우에는 해당 법인에게 보험료의 납부의무가 부과된 날 현재의 무한책임사원 또는 과점주주(「국세기본법」 제39조 각 호의 어느 하나에 해당하는 자를 말한다)가 그 부족한 금액에 대하여 제2차 납부의무를 진다.
  ㉡ 과점주주의 경우에는 그 부족한 금액을 그 법인의 발행주식 총수(의결권이 없는 주식은 제외한다) 또는 출자총액으로 나눈 금액에 해당 과점주주가 실질적으로 권리를 행사하는 주식 수(의결권이 없는 주식은 제외한다) 또는 출자액을 곱하여 산출한 금액을 한도로 한다.

> **조문참고**
>
> **국세기본법 제39조(출자자의 제2차 납세의무) 제1호, 제2호**
>
> 1. 무한책임사원으로서 다음 각 목의 어느 하나에 해당하는 사원
>   가. 합명회사의 사원
>   나. 합자회사의 무한책임사원
> 2. 주주 또는 다음 각 목의 어느 하나에 해당하는 사원 1명과 그의 특수관계인 중 대통령령으로 정하는 자로서 그들의 소유주식 합계 또는 출자액 합계가 해당 법인의 발행 주식 총수 또는 출자총액의 100분의 50을 초과하면서 그 법인의 경영에 대하여 지배적인 영향력을 행사하는 자들(이하 "과점주주"라 한다)
>   가. 합자회사의 유한책임사원
>   나. 유한책임회사의 사원
>   다. 유한회사의 사원

② 양수한 재산의 가액을 한도로 제2차 납부의무
  ㉠ 사업이 양도·양수된 경우에 양도일 이전에 양도인에게 납부의무가 부과된 보험료, 연체금 및 체납처분비를 양도인의 재산으로 충당하여도 부족한 경우에는 사업의 양수인이 그 부족한 금액에 대하여 양수한 재산의 가액을 한도로 제2차 납부의무를 진다.
  ㉡ 이 경우 양수인의 범위 및 양수한 재산의 가액은 대통령령으로 정한다.

12 보험료의 납부기한〈제78조〉

① 보험료 납부기한
  ㉠ 보험료 납부의무가 있는 자는 가입자에 대한 그 달의 보험료를 그 다음 달 10일까지 납부하여야 한다.
  ㉡ 직장가입자의 보수 외 소득월액보험료 및 지역가입자의 보험료는 보건복지부령으로 정하는 바에 따라 분기별로 납부할 수 있다.

② 납부기한 연장

　㉠ 공단은 납입 고지의 송달 지연 등 보건복지부령으로 정하는 사유가 있는 경우 납부의무자의 신청에 따라 납부기한부터 1개월의 범위에서 납부기한을 연장할 수 있다.

　㉡ 이 경우 납부기한 연장을 신청하는 방법, 절차 등에 필요한 사항은 보건복지부령으로 정한다.

13 가산금〈제78조의2〉

① **가산금 부과** : 사업장의 사용자가 대통령령으로 정하는 사유에 해당되어 직장가입자가 될 수 없는 자를 제8조 제2항 또는 제9조 제2항을 위반하여 거짓으로 보험자에게 직장가입자로 신고한 경우 공단은 ㉠의 금액에서 ㉡의 금액을 뺀 금액의 100분의 10에 상당하는 가산금을 그 사용자에게 부과하여 징수한다.

조문참고

제8조(자격의 취득 시기 등)

　② 자격을 얻은 경우 그 직장가입자의 사용자 및 지역가입자의 세대주는 그 명세를 보건복지부령으로 정하는 바에 따라 자격을 취득한 날부터 14일 이내에 보험자에게 신고하여야 한다.

조문참고

제9조(자격의 변동 시기 등)

　② 자격이 변동된 경우 직장가입자의 사용자와 지역가입자의 세대주는 다음 각 호의 구분에 따라 그 명세를 보건복지부령으로 정하는 바에 따라 자격이 변동된 날부터 14일 이내에 보험자에게 신고하여야 한다.
　　1. 제1항 제1호 및 제2호에 따라 자격이 변동된 경우 : 직장가입자의 사용자
　　2. 제1항 제3호부터 제5호까지의 규정에 따라 자격이 변동된 경우 : 지역가입자의 세대주

　㉠ 사용자가 직장가입자로 신고한 사람이 직장가입자로 처리된 기간 동안 그 가입자가 제69조 제5항에 따라 부담하여야 하는 보험료의 총액

　㉡ ㉠의 기간 동안 공단이 해당 가입자에 대하여 제69조 제4항에 따라 산정하여 부과한 보험료의 총액

조문참고

제69조(보험료)

　④ 직장가입자의 월별 보험료액은 다음 각 호에 따라 산정한 금액으로 한다.
　　1. 보수월액보험료 : 제70조에 따라 산정한 보수월액에 제73조 제1항 또는 제2항에 따른 보험료율을 곱하여 얻은 금액
　　2. 보수 외 소득월액보험료 : 제71조 제1항에 따라 산정한 보수 외 소득월액에 제73조 제1항 또는 제2항에 따른 보험료율을 곱하여 얻은 금액
　⑤ 지역가입자의 월별 보험료액은 다음 각 호의 구분에 따라 산정한 금액을 합산한 금액으로 한다. 이 경우 보험료액은 세대 단위로 산정한다.

1. 소득 : 제71조 제2항에 따라 산정한 지역가입자의 소득월액에 제73조 제3항에 따른 보험료율을 곱하여 얻은 금액
2. 재산 : 제72조에 따라 산정한 재산보험료부과점수에 제73조 제3항에 따른 재산보험료부과점수당 금액을 곱하여 얻은 금액

② **징수 예외** : 공단은 가산금이 소액이거나 그 밖에 가산금을 징수하는 것이 적절하지 아니하다고 인정되는 등 대통령령으로 정하는 경우에는 징수하지 아니할 수 있다.

14 보험료등의 납입 고지〈제79조〉

① **문서로 납입 고지** : 공단은 보험료등을 징수하려면 그 금액을 결정하여 납부의무자에게 다음의 사항을 적은 문서로 납입 고지를 하여야 한다.
　㉠ 징수하려는 보험료등의 종류
　㉡ 납부해야 하는 금액
　㉢ 납부기한 및 장소

② **2명 이상인 경우 고지의 효력** : 직장가입자의 사용자가 2명 이상인 경우 또는 지역가입자의 세대가 2명 이상으로 구성된 경우 그 중 1명에게 한 고지는 해당 사업장의 다른 사용자 또는 세대 구성원인 다른 지역가입자 모두에게 효력이 있는 것으로 본다.

③ **휴직자등의 보험료** : 휴직자등의 보험료는 휴직 등의 사유가 끝날 때까지 보건복지부령으로 정하는 바에 따라 납입 고지를 유예할 수 있다.

④ **제2차 납부의무자에게 납입 고지의 통지** : 공단은 제2차 납부의무자에게 납입의 고지를 한 경우에는 해당 법인인 사용자 및 사업 양도인에게 그 사실을 통지하여야 한다.

15 신용카드등으로 하는 보험료등의 납부〈제79조의2〉

① **신용카드, 직불카드 등의 납부** : 공단이 납입 고지한 보험료등을 납부하는 자는 보험료등의 납부를 대행할 수 있도록 대통령령으로 정하는 기관 등(이하 이 조에서 "보험료등납부대행기관"이라 한다)을 통하여 신용카드, 직불카드 등(이하 이 조에서 "신용카드등"이라 한다)으로 납부할 수 있다.

② **납부 승인일** : 신용카드등으로 보험료등을 납부하는 경우에는 보험료등납부대행기관의 승인일을 납부일로 본다.

③ 납부 대행 수수료 : 보험료등납부대행기관은 보험료등의 납부자로부터 보험료등의 납부를 대행하는 대가로 수수료를 받을 수 있다.

④ 보험료등납부대행기관의 지정 및 운영, 수수료 등 : 보험료등납부대행기관의 지정 및 운영, 수수료 등에 필요한 사항은 대통령령으로 정한다.

16 연체금〈제80조〉

① 연체금 징수 : 공단은 보험료등의 납부의무자가 납부기한까지 보험료등을 내지 아니하면 그 납부기한이 지난 날부터 매 1일이 경과할 때마다 다음에 해당하는 연체금을 징수한다.
　㉠ 보험료 또는 보험급여 제한 기간 중 받은 보험급여에 대한 징수금을 체납한 경우 : 해당 체납금액의 1천 500분의 1에 해당하는 금액. 이 경우 연체금(①의 ㉠의 연체금을 포함한 금액을 말한다)은 해당 체납금액의 1천분의 20을 넘지 못한다.
　㉡ ㉠ 외에 국민건강보험법에 따른 징수금을 체납한 경우 : 해당 체납금액의 1천분의 1에 해당하는 금액. 이 경우 연체금(1의 ㉡의 연체금을 포함한 금액을 말한다)은 해당 체납금액의 1천분의 30을 넘지 못한다.

② 체납된 보험료등 연체금 징수 : 공단은 보험료등의 납부의무자가 체납된 보험료등을 내지 아니하면 납부기한 후 30일이 지난 날부터 매 1일이 경과할 때마다 다음에 해당하는 연체금을 연체금에 더하여 징수한다.
　㉠ 보험료 또는 보험급여 제한 기간 중 받은 보험급여에 대한 징수금을 체납한 경우 : 해당 체납금액의 6천분의 1에 해당하는 금액. 이 경우 연체금(①의 ㉠의 연체금을 포함한 금액을 말한다)은 해당 체납금액의 1천분의 50을 넘지 못한다.
　㉡ ㉠ 외에 국민건강보험법에 따른 징수금을 체납한 경우 : 해당 체납금액의 3천분의 1에 해당하는 금액. 이 경우 연체금(①의 ㉡의 연체금을 포함한 금액을 말한다)은 해당 체납금액의 1천분의 90을 넘지 못한다.

③ 연체금 징수 예외 : 공단은 천재지변이나 그 밖에 보건복지부령으로 정하는 부득이한 사유가 있으면 연체금을 징수하지 아니할 수 있다.

17 보험료등의 독촉 및 체납처분〈제81조〉

① 보험료등의 독촉
　㉠ 공단은 보험료등을 내야 하는 자가 보험료등을 내지 아니하면 기한을 정하여 독촉할 수 있다.

　　ⓒ 이 경우 직장가입자의 사용자가 2명 이상인 경우 또는 지역가입자의 세대가 2명 이상으로 구성된 경우에는 그 중 1명에게 한 독촉은 해당 사업장의 다른 사용자 또는 세대 구성원인 다른 지역가입자 모두에게 효력이 있는 것으로 본다.

② **독촉장 발부** : 보험료등을 독촉할 때에는 10일 이상 15일 이내의 납부기한을 정하여 독촉장을 발부하여야 한다.

③ **체납처분 예에 따라 징수** : 공단은 독촉을 받은 자가 그 납부기한까지 보험료등을 내지 아니하면 보건복지부장관의 승인을 받아 국세 체납처분의 예에 따라 이를 징수할 수 있다.

④ **통보서 발송**

　　㉠ 공단은 체납처분을 하기 전에 보험료등의 체납 내역, 압류 가능한 재산의 종류, 압류 예정 사실 및 「국세징수법」에 따른 소액금융재산에 대한 압류금지 사실 등이 포함된 통보서를 발송하여야 한다.

　　㉡ 법인 해산 등 긴급히 체납처분을 할 필요가 있는 경우로서 대통령령으로 정하는 경우에는 그러하지 아니하다.

⑤ **공매**

　　㉠ 공단은 국세 체납처분의 예에 따라 압류하거나 압류한 재산의 공매에 대하여 전문지식이 필요하거나 그 밖에 특수한 사정으로 직접 공매하는 것이 적당하지 아니하다고 인정하는 경우에는 「한국자산관리공사 설립 등에 관한 법률」에 따라 설립된 한국자산관리공사(이하 "한국자산관리공사"라 한다)에 공매를 대행하게 할 수 있다.

　　㉡ 이 경우 공매는 공단이 한 것으로 본다.

⑥ **공매 대행 수수료 지급** : 공단은 한국자산관리공사가 공매를 대행하면 보건복지부령으로 정하는 바에 따라 수수료를 지급할 수 있다.

> **◆ 공매(公賣)**
> • 관공서에서 물건을 파는 것으로, 법률에 의하여 공공기관이 강제적으로 물건을 처분하여 돈으로 바꾸는 것을 말한다. 민사 소송법에서는 강제 집행으로서의 경매이고 국세 징수법에서는 국세체납처분의 최종 단계로서 압류재산을 강제로 처분하는 것이다.

18 부당이득 징수금의 압류〈제81조의2〉

① **압류** : 제81조(보험료등의 독촉 및 체납처분)에도 불구하고 공단은 보험급여 비용을 받은 요양기관이 다음 요건을 모두 갖춘 경우에는 징수금의 한도에서 해당 요양기관 또는 그 요양기관을 개설한 자(해당 요양기관과 연대하여 징수금을 납부하여야 하는 자를 말한다. 이하 이 조에서 같다)의 재산을 보건복지부장관의 승인을 받아 압류할 수 있다.

　　㉠ 「의료법」 제33조 제2항 또는 「약사법」 제20조 제1항을 위반하였다는 사실로 기소된 경우

ⓛ 요양기관 또는 요양기관을 개설한 자에게 강제집행, 국세 강제징수 등 대통령령으로 정하는 사유가 있어 그 재산을 압류할 필요가 있는 경우

의료법 제33조(개설 등)

② 다음 각 호의 어느 하나에 해당하는 자가 아니면 의료기관을 개설할 수 없다. 이 경우 의사는 종합병원·병원·요양병원·정신병원 또는 의원을, 치과의사는 치과병원 또는 치과의원을, 한의사는 한방병원·요양병원 또는 한의원을, 조산사는 조산원만을 개설할 수 있다.
1. 의사, 치과의사, 한의사 또는 조산사
2. 국가나 지방자치단체
3. 의료업을 목적으로 설립된 법인(이하 "의료법인"이라 한다)
4. 「민법」이나 특별법에 따라 설립된 비영리법인
5. 「공공기관의 운영에 관한 법률」에 따른 준정부기관, 「지방의료원의 설립 및 운영에 관한 법률」에 따른 지방의료원, 「한국보훈복지의료공단법」에 따른 한국보훈복지의료공단

약사법 제20조(약국 개설등록)

① 약사 또는 한약사가 아니면 약국을 개설할 수 없다.

② **압류 사실 통지**: 공단은 재산을 압류하였을 때에는 해당 요양기관 또는 그 요양기관을 개설한 자에게 문서로 그 압류 사실을 통지하여야 한다.

③ **압류 해제**: 공단은 다음 어느 하나에 해당할 때에는 압류를 즉시 해제하여야 한다.
　ⓐ 통지를 받은 자가 징수금에 상당하는 다른 재산을 담보로 제공하고 압류 해제를 요구하는 경우
　ⓑ 법원의 무죄 판결이 확정되는 등 대통령령으로 정하는 사유로 해당 요양기관이 「의료법」제33조 제2항 또는 「약사법」제20조 제1항을 위반한 혐의가 입증되지 아니한 경우

④ **「국세징수법」준용**: 압류 및 압류 해제에 관하여 국민건강보험법에서 규정한 것 외에는 「국세징수법」을 준용한다.

19 체납 또는 결손처분 자료의 제공〈제81조의3〉

① **결손처분액에 관한 자료 제공**
　ⓐ 공단은 보험료 징수 및 징수금(같은 조 ②의 어느 하나에 해당하여 징수하는 금액에 한정한다. 이하 이 조에서 "부당이득금"이라 한다)의 징수 또는 공익목적을 위하여 필요한 경우에 「신용정보의 이용 및 보호에 관한 법률」의 종합신용정보집중기관에 다음의 어느 하나에 해당하는 체납자 또는 결손처분자의 인적사항·체납액 또는 결손처분액에 관한 자료(이하 이 조에서 "체납등 자료"라 한다)를 제공할 수 있다.

- 국민건강보험법에 따른 납부기한의 다음 날부터 1년이 지난 보험료 및 그에 따른 연체금과 체납처분비의 총액이 500만 원 이상인 자
- 국민건강보험법에 따른 납부기한의 다음 날부터 1년이 지난 부당이득금 및 그에 따른 연체금과 체납처분비의 총액이 1억 원 이상인 자
- 결손처분한 금액의 총액이 500만 원 이상인 자
  ⓛ 체납된 보험료나 부당이득금과 관련하여 행정심판 또는 행정소송이 계류 중인 경우, 분할납부를 승인받은 경우 중 대통령령으로 정하는 경우, 그 밖에 대통령령으로 정하는 사유가 있을 때에는 그러하지 아니하다.

◆ **건강보험료의 결손처분**
- 건강보험료의 결손처분은 공단의 보험료 징수권을 소멸시키는 행정처분으로써 공단의 결정에 의하여 결손처분 여부가 이루진다.

② **체납등 자료 서면 통지**
  ㉠ 공단은 종합신용정보집중기관에 체납등 자료를 제공하기 전에 해당 체납자 또는 결손처분자에게 그 사실을 서면으로 통지하여야 한다.
  ㉡ 이 경우 통지를 받은 체납자가 체납액을 납부하거나 체납액 납부계획서를 제출하는 경우 공단은 종합신용정보집중기관에 체납등 자료를 제공하지 아니하거나 체납등 자료의 제공을 유예할 수 있다.

③ **체납등 자료의 제공절차** : 체납등 자료의 제공절차에 필요한 사항은 대통령령으로 정한다.

④ **체납등 자료의 누설 금지** : 체납등 자료를 제공받은 자는 이를 업무 외의 목적으로 누설하거나 이용하여서는 아니 된다.

20 보험료의 납부증명〈제81조의4〉

① **납부사실 증명**
  ㉠ 보험료의 납부의무자(이하 이 조에서 "납부의무자"라 한다)는 국가, 지방자치단체 또는 「공공기관의 운영에 관한 법률」에 따른 공공기관(이하 이 조에서 "공공기관"이라 한다)으로부터 공사·제조·구매·용역 등 대통령령으로 정하는 계약의 대가를 지급받는 경우에는 보험료와 그에 따른 연체금 및 체납처분비의 납부사실을 증명하여야 한다.
  ㉡ 납부의무자가 계약대금의 전부 또는 일부를 체납한 보험료로 납부하려는 경우 등 대통령령으로 정하는 경우에는 그러하지 아니하다.

② **납부증명 대체** : 납부의무자가 납부사실을 증명하여야 할 경우 계약을 담당하는 주무관서 또는 공공기관은 납부의무자의 동의를 받아 공단에 조회하여 보험료와 그에 따른 연체금 및 체납처분비의 납부여부를 확인하는 것으로 납부증명을 갈음할 수 있다.

21 서류의 송달〈제81조의5〉

① **국세기본법 준용** : 제79조 및 제81조에 관한 서류의 송달에 관한 사항과 전자문서에 의한 납입 고지 등에 관하여 제81조의6에서 정하지 아니한 사항에 관하여는 「국세기본법」 제8조(서류의 송달)(같은 조 2항에 "다만, 납세의 고지와 독촉에 관한 서류는 연대납세의무자 모두에게 각각 송달하여야 한다"는 제외한다.), 제9조(송달받을 장소의 신고), 제10조(서류 송달의 방법), 제11조(공시송달), 제12조(송달의 효력 발생)까지의 규정을 준용한다.

② **우편송달 방법** : 다만, 우편송달에 의하는 경우 그 방법은 대통령령으로 정하는 바에 따른다.

22 전자문서에 의한 납입 고지 등〈제81조의6〉

① **납입 고지 또는 독촉** : 납부의무자가 납입 고지 또는 독촉을 전자문서교환방식 등에 의한 전자문서로 해 줄 것을 신청하는 경우에는 공단은 전자문서로 고지 또는 독촉할 수 있다. 이 경우 전자문서 고지 및 독촉에 대한 신청 방법·절차 등에 필요한 사항은 보건복지부령으로 정한다.

② **납부의무자에게 도달** : 공단이 전자문서로 고지 또는 독촉하는 경우에는 전자문서가 보건복지부령으로 정하는 정보통신망에 저장되거나 납부의무자가 지정한 전자우편주소에 입력된 때에 납입 고지 또는 독촉이 그 납부의무자에게 도달된 것으로 본다.

23 체납보험료의 분할납부〈제82조〉

① **분할납부 승인** : 공단은 보험료를 3회 이상 체납한 자가 신청하는 경우 보건복지부령으로 정하는 바에 따라 분할납부를 승인할 수 있다.

② **분할납부 신청 고지** : 공단은 보험료를 3회 이상 체납한 자에 대하여 체납처분을 하기 전에 분할납부를 신청할 수 있음을 알리고, 보건복지부령으로 정하는 바에 따라 분할납부 신청의 절차·방법 등에 관한 사항을 안내하여야 한다.

③ **분할납부 승인 취소** : 공단은 분할납부 승인을 받은 자가 정당한 사유 없이 5회(①에 따라 승인받은 분할납부 횟수가 5회 미만인 경우에는 해당 분할납부 횟수를 말한다) 이상 그 승인된 보험료를 납부하지 아니하면 그 분할납부의 승인을 취소한다.

④ **분할납부 승인과 취소에 관한 절차 · 방법 · 기준 등** : 분할납부의 승인과 취소에 관한 절차 · 방법 · 기준 등에 필요한 사항은 보건복지부령으로 정한다.

24 고액 · 상습체납자의 인적사항 공개〈제83조〉

① **인적사항 등**
 ㉠ 공단은 국민건강보험법에 따른 납부기한의 다음 날부터 1년이 경과한 보험료, 연체금과 체납처분비(결손처분한 보험료, 연체금과 체납처분비로서 징수권 소멸시효가 완성되지 아니한 것을 포함한다)의 총액이 1천만 원 이상인 체납자가 납부능력이 있음에도 불구하고 체납한 경우 그 인적사항 · 체납액 등(이하 이 조에서 "인적사항등"이라 한다)을 공개할 수 있다.
 ㉡ 체납된 보험료, 연체금과 체납처분비와 관련하여 이의신청, 심판청구가 제기되거나 행정소송이 계류 중인 경우 또는 그 밖에 체납된 금액의 일부 납부 등 대통령령으로 정하는 사유가 있는 경우에는 그러하지 아니하다.

② **보험료정보공개심의위원회 설치** : 체납자의 인적사항등에 대한 공개 여부를 심의하기 위하여 공단에 보험료정보공개심의위원회를 둔다.

③ **서면통지 및 소명기회 부여** : 공단은 보험료정보공개심의위원회의 심의를 거친 인적사항등의 공개대상자에게 공개대상자임을 서면으로 통지하여 소명의 기회를 부여하여야 하며, 통지일부터 6개월이 경과한 후 체납액의 납부이행 등을 감안하여 공개대상자를 선정한다.

④ **공개방법** : 체납자 인적사항등의 공개는 관보에 게재하거나 공단 인터넷 홈페이지에 게시하는 방법에 따른다.

⑤ **인적사항등 공개와 관련한 필요한 사항** : 체납자 인적사항등의 공개와 관련한 납부능력의 기준, 공개절차 및 위원회의 구성 · 운영 등에 필요한 사항은 대통령령으로 정한다.

25 결손처분〈제84조〉

① **보험료등 결손처분** : 공단은 다음의 어느 하나에 해당하는 사유가 있으면 재정운영위원회의 의결을 받아 보험료등을 결손처분할 수 있다.

㉠ 체납처분이 끝나고 체납액에 충당될 배분금액이 그 체납액에 미치지 못하는 경우

㉡ 해당 권리에 대한 소멸시효가 완성된 경우

㉢ 그 밖에 징수할 가능성이 없다고 인정되는 경우로서 대통령령으로 정하는 경우

② **결손처분 취소**: 공단은 결손처분을 한 후 압류할 수 있는 다른 재산이 있는 것을 발견한 때에는 지체 없이 그 처분을 취소하고 체납처분을 하여야 한다.

◆ **결손처분**
- 일정한 사유로 부과한 조세를 거두어들일 수 없다고 인정될 때, 그 납세 의무를 없애는 행정처분을 말한다.

26 보험료등의 징수 순위〈제85조〉

① **채권에 우선하여 징수**: 보험료등은 국세와 지방세를 제외한 다른 채권에 우선하여 징수한다.

② **전세권·질권·저당권 또는 담보권으로 담보된 채권은 예외**: 보험료등의 납부기한 전에 전세권·질권·저당권 또는 「동산·채권 등의 담보에 관한 법률」에 따른 담보권의 설정을 등기 또는 등록한 사실이 증명되는 재산을 매각할 때에 그 매각대금 중에서 보험료등을 징수하는 경우 그 전세권·질권·저당권 또는 「동산·채권 등의 담보에 관한 법률」에 따른 담보권으로 담보된 채권에 대하여는 그러하지 아니하다.

◆ **전세권·질권·저당권·담보권**
- **전세권(傳貰權)**: 전세금을 지불한 사람이 타인의 부동산을 이용할 수 있는 권리를 말한다.
- **질권(質權)**: 채무자가 돈을 갚을 때까지 채권자가 담보물을 간직할 수 있고, 채무자가 돈을 갚지 아니할 때에는 그것으로 우선 변제를 받을 수 있는 권리를 말한다.
- **저당권(抵當權)**: 채무가 이행되지 않을 경우에 채권자가 저당물에 대하여 일반 채권자에 우선하여 변제를 받을 수 있는 권리를 말한다.
- **담보권(擔保權)**: 민법에서, 채무자가 빚을 갚지 않을 경우에 채권자가 채무이행을 확보할 수 있는 권리를 말한다. 신용 확보를 위하여 일정한 물건을 채권의 담보로 제공할 것을 목적으로 한다.

27 보험료등의 충당과 환급〈제86조〉

① **과오납부 금액**: 공단은 납부의무자가 보험료등·연체금 또는 체납처분비로 낸 금액 중 과오납부(過誤納付)한 금액이 있으면 대통령령으로 정하는 바에 따라 그 과오납금을 보험료등·연체금 또는 체납처분비에 우선 충당하여야 한다.

② 환급금 지급
　　㉠ 공단은 충당하고 남은 금액이 있는 경우 대통령령으로 정하는 바에 따라 납부의무자에게 환급하여야
　　　한다.
　　㉡ 이 경우 과오납금에 대통령령으로 정하는 이자를 가산하여야 한다.

보험료의 경감 및 감액대상	
구분	보험료 경감 대상자〈법 제75조 제1항〉	보험료를 감액 대상 가능자〈법 제75조 제2항〉

구분	보험료 경감 대상자〈법 제75조 제1항〉	보험료를 감액 대상 가능자〈법 제75조 제2항〉
내용	• 섬 · 벽지(僻地) · 농어촌 등 대통령령으로 정하는 지역에 거주하는 사람 • 65세 이상인 사람 • 장애인 • 국가유공자 • 휴직자 • 그 밖에 생활이 어렵거나 천재지변 등의 사유로 보험료를 경감할 필요가 있다고 보건복지부장관이 정하여 고시하는 사람	• 보험료의 납입 고지 또는 독촉을 전자문서로 받는 경우 • 보험료를 계좌 또는 신용카드 자동이체의 방법으로 내는 경우

보험료의 부담비율〈법 제76조〉		
	구분	부담비율
내직장가입자의 부담비율	근로자인 경우	• 근로자 : 50% • 근로자가 소속되어 있는 사업장의 사업주 : 50%
	공무원인 경우	• 공무원 50% • 공무원이 소속되어 있는 국가 또는 지방자치단체 : 50%
	교직원(사립학교 근무하는 교원 제외)인 경우	• 교직원 : 50% • 교직원이 소속되어 있는 사립학교 설립 · 운영하는 사용자 : 50%
	사립학교에 근무하는 교원인 경우	• 교원 : 50% • 사립학교를 설립 · 운영하는 사용자 : 30% • 국가 : 20%
보험료 부담대상	직장가입자 보수 외 소득월액보험료	• 직장가입자가 부담
	지역가입자의 보험료	• 가입자가 속한 세대의 지역가입자 전원이 연대하여 부담

(1) 보험료의 징수
  ㉠ 공단은 건강보험사업에 드는 비용에 충당하기 위하여 ______________로부터 보험료를 징수한다.
  ㉡   보험료는 가입자의 자격을 취득한 날이 속하는 달의 다음 달부터 가입자의 자격을 잃은 날의 전날이 속하는 달까지 징수한다.
  ㉢ 보험료를 징수할 때 가입자의 자격이 변동된 경우에는 변동된 날이 속하는 달의 보험료는 변동되기 전의 자격을 기준으로 징수한다. 다만, 가입자의 자격이 매월 1일에 변동된 경우에는 변동된 자격을 기준으로 징수한다.

(2) 직장가입자의 ______은 직장가입자가 지급받는 보수를 기준으로 하여 산정한다.

(3) ______의 보수월액보험료는 해당 사유가 생기기 전 달의 보수월액을 기준으로 산정한다.

(4) 지역가입자의 소득월액은 지역가입자의 연간 소득을 _____로 나눈 값을 보건복지부령으로 정하는 바에 따라 평가하여 산정한다.

(5) 재산보험료부과점수는 지역가입자의 ___을 기준으로 산정한다.

(6) 보건복지부장관은 피부양자 인정기준과 보험료, 보수월액, 소득월액 및 재산보험료부과점수의 산정 기준 및 방법 등에 대하여 적정성을 평가하고, 국민건강보험법 시행일로부터 ___이 경과한 때 이를 조정하여야 한다.

(7) 보험료율
  ㉠ 직장가입자의 보험료율은 _________의 범위에서 심의위원회의 의결을 거쳐 대통령령으로 정한다.
  ㉡ 국외에서 업무에 종사하고 있는 직장가입자에 대한 보험료율은 ㉠에 따라 정해진 보험료율의 _______으로 한다.

(8) 보험료 납부의무가 있는 자는 가입자에 대한 그 달의 보험료를 그 다음 달 ___까지 납부하여야 한다.

(9) 공단은 보험료등을 징수하려면 그 금액을 결정하여 납부의무자에게 문서로 _______를 하여야 한다.

(10) 공단은 보험료등의 납부의무자가 납부기한까지 보험료등을 내지 아니하면 그 납부기한이 지난 날부터 매 1일이 경과할 때마다 _____을 징수한다.

(11) 보험료를 독촉할 때에는 ___ 이상 ___ 이내의 납부기한을 정하여 독촉장을 발부하여야 한다.

(12) 공단은 보험료를 ___ 이상 체납한 자가 신청하는 경우 보건복지부령으로 정하는 바에 따라 분할납부를 승인할 수 있다.

(13) 공단은 다음의 어느 하나에 해당하는 사유가 있으면 ___________의 의결을 받아 보험료등을 결손처분할 수 있다.
  ㉠ 체납처분이 끝나고 체납액에 충당될 배분금액이 그 체납액에 미치지 못하는 경우
  ㉡ 해당 권리에 대한 소멸시효가 완성된 경우
  ㉢ 그 밖에 징수할 가능성이 없다고 인정되는 경우로서 대통령령으로 정하는 경우

(14) 보험료등은 ___와 _____를 제외한 다른 채권에 우선하여 징수한다.

정답 및 해설

(1) 보험료의 납부의무자
(2) 보수월액
(3) 휴직자등
(4) 12개월
(5) 재산
(6) 4년
(7) 1천분의 80, 100분의 50
(8) 10일
(9) 납입고지
(10) 연체금
(11) 10일, 15일
(12) 3회
(13) 재정운영위원회
(14) 국세, 지방세

출제예상문제

1 다음은 국민건강보험법상 보험료에 대한 설명이다. 옳지 않은 것은?

① 보험료는 건강보험사업에 드는 비용에 충당하기 위하여 보험료의 납부의무자로부터 징수한다.

② 보험료는 가입자의 자격을 취득한 날이 속하는 달의 다음 달부터 가입자의 자격을 잃은 날의 전날이 속하는 달까지 징수한다.

③ 가입자의 자격을 매월 1일에 취득한 경우에는 취득한 달의 다음 달 1일부터 징수한다.

④ 보험료를 징수할 때 가입자의 자격이 변동된 경우에는 변동된 날이 속하는 달의 보험료는 변동되기 전의 자격을 기준으로 징수한다.

TIP ③ 보험료는 가입자의 자격을 취득한 날이 속하는 달의 다음 달부터 가입자의 자격을 잃은 날의 전날이 속하는 달까지 징수한다. 다만, 가입자의 자격을 매월 1일에 취득한 경우에는 그 달부터 징수한다〈「국민건강보험법」 제69조 제2항〉.

※ 보험료를 징수할 때 가입자의 자격이 변동된 경우에는 변동된 날이 속하는 달의 보험료는 변동되기 전의 자격을 기준으로 징수한다. 다만, 가입자의 자격이 매월 1일에 변동된 경우에는 변동된 자격을 기준으로 징수한다〈「국민건강보험법」 제69조 제3항〉.

2 보험료의 납부의무자로부터 보험료를 징수해야 하는 기관은?

① 보건복지부장관   ② 지방자치단체장

③ 건강보험심사평가원   ④ 국민건강보험공단

TIP ② 공단은 건강보험사업에 드는 비용에 충당하기 위하여 보험료의 납부의무자로부터 보험료를 징수한다〈「국민건강보험법」 제69조 제1항〉.

※ 월별 보험료액은 가입자의 보험료 평균액의 일정비율에 해당하는 금액을 고려하여 대통령령으로 정하는 기준에 따라 상한 및 하한을 정한다.

3 국민건강보험법상 보수월액에 대한 설명으로 옳지 않은 것은?

① 직장가입자의 보수월액은 직장가입자가 지급받는 보수를 기준으로 하여 산정한다.

② 휴직이나 그 밖의 사유로 보수의 전부 또는 일부가 지급되지 아니하는 가입자의 보수월액보험료는 해당 사유가 생긴 달의 보수월액을 기준으로 산정한다.

③ 보수는 근로자등이 근로를 제공하고 사용자·국가 또는 지방자치단체로부터 지급받는 금품으로서 대통령령으로 정하는 것을 말한다.

④ 보수월액의 산정 등에 필요한 사항은 대통령령으로 정한다.

TIP ② 휴직이나 그 밖의 사유로 보수의 전부 또는 일부가 지급되지 아니하는 가입자의 보수월액보험료는 해당 사유가 생기기 전 달의 보수월액을 기준으로 산정한다〈「국민건강보험법」 제70조 제2항〉.

4 다음은 직장가입자의 보수 외 소득월액의 계산식이다. 빈칸에 들어갈 내용으로 적절한 것은?

> (연간 보수 외 소득 − 대통령령으로 정하는 금액) × (   )

① 1/3   ② 1/6

③ 1/9   ④ 1/12

TIP 소득월액〈「국민건강보험법」 제71조 제1항〉… 직장가입자의 보수 외 소득월액은 보수월액의 산정에 포함된 보수를 제외한 직장가입자의 소득이 대통령령으로 정하는 금액을 초과하는 경우 다음의 계산식에 따른 값을 보건복지부령으로 정하는 바에 따라 평가하에 산정한다.

> (연간 보수 외 소득 − 대통령령으로 정하는 금액) × 1/12

5 국민건강보험법상 재산보험료부과점수는 무엇을 기준으로 산정하는가?

① 지역가입자 세대 구성원의 수와 총 소득   ② 지역가입자 세대 구성원의 수와 재산

③ 지역가입자의 재산   ④ 지역가입자의 연령

TIP 재산보험료부과점수는 지역가입자의 재산을 기준으로 산정한다〈「국민건강보험법」 제72조 제1항〉.

Answer   1.③   2.④   3.②   4.④   5.③

6 다음 중 보험료 부과제도에 대한 적정성평가를 하는 경우 종합적으로 고려해야 할 사항으로 가장 옳지 않은 것은?

① 심의위원회가 심의한 가입자의 소득 파악 현황 및 개선방안

② 공단의 소득 관련 자료 보유 현황

③「소득세법」에 따른 근로소득 과세 현황

④ 직장가입자에게 부과되는 보험료와 지역가입자에게 부과되는 보험료 간 형평성

TIP 보건복지부장관이 적정성평가를 하는 경우에 종합적으로 고려해야 할 사항〈「국민건강보험법」 제72조의3 제2항〉.
   ㉠ 심의위원회가 심의한 가입자의 소득 파악 현황 및 개선방안
   ㉡ 공단의 소득 관련 자료 보유 현황
   ㉢ 종합소득(종합과세되는 종합소득과 분리과세되는 종합소득을 포함한다) 과세 현황
   ㉣ 직장가입자에게 부과되는 보험료와 지역가입자에게 부과되는 보험료 간 형평성
   ㉤ 인정기준 및 산정기준의 조정으로 인한 보험료 변동
   ㉥ 그 밖에 적정성 평가 대상이 될 수 있는 사항으로서 보건복지부장관이 정하는 사항

7 다음은 국민건강보험법 제73조(보험료율 등)이다. 빈칸의 숫자를 모두 합하면?

제1항 직장가입자의 보험료율은 1천분의 (   )의 범위에서 심의위원회의 의결을 거쳐 대통령령으로 정한다.
제2항 국외에서 업무에 종사하고 있는 직장가입자에 대한 보험료율은 제1항에 따라 정해진 보험료율의 100분의 (   )으로 한다.

① 100

② 110

③ 120

④ 130

TIP 보험료율〈「국민건강보험법」 제73조〉
   ㉠ 직장가입자의 보험료율은 1천분의 <u>80</u>의 범위에서 심의위원회의 의결을 거쳐 대통령령으로 정한다.
   ㉡ 국외에서 업무에 종사하고 있는 직장가입자에 대한 보험료율은 제1항에 따라 정해진 보험료율의 100분의 <u>50</u>으로 한다.
   ※ 80 + 50 = 130

8 다음 중 국민건강보험법상 지역가입자의 보험료율과 재산보험료부과점수당 금액을 정하는 기준을 가장 바르게 설명한 것은?

① 심의위원회의 의결을 거쳐 대통령령으로 정한다.

② 이사회의 의결을 거쳐 대통령령으로 정한다.

③ 심의위원회의 의결을 거쳐 보건복지부령으로 정한다.

④ 이사회의 의결을 거쳐 보건복지부령으로 정한다.

> **TIP** 지역가입자의 보험료율과 재산보험료부과점수당 금액은 심의위원회의 의결을 거쳐 대통령령으로 정한다〈「국민건강보험법」 제73조 제3항〉.

9 다음은 국민건강보험법 제74조(보험료의 면제)이다. 다음에서 설명하는 내용 중 가장 바르지 않은 것을 고르면?

① 국외에 체류하는 직장가입자의 경우에는 국내에 거주하는 피부양자가 없을 때에만 보험료를 면제한다.

② 지역가입자가 보험료의 면제에 해당하면 그 가입자가 속한 세대의 보험료를 산정할 때 그 가입자의 소득월액 및 재산보험료부과점수를 제외한다.

③ 국외에 체류하는 경우에는 6개월 이상의 기간으로서 대통령령으로 정하는 기간 이상 국외에 체류하는 경우에 면제한다.

④ 보험료의 면제나 보험료의 산정에서 제외되는 소득월액 및 재산보험료부과점수에 대하여는 급여의 정지대상에 해당하는 급여정지 사유가 생긴 날이 속하는 달의 다음 달부터 사유가 없어진 날이 속하는 달까지 적용한다.

> **TIP** ③ 공단은 직장가입자가 제54조 제2호부터 제4호까지의 어느 하나에 해당하는 경우(국외에 체류하는 경우에는 1개월 이상의 기간으로서 대통령령으로 정하는 기간 이상 국외에 체류하는 경우에 한정한다) 그 가입자의 보험료를 면제한다. 다만, 제54조 제2호에 해당하는 직장가입자의 경우에는 국내에 거주하는 피부양자가 없을 때에만 보험료를 면제한다〈「국민건강보험법」 제74조 제1항〉.

Answer　6.③　7.④　8.①　9.③

10 다음 중 국민건강보험법상 보험료의 면제 대상으로 옳지 않은 경우는?

① 군간부후보생   ② 「병역법」에 따른 현역병

③ 「해양경찰법」에 따른 해양경찰   ④ 교도소 시설에 수용되어 있는 경우

> **TIP** 직장가입자의 보험료 면제대상〈「국민건강보험법」 제74조 제1항〉
> ㉠ 국외에 체류하는 경우(국내에 거주하는 피부양자가 없을 때에만 보험료 면제)
> ㉡ 「병역법」에 따른 현역병(지원에 의하지 않고 임용된 하사 포함한다), 전환복무된 사람 및 군간부후보생에
>   해당하게 된 경우
> ㉢ 교도소, 그 밖에 이에 준하는 시설에 수용되어 있는 경우

11 다음 중 국민건강보험법상 보험료의 일부를 경감을 받을 수 있는 사람으로 옳지 않은 자는?

① 휴직자   ② 60세 이상인 사람

③ 장애인   ④ 국가유공자

> **TIP** 보험료의 경감 등〈「국민건강보험법」 제75조 제1항〉 … 다음의 어느 하나에 해당하는 가입자 중 보건복지부령으
> 로 정하는 가입자에 대하여는 그 가입자 또는 그 가입자가 속한 세대의 보험료의 일부를 경감할 수 있다.
> ㉠ 섬·벽지(僻地)·농어촌 등 대통령령으로 정하는 지역에 거주하는 사람
> ㉡ 65세 이상인 사람
> ㉢ 「장애인복지법」에 따라 등록한 장애인
> ㉣ 「국가유공자 등 예우 및 지원에 관한 법률」에 따른 국가유공자
> ㉤ 휴직자
> ㉥ 생활이 어렵거나 천재지변 등의 사유로 보험료를 경감할 필요가 있다고 보건복지부장관이 정하여 고시하는 사람

12 보험료 납부의무자에게 보험료를 감액하는 등 재산상의 이익을 제공할 수 있는 경우로 틀린 것은?

① 보험료의 납입 고지서를 전자문서로 받는 경우

② 보험료를 계좌이체의 방법으로 내는 경우

③ 보험료를 기한 내에 현금으로 내는 경우

④ 보험료를 신용카드 자동이체의 방법으로 내는 경우

> **TIP** 보험료 납부의무자가 다음의 어느 하나에 해당하는 경우에는 대통령령으로 정하는 바에 따라 보험료를 감액
> 하는 등 재산상의 이익을 제공할 수 있다〈「국민건강보험법」 제75조 제2항〉.
> ㉠ 보험료의 납입 고지 또는 독촉을 전자문서로 받는 경우
> ㉡ 보험료를 계좌 또는 신용카드 자동이체의 방법으로 내는 경우

13 다음 빈칸에 들어갈 내용을 순서대로 가장 바르게 나열된 것은?

> 제76조(보험료의 부담) ① 직장가입자의 보수월액보험료는 직장가입자와 다음 각 호의 구분에 따른 자가 각각 보험료액의 100분의 50씩 부담한다. 다만, 직장가입자가 교직원으로서 사립학교에 근무하는 교원이면 보험료액은 그 직장가입자가 100분의 (   )을, 제3조 제2호 다목에 해당하는 사용자가 100분의 (   )을, 국가가 100분의 (   )을 각각 부담한다.
> 1. 직장가입자가 근로자인 경우에는 제3조 제2호 가목에 해당하는 사업주
> 2. 직장가입자가 공무원인 경우에는 그 공무원이 소속되어 있는 국가 또는 지방자치단체
> 3. 직장가입자가 교직원(사립학교에 근무하는 교원은 제외한다)인 경우에는 제3조 제2호 다목에 해당하는 사용자

① 50, 30, 20

② 50, 20, 30

③ 40, 30, 30

④ 30, 40, 30

TIP 보험료의 부담〈「국민건강보험법」 제76조 제1항〉 … 직장가입자의 보수월액보험료는 직장가입자와 다음의 구분에 따른 자가 각각 보험료액의 100분의 50씩 부담한다. 다만, 직장가입자가 교직원으로서 사립학교에 근무하는 교원이면 보험료액은 그 직장가입자가 100분의 <u>50</u>을, 제3조 제2호 다목에 해당하는 사용자가 100분의 <u>30</u>을, 국가가 100분의 <u>20</u>을 각각 부담한다.

※ **국민건강보험법 제3조 제2호 다목** … 교직원이 소속되어 있는 사립학교를 설립·운영하는 자

14 직장가입자의 보수 외 소득월액보험료를 부담해야 하는 사람은?

① 지역가입자

② 지역가입자 전원이 연대하여 부담

③ 직장가입자가 소속되어 있는 사용자

④ 직장가입자

TIP 직장가입자의 보수 외 소득월액보험료는 직장가입자가 부담한다〈「국민건강보험법」 제76조 제2항〉.

지역가입자의 보험료는 그 가입자가 속한 세대의 지역가입자 전원이 연대하여 부담한다.

※ 직장가입자가 교직원인 경우 교직원이 소속되어 있는 사립학교를 설립·운영하는 사용자가 부담액 전부를 부담할 수 없으면 그 부족액을 학교에 속하는 회계에서 부담하게 할 수 있다.

Answer   10.③ 11.② 12.③ 13.① 14.④

15 다음은 보험료 납부의무에 대한 설명이다. 옳지 않은 것은?

① 직장가입자의 보수월액보험료는 직장가입자가 납부하고 보수 외 소득월액보험료는 사용자가 납부한다.

② 지역가입자의 보험료는 그 가입자가 속한 세대의 지역가입자 전원이 연대하여 납부한다.

③ 소득 및 재산이 없는 미성년자와 소득 및 재산 등을 고려하여 대통령령으로 정하는 기준에 해당하는 미성년자는 납부의무를 부담하지 아니한다.

④ 사용자는 보수월액보험료 중 직장가입자가 부담하여야 하는 그 달의 보험료액을 그 보수에서 공제하여 납부하여야 한다.

TIP ① 보수월액보험료는 사용자가 납부하고 보수 외 소득월액보험료는 직장가입자가 납부한다〈「국민건강보험법」 제77조 제1항〉.

　　※ **보험료 납부의무**〈「국민건강보험법」 제77조 제1항〉
　　　　㉠ **보수월액보험료** : 사용자. 이 경우 사업장의 사용자가 2명 이상인 때에는 그 사업장의 사용자는 해당 직장가입자의 보험료를 연대하여 납부한다.
　　　　㉡ **소득월액보험료** : 직장가입자

16 다음은 보험료 등의 제2차 납부의무에 대한 설명이다. 빈칸에 들어갈 내용으로 적절한 것은?

> 법인의 재산으로 그 법인이 납부하여야 하는 보험료, 연체금 및 체납처분비를 충당하여도 부족한 경우에는 해당 법인에게 보험료의 납부의무가 부과된 날 현재의 (　　　　) 또는 과점주주가 그 부족한 금액에 대하여 제2차 납부의무를 진다.

① 유한책임사원　　　　　　　　　　② 무한책임사원

③ 소액주주　　　　　　　　　　　　④ 특수관계인

TIP 제2차 납부의무〈「국민건강보험법」 제77조의2 제1항〉 … 법인의 재산으로 그 법인이 납부하여야 하는 보험료, 연체금 및 체납처분비를 충당하여도 부족한 경우에는 해당 법인에게 보험료의 납부의무가 부과된 날 현재의 <u>무한책임사원</u> 또는 과점주주(「국세기본법」 제39조 각 호의 어느 하나에 해당하는 자를 말한다)가 그 부족한 금액에 대하여 제2차 납부의무를 진다. 다만, 과점주주의 경우에는 그 부족한 금액을 그 법인의 발행주식 총수(의결권이 없는 주식은 제외한다) 또는 출자총액으로 나눈 금액에 해당 과점주주가 실질적으로 권리를 행사하는 주식 수(의결권이 없는 주식은 제외한다) 또는 출자액을 곱하여 산출한 금액을 한도로 한다.

17 보험료 납부의무자는 납입 고지의 송달 지연 등 보건복지부령으로 정하는 사유가 있는 경우 신청에 따라 납부기한을 연장할 수 있다. 납부기한을 연장할 수 있는 범위는?

① 15일　　　　　　　　　　　　　　② 21일

③ 1개월　　　　　　　　　　　　　　④ 2개월

> **TIP** 공단은 납입 고지의 송달 지연 등 보건복지부령으로 정하는 사유가 있는 경우 납부의무자의 신청에 따라 제1항에 따른 납부기한부터 1개월의 범위에서 납부기한을 연장할 수 있다. 이 경우 납부기한 연장을 신청하는 방법, 절차 등에 필요한 사항은 보건복지부령으로 정한다〈「국민건강보험법」 제78조 제2항〉.

18 다음 중 국민건강보험법상 보험료의 납부기한은? (단, 그 달의 보험료를 그 다음 달에 납부하는 것을 기준으로 함)

① 5일　　　　　　　　　　　　　　② 10일

③ 15일　　　　　　　　　　　　　④ 25일

> **TIP** 보험료 납부의무가 있는 자는 가입자에 대한 그 달의 보험료를 그 다음 달 10일까지 납부하여야 한다. 다만, 직장가입자의 보수 외 소득월액보험료 및 지역가입자의 보험료는 보건복지부령으로 정하는 바에 따라 분기별로 납부할 수 있다〈「국민건강보험법」 제78조 제항〉.

19 공단은 보험료등을 징수하려면 그 금액을 결정하여 납부의무자에게 문서로 납입고지를 하여야 한다. 다음 중 납입고지에 포함되어야 하는 사항으로 옳지 않은 것은?

① 징수하려는 보험료의 종류　　　　　② 납부해야 하는 금액

③ 납부기한 및 장소　　　　　　　　　④ 납부 가능 시간

> **TIP** 보험료의 납입고지〈「국민건강보험법」 제79조 제1항〉 … 공단은 보험료등을 징수하려면 그 금액을 결정하여 납부의무자에게 다음의 사항을 적은 문서로 납입 고지를 하여야 한다.
> ㉠ 징수하려는 보험료등의 종류
> ㉡ 납부해야 하는 금액
> ㉢ 납부기한 및 장소

Answer　15.① 16.② 17.③ 18.② 19.④

20 다음 중 신용카드로 보험료를 납부하는 것에 대한 설명으로 옳지 않은 것은?

① 보험료등납부대행기관의 지정 및 운영, 수수료 등에 필요한 사항은 보건복지부령으로 정한다.

② 신용카드등으로 보험료등을 납부하는 경우에는 보험료등납부대행기관의 승인일을 납부일로 본다.

③ 공단이 납입 고지한 보험료등을 납부하는 자는 보험료등납부대행기관 등을 통하여 신용카드, 직불카드 등으로 납부할 수 있다.

④ 보험료등납부대행기관은 보험료등의 납부자로부터 보험료등의 납부를 대행하는 대가로 수수료를 받을 수 있다.

TIP ① 보험료등납부대행기관의 지정 및 운영, 수수료 등에 필요한 사항은 대통령령으로 정한다〈「국민건강보험법」 제79조의2 제4항〉.

21 다음은 체납된 보험료등의 연체금에 대한 설명이다. 빈칸에 들어갈 숫자를 모두 더한 값은?

> 공단은 보험료등의 납부의무자가 체납된 보험료등을 내지 아니하면 납부기한 후 (　　)일이 지난 날부터 매 1일이 경과할 때마다 다음 각 호에 해당하는 연체금을 제1항에 따른 연체금에 더하여 징수한다.
> 1. 제69조에 따른 보험료 또는 제53조 제3항에 따른 보험급여 제한 기간 중 받은 보험급여에 대한 징수금을 체납한 경우 : 해당 체납금액의 (　　)천분의 1에 해당하는 금액. 이 경우 연체금(제1항 제1호의 연체금을 포함한 금액을 말한다)은 해당 체납금액의 1천분의 50을 넘지 못한다.
> 2. 제1호 외에 이 법에 따른 징수금을 체납한 경우 : 해당 체납금액의 3천분의 1에 해당하는 금액. 이 경우 연체금(제1항 제2호의 연체금을 포함한 금액을 말한다)은 해당 체납금액의 1천분의 (　　)을 넘지 못한다.

① 123　　　　　　　　　　　　② 124

③ 125　　　　　　　　　　　　④ 126

TIP 연체금〈「국민건강보험법」 제80조 제2항〉 … 공단은 보험료등의 납부의무자가 체납된 보험료등을 내지 아니하면 납부기한 후 <u>30</u>일이 지난 날부터 매 1일이 경과할 때마다 다음에 해당하는 연체금을 연체금에 더하여 징수한다.
　　㉠ 제69조에 따른 보험료 또는 제53조 제3항에 따른 보험급여 제한 기간 중 받은 보험급여에 대한 징수금을 체납한 경우 : 해당 체납금액의 <u>6</u>천분의 1에 해당하는 금액. 이 경우 연체금(제1항 제1호의 연체금을 포함한 금액을 말한다)은 해당 체납금액의 1천분의 50을 넘지 못한다.
　　㉡ 제1호 외에 이 법에 따른 징수금을 체납한 경우 : 해당 체납금액의 3천분의 1에 해당하는 금액. 이 경우 연체금(제1항 제2호의 연체금을 포함한 금액을 말한다)은 해당 체납금액의 1천분의 <u>90</u>을 넘지 못한다.
　　※ 30 + 6 + 90 = 126

22 다음 중 보험료등의 독촉 및 체납처분에 대한 설명으로 옳지 않은 것은?

① 독촉을 받은 자가 보험료등을 내지 아니하면 국세 체납처분의 예에 따라 이를 징수할 수 있다.

② 공단은 보험료등을 내야 하는 자가 보험료등을 내지 아니하면 기한을 정하여 독촉할 수 있다.

③ 공단은 체납처분을 하기 전에 보험료등의 체납 내역 및 소액금융재산에 대한 압류금지 사실 등이 포함된 통보서를 발송하여야 한다.

④ 보험료등을 독촉할 때에는 30일 이내의 납부기한을 정하여 독촉장을 발부하여야 한다.

> **TIP** ④ 공단은 보험료등을 내야 하는 자가 보험료등을 내지 않아 독촉할 때에는 10일 이상 15일 이내의 납부기한을 정하여 독촉장을 발부하여야 한다〈「국민건강보험법」 제81조 제2항〉.

23 다음의 경우에 해당하는 요양기관의 부당이득 징수금을 압류하고자 할 때 승인을 받아야 하는 주체는?

> • 「의료법」 제33조 제2항 또는 「약사법」 제20조 제1항을 위반하였다는 사실로 기소된 경우
> • 요양기관 또는 요양기관을 개설한 자에게 강제집행, 국세 강제징수 등 대통령령으로 정하는 사유가 있어 그 재산을 압류할 필요가 있는 경우

① 관할 검찰청　　　　　　　　　　　② 관할 법원
③ 보건복지부장관　　　　　　　　　④ 지방자치단체의 장

> **TIP** 공단은 보험급여 비용을 받은 요양기관이 「의료법」 또는 「약사법」을 위반하였다는 사실로 기소된 경우와 요양기관 또는 요양기관을 개설한 자에게 강제집행, 국세 강제징수 등 대통령령으로 정하는 사유가 있어 그 재산을 압류할 필요가 있는 경우에는 징수금의 한도에서 해당 요양기관 또는 그 요양기관을 개설한 자의 재산을 보건복지부장관의 승인을 받아 압류할 수 있다〈「국민건강보험법」 제81조의2 제1항〉.

24 다음 중 체납보험료의 분할납부를 신청할 수 있는 사람은?

① 보험료를 1회 이상 체납한 자　　　② 보험료를 3회 이상 체납한 자
③ 보험료를 5회 이상 체납한 자　　　④ 보험료를 7회 이상 체납한 자

> **TIP** ② 공단은 보험료를 3회 이상 체납한 자가 신청하는 경우 분할납부를 승인할 수 있다〈「국민건강보험법」 제82조 제1항〉.

Answer　20.①　21.④　22.④　23.③　24.②

25 체납보험료의 분할납부에 대한 설명으로 옳은 것은?

① 보험료를 법이 정한 횟수 이상 체납한 사람에 대하여 분할납부신청을 할 수 있음을 알려야 한다.

② 분할납부를 신청할 수 있음을 알린 경우에는 정관에 따라 분할납부 신청절차 및 방법을 안내하여야 한다.

③ 분할납부 승인을 받은 후 3회 이상 보험료를 납부하지 않으면 분할납부 승인을 취소할 수 있다.

④ 분할납부의 승인과 취소에 관한 절차 · 방법 · 기준 등에 필요한 사항은 대통령령으로 정한다.

> **TIP** ①② 공단은 보험료를 3회 이상 체납한 자에 대하여 체납처분을 하기 전에 분할납부를 신청할 수 있음을 알리고, 보건복지부령으로 정하는 바에 따라 분할납부 신청의 절차 · 방법 등에 관한 사항을 안내하여야 한다〈「국민건강보험법」 제82조 제2항〉.
> ③ 공단은 분할납부 승인을 받은 자가 정당한 사유 없이 5회 이상 그 승인된 보험료를 납부하지 아니하면 그 분할납부의 승인을 취소한다〈「국민건강보험법」 제82조 제3항〉.
> ④ 분할납부의 승인과 취소에 관한 절차 · 방법 · 기준 등에 필요한 사항은 보건복지부령으로 정한다〈「국민건강보험법」 제82조 제4항〉.

26 국민건강보험법 제83조(고액 · 상습체납자의 인적사항 공개) 제1항을 설명한 것이다. 다음 설명 중 가장 바르지 못한 것은?

① 납부기한의 다음 날부터 6개월이 경과한 보험료, 연체금과 체납처분비의 총액이 5백만 원 이상인 체납자가 납부능력이 있음에도 불구하고 체납한 경우 그 인적사항 · 체납액 등을 공개할 수 있다.

② 체납자의 인적사항등에 대한 공개 여부를 심의하기 위하여 공단에 보험료정보공개심의위원회를 둔다.

③ 체납자 인적사항등의 공개는 관보에 게재하거나 공단 인터넷 홈페이지에 게시하는 방법에 따른다.

④ 체납자 인적사항등의 공개와 관련한 납부능력의 기준, 공개절차 및 위원회의 구성 · 운영 등에 필요한 사항은 대통령령으로 정한다.

> **TIP** ① 공단은 국민건강보험법에 따른 납부기한의 다음 날부터 1년이 경과한 보험료, 연체금과 체납처분비(결손처분한 보험료, 연체금과 체납처분비로서 징수권 소멸시효가 완성되지 아니한 것을 포함한다)의 총액이 1천만 원 이상인 체납자가 납부능력이 있음에도 불구하고 체납한 경우 그 인적사항 · 체납액 등을 공개할 수 있다. 다만, 체납된 보험료, 연체금과 체납처분비와 관련하여 이의신청, 심판청구가 제기되거나 행정소송이 계류 중인 경우 또는 그 밖에 체납된 금액의 일부 납부 등 대통령령으로 정하는 사유가 있는 경우에는 그러하지 아니하다〈「국민건강보험법」 제83조 제1항〉.

27 다음 중 재정운영위원회의 의결을 받아 보험료등을 결손처분할 수 있는 사유로 옳지 않은 것은?

① 체납처분이 끝나고 체납액에 충당될 배분금액이 그 체납액에 미치지 못하는 경우

② 해당 권리에 대한 소멸시효가 완성된 경우

③ 압류할 수 있는 다른 재산이 있는 경우

④ 징수할 가능성이 없다고 인정되는 경우로서 대통령령으로 정하는 경우

> **TIP** 결손처분〈「국민건강보험법」 제84조〉
> ㉠ 공단은 다음의 어느 하나에 해당하는 사유가 있으면 재정운영위원회의 의결을 받아 보험료등을 결손처분
> 할 수 있다.
> • 체납처분이 끝나고 체납액에 충당될 배분금액이 그 체납액에 미치지 못하는 경우
> • 해당 권리에 대한 소멸시효가 완성된 경우
> • 그 밖에 징수할 가능성이 없다고 인정되는 경우로서 대통령령으로 정하는 경우
> ㉡ 공단은 결손처분을 한 후 압류할 수 있는 다른 재산이 있는 것을 발견한 때에는 지체 없이 그 처분을 취
> 소하고 체납처분을 하여야 한다.

28 국민건강보험법상 보험료등의 충당과 환급에 있어서 과오납금에 대한 이자를 가산해야 하는 기준을 정하고 있는 법률은?

① 공단의 정관

② 심의위원회의 의결

③ 보건복지부령

④ 대통령령

> **TIP** 보험료등의 충당과 환급〈「국민건강보험법」 제86조〉
> ㉠ 공단은 납부의무자가 보험료등·연체금 또는 체납처분비로 낸 금액 중 과오납부(過誤納付)한 금액이 있으
> 면 대통령령으로 정하는 바에 따라 그 과오납금을 보험료등·연체금 또는 체납처분비에 우선 충당하여야
> 한다.
> ㉡ 공단은 충당하고 남은 금액이 있는 경우 대통령령으로 정하는 바에 따라 납부의무자에게 환급하여야 한다.
> ㉢ 과오납금에 대통령령으로 정하는 이자를 가산하여야 한다.

Answer　25.①　26.①　27.③　28.④

이의신청 및 심판청구 등

1 이의신청〈제87조〉

① **공단에 이의신청** : 가입자 및 피부양자의 자격, 보험료등, 보험급여, 보험급여 비용에 관한 공단의 처분에 이의가 있는 자는 공단에 이의신청을 할 수 있다.

② **심사평가원에 이의신청** : 요양급여비용 및 요양급여의 적정성 평가 등에 관한 심사평가원의 처분에 이의가 있는 공단, 요양기관 또는 그 밖의 자는 심사평가원에 이의신청을 할 수 있다.

③ **이의신청 기간**
   ㉠ 이의신청(이하 "이의신청"이라 한다)은 처분이 있음을 안 날부터 90일 이내에 문서(전자문서를 포함한다)로 하여야 하며 처분이 있은 날부터 180일을 지나면 제기하지 못한다.
   ㉡ 정당한 사유로 그 기간에 이의신청을 할 수 없었음을 소명한 경우에는 그러하지 아니하다.

④ **요양기관이 심사평가원의 확인에 대한 이의신청** : 요양기관이 심사평가원의 확인에 대하여 이의신청을 하려면 통보받은 날부터 30일 이내에 하여야 한다.

⑤ **이의신청의 방법·결정 등** : 이의신청의 방법·결정 및 그 결정의 통지 등에 필요한 사항은 대통령령으로 정한다.

2 심판청구〈제88조〉

① **심판청구**
   ㉠ 이의신청에 대한 결정에 불복하는 자는 건강보험분쟁조정위원회에 심판청구를 할 수 있다.
   ㉡ 이 경우 심판청구의 제기기간 및 제기방법에 관하여는 제87조 제3항을 준용한다.

> **조문참고**
>
> **제87조(이의신청)**
>
> ③ 제1항 및 제2항에 따른 이의신청은 처분이 있음을 안 날부터 90일 이내에 문서(전자문서를 포함한다)로 하여야 하며 처분이 있은 날부터 180일을 지나면 제기하지 못한다. 다만, 정당한 사유로 그 기간에 이의신청을 할 수 없었음을 소명한 경우에는 그러하지 아니하다.

② **심판청구서 제출** : 심판청구를 하려는 자는 대통령령으로 정하는 심판청구서를 제87조 제1항 또는 제2항에 따른 처분을 한 공단 또는 심사평가원에 제출하거나 건강보험분쟁조정위원회에 제출하여야 한다.

> **조문참고**
>
> **제87조(이의신청)**
>
> ① 가입자 및 피부양자의 자격, 보험료등, 보험급여, 보험급여 비용에 관한 공단의 처분에 이의가 있는 자는 공단에 이의신청을 할 수 있다.
> ② 요양급여비용 및 요양급여의 적정성 평가 등에 관한 심사평가원의 처분에 이의가 있는 공단, 요양기관 또는 그 밖의 자는 심사평가원에 이의신청을 할 수 있다.

③ **심판청구의 절차·방법·결정 등** : 심판청구의 절차·방법·결정 및 그 결정의 통지 등에 필요한 사항은 대통령령으로 정한다.

3 건강보험분쟁조정위원회〈제89조〉

① **분쟁조정위원회 설치** : 심판청구를 심리·의결하기 위하여 보건복지부에 건강보험분쟁조정위원회(이하 "분쟁조정위원회"라 한다)를 둔다.

② **분쟁조정위원회 구성**
  ㉠ 분쟁조정위원회는 위원장을 포함하여 60명 이내의 위원으로 구성하고, 위원장을 제외한 위원 중 1명은 당연직위원으로 한다.
  ㉡ 이 경우 공무원이 아닌 위원이 전체 위원의 과반수가 되도록 하여야 한다.

③ **분쟁조정위원회의 회의** : 분쟁조정위원회의 회의는 위원장, 당연직위원 및 위원장이 매 회의마다 지정하는 7명의 위원을 포함하여 총 9명으로 구성하되, 공무원이 아닌 위원이 과반수가 되도록 하여야 한다.

④ **분쟁조정위원회 의결** : 분쟁조정위원회는 구성원 과반수의 출석과 출석위원 과반수의 찬성으로 의결한다.

⑤ **사무국 설치** : 분쟁조정위원회를 실무적으로 지원하기 위하여 분쟁조정위원회에 사무국을 둔다.

⑥ **분쟁조정위원회 및 사무국의 구성 및 운영 등** : 분쟁조정위원회 및 사무국의 구성 및 운영 등에 필요한 사항은 대통령령으로 정한다.

⑦ 분쟁조정위원회의 위원 중 공무원이 아닌 사람은 「형법」 제129조(수뢰, 사전수뢰), 제130조(제삼자뇌물제공), 제131조(수뢰후부정처사, 사후수뢰), 제132조(알선수뢰)까지의 규정을 적용할 때 공무원으로 본다.

4 행정소송〈제90조〉

공단 또는 심사평가원의 처분에 이의가 있는 자와 이의신청 또는 심판청구에 대한 결정에 불복하는 자는 「행정소송법」에서 정하는 바에 따라 행정소송을 제기할 수 있다.

이의신청 및 심판청구		
구분		내용
이의신청 〈법 제87조〉	공단에 이의신청	• 가입자 및 피부양자의 자격, 보험료 등, 보험급여, 보험급여 비용에 관한 공단의 처분에 이의가 있는 자는 공단에 이의신청
	심사평가원에 이의신청	• 요양급여비용 및 요양급여의 적정성 평가 등에 관한 심사평가원의 처분에 이의가 있는 공단, 요양기관 또는 그 밖의 자는 심사평가원에 이의신청
	이의신청 기간	• 처분이 있음을 안 날부터 90일 이내에 문서로 하여야 함 • 처분이 있은 날부터 180일을 지나면 이의신청 제기하지 못함 • 정당한 사유로 그 기간에 이의신청을 할 수 없었음을 소명한 경우에는 이의신청 가능 ※ 심사평가원에 요양급여 대상 여부의 확인 등에 대하여 이의신청을 하려면 통보받은 날부터 30일 이내에 하여야 함
심판청구 〈법 제88조〉	청구	• 이의신청에 대한 결정에 불복하는 자는 건강보험분쟁조정위원회에 심판청구
	청구서 제출	• 심판청구를 하려는 자는 심판청구서를 이의신청 처분을 한 공단 또는 심사평가원에 제출하거나 건강보험분쟁조정위원회에 제출

분쟁조정위원회〈법 제89조〉	
구분	내용
소속	• 보건복지부
심의 · 의결	• 심판청구를 심리 · 의결
위원구성	• 위원장을 포함하여 60명 이내의 위원으로 구성 • 위원장을 제외한 위원 중 1명은 당연직위원으로 함 (이 경우 공무원이 아닌 위원이 전체 위원의 과반수가 되도록 하여야 함)
회의	• 회의 : 위원장, 당연직위원 및 위원장이 매 회의마다 지정하는 7명의 위원을 포함하여 총 9명으로 구성 • 공무원이 아닌 위원이 과반수가 되도록 구성
의결	• 의결 : 구성원 과반수의 출석과 출석위원 과반수의 찬성으로 의결 • 사무국 운영 : 실무적으로 지원하기 위하여 분쟁조정위원회에 사무국을 둠
필요사항	• 분쟁조정위원회 및 사무국의 구성 및 운영 등에 필요한 사항은 대통령령으로 정함

(1) 가입자 및 피부양자의 자격, 보험료등, 보험급여, 보험급여 비용에 관한 공단의 처분에 이의가 있는 자는 ____에 이의신청을 할 수 있다.

(2) 요양급여비용 및 요양급여의 적정성 평가 등에 관한 심사평가원의 처분에 이의가 있는 공단, 요양기관 또는 그 밖의 자는 ________에 이의신청을 할 수 있다.

(3) 이의신청은 처분이 있음을 안 날부터____ 이내에 문서(전자문서를 포함한다)로 하여야 하며 처분이 있은 날부터 ____을 지나면 제기하지 못한다. 다만, 정당한 사유로 그 기간에 이의신청을 할 수 없었음을 소명한 경우에는 그러하지 아니하다.

(4) 요양기관이 심사평가원의 확인에 대하여 이의신청을 하려면 통보받은 날부터 ____ 이내에 하여야 한다.

(5) 이의신청의 방법·결정 및 그 결정의 통지 등에 필요한 사항은 ______으로 정한다.

(6) 이의신청에 대한 결정에 불복하는 자는 __________________에 심판청구를 할 수 있다.

(7) 심판청구를 하려는 자는 대통령령으로 정하는 심판청구서를 처분을 한 공단 또는 ________에 제출하거나 건강보험분쟁조정위원회에 제출하여야 한다.

(8) 심판청구의 절차·방법·결정 및 그 결정의 통지 등에 필요한 사항은 ______으로 정한다.

(9) 심판청구를 심리·의결하기 위하여 ________에 분쟁조정위원회를 둔다.

(10) 분쟁조정위원회는 위원장을 포함하여 ____ 이내의 위원으로 구성하고, 위원장을 제외한 위원 중 1명은 당연직위원으로 한다. 이 경우 공무원이 아닌 위원이 전체 위원의 과반수가 되도록 하여야 한다.

(11) 분쟁조정위원회의 회의는 위원장, 당연직위원 및 위원장이 매 회의마다 지정하는 7명의 위원을 포함하여 총 ____으로 구성하되, 공무원이 아닌 위원이 _____가 되도록 하여야 한다.

(12) 분쟁조정위원회는 구성원 과반수의 출석과 출석위원 _____의 찬성으로 의결한다.

(13) 분쟁조정위원회의 사무국
   ㉠ 분쟁조정위원회를 실무적으로 지원하기 위하여 분쟁조정위원회에 사무국을 둔다.
   ㉡ 분쟁조정위원회 및 사무국의 구성 및 운영 등에 필요한 사항은 ______으로 정한다.

(14) 분쟁조정위원회의 위원 중 공무원이 아닌 사람은 「형법」 제129조부터 제132조까지의 규정을 적용할 때 _____으로 본다.

(15) 공단 또는 심사평가원의 처분에 이의가 있는 자와 이의신청 또는 심판청구에 대한 결정에 불복하는 자는 「행정소송법」에서 정하는 바에 따라 ______을 제기할 수 있다.

정답 및 해설

(1) 공단	(6) 건강보험분쟁조정위원회	(11) 9명, 과반수
(2) 심사평가원	(7) 심사평가원	(12) 과반수
(3) 90일, 180일	(8) 대통령령	(13) 대통령령
(4) 30일	(9) 보건복지부	(14) 공무원
(5) 대통령령	(10) 60명	(15) 행정소송

출제예상문제

1 다음 중 공단에 이의신청을 하여야 하는 것으로 옳지 않은 것은?

① 요양급여의 적정성 평가에 관한 처분
② 가입자 및 피부양자의 자격에 관한 처분
③ 보험료등에 관한 처분
④ 보험급여 비용에 관한 처분

TIP 이의신청〈「국민건강보험법」 제87조〉
㉠ 가입자 및 피부양자의 자격, 보험료등, 보험급여, 보험급여 비용에 관한 공단의 처분에 이의가 있는 자는 공단에 이의신청을 할 수 있다.
㉡ 요양급여비용 및 요양급여의 적정성 평가 등에 관한 심사평가원의 처분에 이의가 있는 공단, 요양기관 또는 그 밖의 자는 심사평가원에 이의신청을 할 수 있다.

2 국민건강보험법 제87조에 따라 공단에 이의신청을 하고자 한다. 이 때 이의신청을 할 수 있는 기간으로 옳은 것은? (단, 다른 조건은 무시한다)

① 처분이 있은 날부터 60일 이내
② 처분이 있은 날부터 90일 이내
③ 처분이 있음을 안 날부터 60일 이내
④ 처분이 있음을 안 날부터 90일 이내

TIP 이의신청은 처분이 있음을 안 날부터 90일 이내에 문서(전자문서를 포함한다)로 하여야 하며 처분이 있은 날부터 180일을 지나면 제기하지 못한다. 다만, 정당한 사유로 그 기간에 이의신청을 할 수 없었음을 소명한 경우에는 그러하지 아니하다〈「국민건강보험법」 제87조 제3항〉.

3 요양기관이 심사평가원의 확인에 대하여 이의신청을 하고자 할 때 신청해야 할 기간은?

① 통보받은 날부터 15일 이내
② 통보받은 날부터 30일 이내
③ 통보받은 날부터 50일 이내
④ 통보받은 날부터 60일 이내

TIP 요양기관이 심사평가원의 확인에 대하여 이의신청을 하려면 통보받은 날부터 30일 이내에 하여야 한다〈「국민건강보험법」 제87조 제4항〉.

4 국민건강보험법상 이의신청에 대한 결정에 불복하는 자가 심판청구를 할 수 있는 기관은?

① 심사위원회

② 재정운영위원회

③ 분쟁조정위원회

④ 심의위원회

TIP 이의신청에 대한 결정에 불복하는 자는 건강보험분쟁조정위원회(이하 "분쟁조정위원회"라 한다)에 심판청구를 할 수 있다〈「국민건강보험법」 제88조 제1항〉.

5 다음은 건강보험분쟁조정위원회에 대한 설명이다. 바르지 못한 것은?

① 심판청구를 심리·의결하기 위하여 공단에 분쟁조정위원회를 둔다.

② 분쟁조정위원회는 위원장을 포함하여 60명 이내의 위원으로 구성한다.

③ 분쟁조정위원회는 구성원 과반수의 출석과 출석위원 과반수의 찬성으로 의결한다.

④ 분쟁조정위원회를 실무적으로 지원하기 위하여 분쟁조정위원회에 사무국을 둔다.

TIP ① 심판청구를 심리·의결하기 위하여 보건복지부에 건강보험분쟁조정위원회(이하 "분쟁조정위원회"라 한다)를 둔다〈「국민건강보험법」 제89조 제1항〉.

※ 분쟁조정위원회 및 사무국의 구성 및 운영 등에 필요한 사항은 대통령령으로 정한다〈「국민건강보험법」 제89조 제6항〉.

6 분쟁조정위원회의 회의는 위원장, 당연직위원 및 위원장이 매 회의마다 지정하는 (　　)명의 위원을 포함하여 총 (　　)명으로 구성하되, 공무원이 아닌 위원이 과반수가 되도록 하여야 한다. 다음 중 (　　) 안의 숫자를 모두 합하면?

① 15

② 16

③ 17

④ 19

TIP 분쟁조정위원회의 회의는 위원장, 당연직위원 및 위원장이 매 회의마다 지정하는 <u>7</u>명의 위원을 포함하여 총 <u>9</u>명으로 구성하되, 공무원이 아닌 위원이 과반수가 되도록 하여야 한다〈「국민건강보험법」 제89조 제3항〉.

※ 7 + 9 = 16

Answer　1.① 2.④ 3.② 4.③ 5.① 6.②

보칙

1 시효〈제91조〉

① **소멸시효 완성**: 다음의 권리는 3년 동안 행사하지 아니하면 소멸시효가 완성된다.
  ㉠ 보험료, 연체금 및 가산금을 징수할 권리
  ㉡ 보험료, 연체금 및 가산금으로 과오납부한 금액을 환급받을 권리
  ㉢ 보험급여를 받을 권리
  ㉣ 보험급여 비용을 받을 권리
  ㉤ 과다납부된 본인일부부담금을 돌려받을 권리
  ㉥ 근로복지공단의 권리

② **소멸시효 중단**: 소멸시효는 다음의 어느 하나의 사유로 중단된다.
  ㉠ 보험료의 고지 또는 독촉
  ㉡ 보험급여 또는 보험급여 비용의 청구

③ **고지가 유예된 경우 시효 중단**: 휴직자등의 보수월액보험료를 징수할 권리의 소멸시효는 제79조 제5항에 따라 고지가 유예된 경우 휴직 등의 사유가 끝날 때까지 진행하지 아니한다.

> **조문참고**
> 제79조(보험료등의 납입 고지)
> ⑤ 휴직자등의 보험료는 휴직 등의 사유가 끝날 때까지 보건복지부령으로 정하는 바에 따라 납입 고지를 유예할 수 있다.

④ **소멸시효기간, 시효 중단 및 시효 정지 외**: 소멸시효기간, 시효 중단 및 시효 정지에 관하여 국민건강보험법에서 정한 사항 외에는 「민법」에 따른다.

> **◆ 소멸시효**
> • 권리자가 재산권을 행사를 할 수 있음에도 불구하고 일정기간 동안 권리를 행사하지 않는 경우 그 권리가 실효되게 하는 제도를 말한다.

2 기간 계산〈제92조〉

국민건강보험법이나 국민건강보험법에 따른 명령에 규정된 기간의 계산에 관하여 국민건강보험법에서 정한 사항 외에는 「민법」의 기간에 관한 규정을 준용한다.

3 근로자의 권익 보호〈제93조〉

제6조 제2항 각 호의 어느 하나에 해당하지 아니하는 모든 사업장의 근로자를 고용하는 사용자는 그가 고용한 근로자가 국민건강보험법에 따른 직장가입자가 되는 것을 방해하거나 자신이 부담하는 부담금이 증가되는 것을 피할 목적으로 정당한 사유 없이 근로자의 승급 또는 임금 인상을 하지 아니하거나 해고나 그 밖의 불리한 조치를 할 수 없다.

제6조(가입자의 종류)

② 모든 사업장의 근로자 및 사용자와 공무원 및 교직원은 직장가입자가 된다. 다만, 다음 각 호의 어느 하나에 해당하는 사람은 제외한다.
1. 고용 기간이 1개월 미만인 일용근로자
2. 「병역법」에 따른 현역병(지원에 의하지 아니하고 임용된 하사를 포함한다), 전환복무된 사람 및 군간부후보생
3. 선거에 당선되어 취임하는 공무원으로서 매월 보수 또는 보수에 준하는 급료를 받지 아니하는 사람
4. 그 밖에 사업장의 특성, 고용 형태 및 사업의 종류 등을 고려하여 대통령령으로 정하는 사업장의 근로자 및 사용자와 공무원 및 교직원

4 신고 등〈제94조〉

① **신고 및 관계 서류 제출** : 공단은 사용자, 직장가입자 및 세대주에게 다음의 사항을 신고하게 하거나 관계 서류(전자적 방법으로 기록된 것을 포함한다. 이하 같다)를 제출하게 할 수 있다.
　㉠ 가입자의 거주지 변경
　㉡ 가입자의 보수·소득
　㉢ 그 밖에 건강보험사업을 위하여 필요한 사항

② **해당 사항 조사** : 공단은 신고한 사항이나 제출받은 자료에 대하여 사실 여부를 확인할 필요가 있으면 소속 직원이 해당 사항에 관하여 조사하게 할 수 있다.

③ **조사직원 증표 부착** : 조사를 하는 소속 직원은 그 권한을 표시하는 증표를 지니고 관계인에게 보여주어야 한다.

5 소득 축소·탈루 자료의 송부 등〈제95조〉

① 축소·탈루의 국세청장에 송부 : 공단은 신고한 보수 또는 소득 등에 축소 또는 탈루(脫漏)가 있다고 인정하는 경우에는 보건복지부장관을 거쳐 소득의 축소 또는 탈루에 관한 사항을 문서로 국세청장에게 송부할 수 있다.

② 세무조사 결과 공단에 송부 : 국세청장은 송부받은 사항에 대하여 「국세기본법」 등 관련 법률에 따른 세무조사를 하면 그 조사 결과 중 보수·소득에 관한 사항을 공단에 송부하여야 한다.

③ 송부 절차 등 : 송부 절차 등에 필요한 사항은 대통령령으로 정한다.

6 자료의 제공〈제96조〉

① 공단의 자료제공 요청 : 공단은 국가, 지방자치단체, 요양기관, 「보험업법」에 따른 보험회사 및 보험료율 산출 기관, 「공공기관의 운영에 관한 법률」에 따른 공공기관, 그 밖의 공공단체 등에 대하여 다음의 업무를 수행하기 위하여 주민등록·가족관계등록·국세·지방세·토지·건물·출입국관리 등의 자료로서 대통령령으로 정하는 자료를 제공하도록 요청할 수 있다.
　㉠ 가입자 및 피부양자의 자격 관리, 보험료의 부과·징수, 보험급여의 관리 등 건강보험사업의 수행
　㉡ 「국민연금법」, 「고용보험 및 산업재해보상보험의 보험료징수 등에 관한 법률」, 「임금채권보장법」 및 「석면피해구제법」에 따라 위탁받은 업무의 수행

② 심사평가원의 공단의 자료제공 요청 : 심사평가원은 국가, 지방자치단체, 요양기관, 「보험업법」에 따른 보험회사 및 보험료율 산출 기관, 「공공기관의 운영에 관한 법률」에 따른 공공기관, 그 밖의 공공단체 등에 대하여 요양급여비용을 심사하고 요양급여의 적정성을 평가하기 위하여 주민등록·출입국관리·진료기록·의약품공급 등의 자료로서 대통령령으로 정하는 자료를 제공하도록 요청할 수 있다.

③ 보건복지부장관의 공단의 자료제공 요청 : 보건복지부장관은 관계 행정기관의 장에게 약제에 대한 요양급여비용 상한금액의 감액 및 요양급여의 적용 정지를 위하여 필요한 자료를 제공하도록 요청할 수 있다.

④ 자료 요청의 성실한 대응 : 자료 제공을 요청받은 자는 성실히 이에 따라야 한다.

⑤ 자료제공요청서 발송 : 공단 또는 심사평가원은 요양기관, 「보험업법」에 따른 보험회사 및 보험료율 산출 기관에 자료의 제공을 요청하는 경우 자료 제공 요청 근거 및 사유, 자료 제공 대상자, 대상기간, 자료 제공 기한, 제출 자료 등이 기재된 자료제공요청서를 발송하여야 한다.

⑥ 사용료와 수수료 등 면제 : 국가, 지방자치단체, 요양기관, 「보험업법」에 따른 보험료율 산출 기관 그 밖의 공공기관 및 공공단체가 공단 또는 심사평가원에 제공하는 자료에 대하여는 사용료와 수수료 등을 면제한다.

7 금융정보등의 제공 등〈제96조의2〉

① **금융정보등 제공 요청** : 공단은 지역가입자의 재산보험료부과점수 산정을 위하여 필요한 경우 지역가입자가 제출한 동의 서면을 전자적 형태로 바꾼 문서에 의하여 「신용정보의 이용 및 보호에 관한 법률」에 따른 신용정보집중기관 또는 금융회사등(이하 이 조에서 "금융기관등"이라 한다)의 장에게 금융정보등을 제공하도록 요청할 수 있다.

② **금융정보등의 제공** : 금융정보등의 제공을 요청받은 금융기관등의 장은 명의인의 금융정보등을 제공하여야 한다.

③ **통보** : 금융정보등을 제공한 금융기관등의 장은 금융정보등의 제공 사실을 명의인에게 통보하여야 한다. 다만, 명의인이 동의한 경우에는 통보하지 아니할 수 있다.

④ **요청 및 제공 절차 등** : 금융정보등의 제공 요청 및 제공 절차 등에 필요한 사항은 대통령령으로 정한다.

8 가족관계등록 전산정보의 공동이용〈제96조의3〉

① **자료제공 요청 업무** : 공단은 공단의 자료제공 요청의 업무를 수행하기 위하여 「전자정부법」에 따라 「가족관계의 등록 등에 관한 법률」 제9조에 따른 전산정보자료를 공동이용(「개인정보 보호법」 제2조 제2호에 따른 처리를 포함한다)할 수 있다.

> **조문참고**
>
> **가족관계의 등록 등에 관한 법률 제9조(가족관계등록부의 작성 및 기록사항)**
>
> ① 가족관계등록부(이하 "등록부"라 한다)는 전산정보처리조직에 의하여 입력·처리된 가족관계 등록사항(이하 "등록사항"이라 한다)에 관한 전산정보자료를 제10조의 등록기준지에 따라 개인별로 구분하여 작성한다.
> ② 등록부에는 다음 사항을 기록하여야 한다.
>   1. 등록기준지
>   2. 성명·본·성별·출생연월일 및 주민등록번호
>   3. 출생·혼인·사망 등 가족관계의 발생 및 변동에 관한 사항
>   4. 가족으로 기록할 자가 대한민국 국민이 아닌 사람(이하 "외국인"이라 한다)인 경우에는 성명·성별·출생연월일·국적 및 외국인등록번호(외국인등록을 하지 아니한 외국인의 경우에는 대법원규칙으로 정하는 바에 따른 국내거소신고번호 등을 말한다. 이하 같다)
>   5. 그 밖에 가족관계에 관한 사항으로서 대법원규칙으로 정하는 사항

② **전산정보자료의 공동이용 요청** : 법원행정처장은 공단이 전산정보자료의 공동이용을 요청하는 경우 그 공동이용을 위하여 필요한 조치를 취하여야 한다.

③ 누구든지 공동이용하는 전산정보자료를 그 목적 외의 용도로 이용하거나 활용하여서는 아니 된다.

9 **서류의 보존**〈제96조의4〉

① **요양기관**
   ㉠ 요양기관은 요양급여가 끝난 날부터 5년간 보건복지부령으로 정하는 바에 따라 요양급여비용의 청구에 관한 서류를 보존하여야 한다.
   ㉡ 약국 등 보건복지부령으로 정하는 요양기관은 처방전을 요양급여비용을 청구한 날부터 3년간 보존하여야 한다.

② **사용자** : 사용자는 3년간 보건복지부령으로 정하는 바에 따라 자격 관리 및 보험료 산정 등 건강보험에 관한 서류를 보존하여야 한다.

③ **준요양기관** : 제49조 제3항에 따라 요양비를 청구한 준요양기관은 요양비를 지급받은 날부터 3년간 보건복지부령으로 정하는 바에 따라 요양비 청구에 관한 서류를 보존하여야 한다.

> **조문참고**
> 제49조(요양비)
> ③ 준요양기관은 요양을 받은 가입자나 피부양자의 위임이 있는 경우 공단에 요양비의 지급을 직접 청구할 수 있다. 이 경우 공단은 지급이 청구된 내용의 적정성을 심사하여 준요양기관에 요양비를 지급할 수 있다.

④ **보조기기의 보험급여를 청구한 자** : 제51조 제2항에 따라 보조기기에 대한 보험급여를 청구한 자는 보험급여를 지급받은 날부터 3년간 보건복지부령으로 정하는 바에 따라 보험급여 청구에 관한 서류를 보존하여야 한다.

> **조문참고**
> 제51조(장애인에 대한 특례)
> ② 장애인인 가입자 또는 피부양자에게 보조기기를 판매한 자는 가입자나 피부양자의 위임이 있는 경우 공단에 보험급여를 직접 청구할 수 있다. 이 경우 공단은 지급이 청구된 내용의 적정성을 심사하여 보조기기를 판매한 자에게 보조기기에 대한 보험급여를 지급할 수 있다.

10 **보고와 검사**〈제97조〉

① **사용자, 직장가입자 또는 세대주에게 서류 제출을 명하거나 검사** : 보건복지부장관은 사용자, 직장가입자 또는 세대주에게 가입자의 이동·보수·소득이나 그 밖에 필요한 사항에 관한 보고 또는 서류 제출을 명하거나, 소속 공무원이 관계인에게 질문하게 하거나 관계 서류를 검사하게 할 수 있다.

② **요양기관에게 서류 제출을 명하거나 검사** : 보건복지부장관은 요양기관(요양을 실시한 기관을 포함한다)에 대하여 요양·약제의 지급 등 보험급여에 관한 보고 또는 서류 제출을 명하거나, 소속 공무원이 관계인에게 질문하게 하거나 관계 서류를 검사하게 할 수 있다.

③ **보험급여를 받은 자에게 보고 및 질문** : 보건복지부장관은 보험급여를 받은 자에게 해당 보험급여의 내용에 관하여 보고하게 하거나, 소속 공무원이 질문하게 할 수 있다.

④ **대행청구단체에게 서류 제출을 명하거나 검사** : 보건복지부장관은 요양급여비용의 심사청구를 대행하는 단체(이하 "대행청구단체"라 한다)에 필요한 자료의 제출을 명하거나, 소속 공무원이 대행청구에 관한 자료 등을 조사·확인하게 할 수 있다.

⑤ **의약품공급자에게 서류 제출을 명하거나 검사** : 보건복지부장관은 약제에 대한 요양급여비용 상한금액의 감액 및 요양급여의 적용 정지를 위하여 필요한 경우에는 「약사법」에 따른 의약품공급자에 대하여 금전, 물품, 편익, 노무, 향응, 그 밖의 경제적 이익등 제공으로 인한 의약품 판매 질서 위반 행위에 관한 보고 또는 서류 제출을 명하거나, 소속 공무원이 관계인에게 질문하게 하거나 관계 서류를 검사하게 할 수 있다.

⑥ **증표제시** : 질문·검사·조사 또는 확인을 하는 소속 공무원은 그 권한을 표시하는 증표를 지니고 관계인에게 보여주어야 한다.

⑦ **업무지원** : 보건복지부장관은 질문·검사·조사 또는 확인 업무를 효율적으로 수행하기 위하여 대통령령으로 정하는 바에 따라 공단 또는 심사평가원으로 하여금 그 업무를 지원하게 할 수 있다.

⑧ 질문·검사·조사 또는 확인의 내용·절차·방법 등에 관하여 이 법에서 정하는 사항을 제외하고는 「행정조사기본법」에서 정하는 바에 따른다.

11 업무정지〈제98조〉

① **업무정지** : 보건복지부장관은 요양기관이 다음의 어느 하나에 해당하면 그 요양기관에 대하여 1년의 범위에서 기간을 정하여 업무정지를 명할 수 있다. 이 경우 보건복지부장관은 그 사실을 공단 및 심사평가원에 알려야 한다.

　㉠ 속임수나 그 밖의 부당한 방법으로 보험자·가입자 및 피부양자에게 요양급여비용을 부담하게 한 경우

　㉡ 제97조 제2항에 따른 명령에 위반하거나 거짓 보고를 하거나 거짓 서류를 제출하거나, 소속 공무원의 검사 또는 질문을 거부·방해 또는 기피한 경우

제97조(보고와 검사)

② 보건복지부장관은 요양기관(제49조에 따라 요양을 실시한 기관을 포함한다)에 대하여 요양ㆍ약제의 지급 등 보험급여에 관한 보고 또는 서류 제출을 명하거나, 소속 공무원이 관계인에게 질문하게 하거나 관계 서류를 검사하게 할 수 있다.

ⓒ 정당한 사유 없이 요양기관이 제41조의3제1항에 따른 결정을 신청하지 아니하고 속임수나 그 밖의 부당한 방법으로 행위ㆍ치료재료를 가입자 또는 피부양자에게 실시 또는 사용하고 비용을 부담시킨 경우

제41조의3(행위ㆍ치료재료 및 약제에 대한 요양급여대상 여부의 결정)

① 제42조에 따른 요양기관, 치료재료의 제조업자ㆍ수입업자 등 보건복지부령으로 정하는 자는 요양급여대상 또는 비급여대상으로 결정되지 아니한 제41조 제1항 제1호ㆍ제3호ㆍ제4호의 요양급여에 관한 행위 및 제41조 제1항 제2호의 치료재료(이하 "행위ㆍ치료재료"라 한다)에 대하여 요양급여대상 여부의 결정을 보건복지부장관에게 신청하여야 한다.

② **요양급여 정지** : 업무정지 처분을 받은 자는 해당 업무정지기간 중에는 요양급여를 하지 못한다.

③ **업무정지 처분 효과**
  ㉠ 업무정지 처분의 효과는 그 처분이 확정된 요양기관을 양수한 자 또는 합병 후 존속하는 법인이나 합병으로 설립되는 법인에 승계되고, 업무정지 처분의 절차가 진행 중인 때에는 양수인 또는 합병 후 존속하는 법인이나 합병으로 설립되는 법인에 대하여 그 절차를 계속 진행할 수 있다.
  ㉡ 양수인 또는 합병 후 존속하는 법인이나 합병으로 설립되는 법인이 그 처분 또는 위반사실을 알지 못하였음을 증명하는 경우에는 그러하지 아니하다.

④ **업무정지 통지** : 업무정지 처분을 받았거나 업무정지 처분의 절차가 진행 중인 자는 행정처분을 받은 사실 또는 행정처분절차가 진행 중인 사실을 보건복지부령으로 정하는 바에 따라 양수인 또는 합병 후 존속하는 법인이나 합병으로 설립되는 법인에 지체 없이 알려야 한다.

⑤ **업무정지를 부과하는 위반행위의 종류 등** : 업무정지를 부과하는 위반행위의 종류, 위반 정도 등에 따른 행정처분기준이나 그 밖에 필요한 사항은 대통령령으로 정한다.

12 과징금〈제99조〉

① **과징금 부과ㆍ징수**
  ㉠ 보건복지부장관은 요양기관이 제98조 제1항 제1호 또는 제3호에 해당하여 업무정지 처분을 하여야 하는 경우로서 그 업무정지 처분이 해당 요양기관을 이용하는 사람에게 심한 불편을 주거나 보건복

지부장관이 정하는 특별한 사유가 있다고 인정되면 업무정지 처분을 갈음하여 속임수나 그 밖의 부당한 방법으로 부담하게 한 금액의 5배 이하의 금액을 과징금으로 부과·징수할 수 있다.

   ⓛ 이 경우 보건복지부장관은 12개월의 범위에서 분할납부를 하게 할 수 있다.

② 약제를 요양급여에서 적용 정지하는 경우 과징금을 부과·징수
   ㉠ 보건복지부장관은 약제를 요양급여에서 적용 정지하는 경우 다음의 어느 하나에 해당하는 때에는 요양급여의 적용 정지에 갈음하여 대통령령으로 정하는 바에 따라 다음의 구분에 따른 범위에서 과징금을 부과·징수할 수 있다.
     • 환자 진료에 불편을 초래하는 등 공공복리에 지장을 줄 것으로 예상되는 때:해당 약제에 대한 요양급여비용 총액의 100분의 200을 넘지 아니하는 범위
     • 국민 건강에 심각한 위험을 초래할 것이 예상되는 등 특별한 사유가 있다고 인정되는 때:해당 약제에 대한 요양급여비용 총액의 100분의 60을 넘지 아니하는 범위
   ⓛ 이 경우 보건복지부장관은 12개월의 범위에서 분할납부를 하게 할 수 있다.

③ 과징금 부과 대상이 된 약제가 다시 과징금 부과 대상이 되는 경우 : 보건복지부장관은 과징금 부과 대상이 된 약제가 과징금이 부과된 날부터 5년의 범위에서 대통령령으로 정하는 기간 내에 다시 과징금 부과 대상이 되는 경우에는 대통령령으로 정하는 바에 따라 다음 구분에 따른 범위에서 과징금을 부과·징수할 수 있다.
   ㉠ 환자 진료에 불편을 초래하는 등 공공복리에 지장을 줄 것으로 예상되는 때에 과징금 부과대상이 되는 경우 : 해당 약제에 대한 요양급여비용 총액의 100분의 350을 넘지 아니하는 범위
   ⓛ 국민 건강에 심각한 위험을 초래할 것이 예상되는 등 특별한 사유가 있다고 인정되는 때에 과징금 부과대상이 되는 경우 : 해당 약제에 대한 요양급여비용 총액의 100분의 100을 넘지 아니하는 범위

④ 약제에 대한 요양급여비용 총액을 정할 때 : 대통령령으로 해당 약제에 대한 요양급여비용 총액을 정할 때에는 그 약제의 과거 요양급여 실적 등을 고려하여 1년간의 요양급여 총액을 넘지 않는 범위에서 정하여야 한다.

⑤ 과징금 미납자
   ㉠ 보건복지부장관은 과징금을 납부하여야 할 자가 납부기한까지 이를 내지 아니하면 대통령령으로 정하는 절차에 따라 그 과징금 부과 처분을 취소하고 제98조 제1항에 따른 업무정지 처분을 하거나 국세 체납처분의 예에 따라 이를 징수한다.
   ⓛ 요양기관의 폐업 등으로 제98조 제1항에 따른 업무정지 처분을 할 수 없으면 국세 체납처분의 예에 따라 징수한다.

제98조(업무정지)

① 보건복지부장관은 요양기관이 다음의 어느 하나에 해당하면 그 요양기관에 대하여 1년의 범위에서 기간을 정하여 업무정지를 명할 수 있다. 이 경우 보건복지부장관은 그 사실을 공단 및 심사평가원에 알려야 한다.
1. 속임수나 그 밖의 부당한 방법으로 보험자·가입자 및 피부양자에게 요양급여비용을 부담하게 한 경우
2. 명령에 위반하거나 거짓 보고를 하거나 거짓 서류를 제출하거나, 소속 공무원의 검사 또는 질문을 거부·방해 또는 기피한 경우
3. 정당한 사유 없이 요양기관이 제41조의3제1항에 따른 결정을 신청하지 아니하고 속임수나 그 밖의 부당한 방법으로 행위·치료재료를 가입자 또는 피부양자에게 실시 또는 사용하고 비용을 부담시킨 경우

⑥ **과징금 미납자 국세 체납처분 예에 따라 징수** : 보건복지부장관은 과징금을 납부하여야 할 자가 납부기한까지 이를 내지 아니하면 국세 체납처분의 예에 따라 징수한다.

⑦ **과세정보 제공 요청** : 보건복지부장관은 과징금을 징수하기 위하여 필요하면 다음의 사항을 적은 문서로 관할 세무관서의 장 또는 지방자치단체의 장에게 과세정보의 제공을 요청할 수 있다.
㉠ 납세자의 인적사항
㉡ 사용 목적
㉢ 과징금 부과 사유 및 부과 기준

⑧ **징수한 과징금 용도** : 징수한 과징금은 다음 외의 용도로는 사용할 수 없다.
㉠ 공단이 요양급여비용으로 지급하는 자금
㉡ 응급의료기금의 지원
㉢ 재난적의료비 지원사업에 대한 지원
 ※ 환자 진료에 불편을 초래하는 등 공공복리에 지장을 줄 것으로 예상되는 때(제2항 제1호, 제3항 제1호)에 부과·징수된 과징금은 재난적의료비 지원사업에 대한 지원 용도로만 사용하여야 한다.

⑨ **과징금의 금액과 그 납부에 필요한 사항 등** : 과징금의 금액과 그 납부에 필요한 사항 및 과징금의 용도별 지원 규모, 사용 절차 등에 필요한 사항은 대통령령으로 정한다.

13 위반사실의 공표〈제100조〉

① **위반사항 공표**
㉠ 보건복지부장관은 관련 서류의 위조·변조로 요양급여비용을 거짓으로 청구하여 행정처분을 받은 요양기관이 다음의 어느 하나에 해당하면 그 위반 행위, 처분 내용, 해당 요양기관의 명칭·주소 및

대표자 성명, 그 밖에 다른 요양기관과의 구별에 필요한 사항으로서 대통령령으로 정하는 사항을 공표할 수 있다.

- 거짓으로 청구한 금액이 1천 500만 원 이상인 경우
- 요양급여비용 총액 중 거짓으로 청구한 금액의 비율이 100분의 20 이상인 경우

ⓒ 이 경우 공표 여부를 결정할 때에는 그 위반행위의 동기, 정도, 횟수 및 결과 등을 고려하여야 한다.

② **공표심의위원회 설치** : 보건복지부장관은 공표 여부 등을 심의하기 위하여 건강보험공표심의위원회(이하 이 조에서 "공표심의위원회"라 한다)를 설치·운영한다.

③ **공표대상자 소명자료 제출 및 의견진술** : 보건복지부장관은 공표심의위원회의 심의를 거친 공표대상자에게 공표대상자인 사실을 알려 소명자료를 제출하거나 출석하여 의견을 진술할 기회를 주어야 한다.

④ **공표대상자를 선정** : 보건복지부장관은 공표심의위원회가 제출된 소명자료 또는 진술된 의견을 고려하여 공표대상자를 재심의한 후 공표대상자를 선정한다.

⑤ **공표의 절차·방법, 공표심의위원회의 구성·운영 등** : 공표의 절차·방법, 공표심의위원회의 구성·운영 등에 필요한 사항은 대통령령으로 정한다.

14 제조업자 등의 금지행위 등〈제101조〉

① **제조업자등의 금지행위** : 「약사법」에 따른 의약품의 제조업자·위탁제조판매업자·수입자·판매업자 및 「의료기기법」에 따른 의료기기 제조업자·수입업자·수리업자·판매업자·임대업자(이하 "제조업자등"이라 한다)는 약제·치료재료와 관련하여 요양급여대상 여부를 결정하거나 요양급여비용을 산정할 때에 다음의 행위를 하여 보험자·가입자 및 피부양자에게 손실을 주어서는 아니 된다.

ⓒ 제98조 제1항 제1호에 해당하는 요양기관의 행위에 개입

조문참고

제98조(업무정지)

① 보건복지부장관은 요양기관이 다음의 어느 하나에 해당하면 그 요양기관에 대하여 1년의 범위에서 기간을 정하여 업무정지를 명할 수 있다. 이 경우 보건복지부장관은 그 사실을 공단 및 심사평가원에 알려야 한다.
1. 속임수나 그 밖의 부당한 방법으로 보험자·가입자 및 피부양자에게 요양급여비용을 부담하게 한 경우

ⓒ 보건복지부, 공단 또는 심사평가원에 거짓 자료의 제출

ⓒ 그 밖에 속임수나 보건복지부령으로 정하는 부당한 방법으로 요양급여대상 여부의 결정과 요양급여비용의 산정에 영향을 미치는 행위

② 서류 제출 요구
　　㉠ 보건복지부장관은 제조업자등이 제조업자 등의 금지행위에 위반한 사실이 있는지 여부를 확인하기 위하여 그 제조업자등에게 관련 서류의 제출을 명하거나, 소속 공무원이 관계인에게 질문을 하게 하거나 관계 서류를 검사하게 하는 등 필요한 조사를 할 수 있다.
　　㉡ 이 경우 소속 공무원은 그 권한을 표시하는 증표를 지니고 이를 관계인에게 보여주어야 한다.

③ 손실 상당액 징수 : 공단은 보험자·가입자 및 피부양자에게 손실을 주는 행위를 한 제조업자등에 대하여 손실에 상당하는 금액(이하 이 조에서 "손실 상당액"이라 한다)을 징수한다.

④ 징수한 손실 상당액 가입자·피부양자에게 지급
　　㉠ 공단은 징수한 손실 상당액 중 가입자 및 피부양자의 손실에 해당되는 금액을 그 가입자나 피부양자에게 지급하여야 한다.
　　㉡ 이 경우 공단은 가입자나 피부양자에게 지급하여야 하는 금액을 그 가입자 및 피부양자가 내야하는 보험료등과 상계할 수 있다.

⑤ 손실 상당액의 산정, 부과·징수절차 등 : 손실 상당액의 산정, 부과·징수절차 및 납부방법 등에 관하여 필요한 사항은 대통령령으로 정한다.

15 약제에 대한 쟁송 시 손실상당액의 징수 및 지급〈제101조의2〉

① 손실 상당액 징수 : 공단은 요양급여비용 상한금액의 감액 및 요양급여의 적용 정지 또는 조정(이하 이 조에서 "조정등"이라 한다)에 대하여 약제의 제조업자등이 청구 또는 제기한 「행정심판법」에 따른 행정심판 또는 「행정소송법」에 따른 행정소송에 대하여 행정심판위원회 또는 법원의 결정이나 재결, 판결이 다음의 요건을 모두 충족하는 경우에는 조정등이 집행정지된 기간 동안 공단에 발생한 손실에 상당하는 금액을 약제의 제조업자등에게서 징수할 수 있다.
　　㉠ 행정심판위원회 또는 법원이 집행정지 결정을 한 경우
　　㉡ 행정심판이나 행정소송에 대한 각하 또는 기각(일부 기각을 포함한다) 재결 또는 판결이 확정되거나 청구취하 또는 소취하로 심판 또는 소송이 종결된 경우

② 손실 상당액 지급 : 공단은 ①의 심판 또는 소송에 대한 결정이나 재결, 판결이 다음 각 호의 요건을 모두 충족하는 경우에는 조정등으로 인하여 약제의 제조업자등에게 발생한 손실에 상당하는 금액을 지급하여야 한다.
　　㉠ 행정심판위원회 또는 법원의 집행정지 결정이 없거나 집행정지 결정이 취소된 경우
　　㉡ 행정심판이나 행정소송에 대한 인용(일부 인용을 포함한다) 재결 또는 판결이 확정된 경우

③ **지급하여야 할 요양급여비용의 차액 산정** : 손실에 상당하는 금액은 집행정지 기간 동안 공단이 지급한 요양급여비용과 집행정지가 결정되지 않았다면 공단이 지급하여야 할 요양급여비용의 차액으로 산정한다. 다만, 요양급여대상에서 제외되거나 요양급여의 적용을 정지하는 내용의 조정등의 경우에는 요양급여비용 차액의 100분의 40을 초과할 수 없다.

④ **지급한 요양급여비용의 차액 산정** : 손실에 상당하는 금액은 해당 조정등이 없었다면 공단이 지급하여야 할 요양급여비용과 조정등에 따라 공단이 지급한 요양급여비용의 차액으로 산정한다. 다만, 요양급여대상에서 제외되거나 요양급여의 적용을 정지하는 내용의 조정등의 경우에는 요양급여비용 차액의 100분의 40을 초과할 수 없다.

⑤ **이자 가산** : 공단은 손실에 상당하는 금액을 징수 또는 지급하는 경우 대통령령으로 정하는 이자를 가산하여야 한다.

⑥ **징수 및 지급에 필요한 세부사항** : 그 밖에 징수절차, 지급절차, 손실에 상당하는 금액의 산정기준 및 기간, 가산금 등 징수 및 지급에 필요한 세부사항은 보건복지부령으로 정한다.

16 정보의 유지 등〈제102조〉

정보 유지 : 공단, 심사평가원 및 대행청구단체에 종사하였던 사람 또는 종사하는 사람은 다음의 행위를 하여서는 아니 된다.

㉠ 가입자 및 피부양자의 개인정보(이하 "개인정보"라 한다)를 누설하거나 직무상 목적 외의 용도로 이용 또는 정당한 사유 없이 제3자에게 제공하는 행위

㉡ 업무를 수행하면서 알게 된 정보(위 ①의 개인정보는 제외한다)를 누설하거나 직무상 목적 외의 용도로 이용 또는 제3자에게 제공하는 행위

17 공단 등에 대한 감독 등〈제103조〉

① **공단 · 심사평가원에 대한 감독** : 보건복지부장관은 공단과 심사평가원의 경영목표를 달성하기 위하여 다음의 사업이나 업무에 대하여 보고를 명하거나 그 사업이나 업무 또는 재산상황을 검사하는 등 감독을 할 수 있다.

㉠ 공단의 업무 및 심사평가원의 업무
㉡ 경영지침의 이행과 관련된 사업
㉢ 국민건강보험법 또는 다른 법령에서 공단과 심사평가원이 위탁받은 업무
㉣ 그 밖에 관계 법령에서 정하는 사항과 관련된 사업

② **감독을 위한 정관이나 규정 변경** : 보건복지부장관은 감독상 필요한 경우에는 정관이나 규정의 변경 또는 그 밖에 필요한 처분을 명할 수 있다.

18 포상금 등의 지급〈제104조〉

① **포상금 지급** : 공단은 다음의 어느 하나에 해당하는 자 또는 재산을 신고한 사람에 대하여 포상금을 지급할 수 있다. 다만, 공무원이 그 직무와 관련하여 ㉣에 따른 은닉재산을 신고한 경우에는 그러하지 아니하다.
   ㉠ 속임수나 그 밖의 부당한 방법으로 보험급여를 받은 사람
   ㉡ 속임수나 그 밖의 부당한 방법으로 다른 사람이 보험급여를 받도록 한 자
   ㉢ 속임수나 그 밖의 부당한 방법으로 보험급여 비용을 받은 요양기관 또는 보험급여를 받은 준요양기관 및 보조기기 판매업자
   ㉣ 징수금을 납부하여야 하는 자의 은닉재산

② **장려금 지급** : 공단은 건강보험 재정을 효율적으로 운영하는 데에 이바지한 요양기관에 대하여 장려금을 지급할 수 있다.

③ **은닉재산** : "은닉재산"이란 징수금을 납부하여야 하는 자가 은닉한 현금, 예금, 주식, 그 밖에 재산적 가치가 있는 유형·무형의 재산을 말한다. 다만, 다음의 어느 하나에 해당하는 재산은 제외한다.
   ㉠ 「민법」 제406조 등 관계 법령에 따라 사해행위(詐害行爲) 취소소송의 대상이 되어 있는 재산
   ㉡ 공단이 은닉사실을 알고 조사 또는 강제징수 절차에 착수한 재산
   ㉢ 그 밖에 은닉재산 신고를 받을 필요가 없다고 인정되어 대통령령으로 정하는 재산

④ **지급 기준과 범위 등** : 포상금 및 장려금의 지급 기준과 범위, 절차 및 방법 등에 필요한 사항은 대통령령으로 정한다.

19 유사명칭의 사용금지〈제105조〉

① **유사명칭 사용금지** : 공단이나 심사평가원이 아닌 자는 국민건강보험공단, 건강보험심사평가원 또는 이와 유사한 명칭을 사용하지 못한다.

② **용어 사용 금지** : 국민건강보험법으로 정하는 건강보험사업을 수행하는 자가 아닌 자는 보험계약 또는 보험계약의 명칭에 국민건강보험이라는 용어를 사용하지 못한다.

20 소액 처리〈제106조〉

공단은 징수하여야 할 금액이나 반환하여야 할 금액이 1건당 2천원 미만인 경우(각각 상계 처리할 수 있는 본인일부부담금 환급금 및 가입자나 피부양자에게 지급하여야 하는 금액은 제외한다)에는 징수 또는 반환하지 아니한다.

21 끝수 처리〈제107조〉

보험료등과 보험급여에 관한 비용을 계산할 때 끝수는 계산하지 아니한다.

22 보험재정에 대한 정부지원〈제108조의2〉

① **국고에서 공단 지원** : 국가는 매년 예산의 범위에서 해당 연도 보험료 예상 수입액의 100분의 14에 상당하는 금액을 국고에서 공단에 지원한다.

② **국민건강증진기금에서 공단 지원** : 공단은 「국민건강증진법」에서 정하는 바에 따라 같은 법에 따른 국민건강증진기금에서 자금을 지원받을 수 있다.

③ **국고에서 지원된 자금 사용 용도**
    ㉠ 가입자 및 피부양자에 대한 보험급여
    ㉡ 건강보험사업에 대한 운영비
    ㉢ 보험료 경감에 대한 지원

④ **국민건강증진기금에서 지원된 자금 사용 용도**
    ㉠ 건강검진 등 건강증진에 관한 사업
    ㉡ 가입자와 피부양자의 흡연으로 인한 질병에 대한 보험급여
    ㉢ 가입자와 피부양자 중 65세 이상 노인에 대한 보험급여

23 외국인 등에 대한 특례〈제109조〉

① **정부와 외국 정부 간의 합의** : 정부는 외국 정부가 사용자인 사업장의 근로자의 건강보험에 관하여는 외국 정부와 한 합의에 따라 이를 따로 정할 수 있다.

② **외국인 직장가입자** : 국내에 체류하는 재외국민 또는 외국인(이하 "국내체류 외국인등"이라 한다)이 적용대상사업장의 근로자, 공무원 또는 교직원이고 제6조 제2항 각 호의 어느 하나에 해당하지 아니하면서 다음의 어느 하나에 해당하는 경우에는 직장가입자가 된다.
 ㉠ 재외국민으로 등록한 사람
 ㉡ 국내거소신고를 한 사람
 ㉢ 외국인등록을 한 사람

> **조문참고**
>
> **제6조(가입자의 종류)**
>
> ② 모든 사업장의 근로자 및 사용자와 공무원 및 교직원은 직장가입자가 된다. 다만, 다음 각 호의 어느 하나에 해당하는 사람은 제외한다.
> 1. 고용 기간이 1개월 미만인 일용근로자
> 2. 「병역법」에 따른 현역병(지원에 의하지 아니하고 임용된 하사를 포함한다), 전환복무된 사람 및 군간부후보생
> 3. 선거에 당선되어 취임하는 공무원으로서 매월 보수 또는 보수에 준하는 급료를 받지 아니하는 사람
> 4. 그 밖에 사업장의 특성, 고용 형태 및 사업의 종류 등을 고려하여 대통령령으로 정하는 사업장의 근로자 및 사용자와 공무원 및 교직원

③ **외국인 지역가입자** : 직장가입자에 해당하지 아니하는 국내체류 외국인등이 다음의 요건을 모두 갖춘 경우에는 지역가입자가 된다.
 ㉠ 보건복지부령으로 정하는 기간 동안 국내에 거주하였거나 해당 기간 동안 국내에 지속적으로 거주할 것으로 예상할 수 있는 사유로서 보건복지부령으로 정하는 사유에 해당될 것
 ㉡ 다음의 어느 하나에 해당할 것
  • 재외국민으로 등록한 사람
  • 국내거소신고를 한 사람에 해당하는 사람
  • 외국인등록을 한 사람으로서 보건복지부령으로 정하는 체류자격이 있는 사람

④ 위 ② ㉠ ~ ㉢의 어느 하나에 해당하는 국내체류 외국인등이 다음의 요건을 모두 갖춘 경우에는 공단에 신청하면 피부양자가 될 수 있다.
 ㉠ 직장가입자와의 관계가 제5조 제2항 각 호의 어느 하나에 해당할 것
 ㉡ 제5조 제3항에 따른 피부양자 자격의 인정 기준에 해당할 것
 ㉢ 국내 거주기간 또는 거주사유가 제3항 제1호에 따른 기준에 해당할 것. 다만, 직장가입자의 배우자 및 19세 미만 자녀(배우자의 자녀를 포함한다)에 대해서는 그러하지 아니하다.

② 제1항의 피부양자는 다음 각 호의 어느 하나에 해당하는 사람 중 직장가입자에게 주로 생계를 의존하는 사람으로서 소득 및 재산이 보건복지부령으로 정하는 기준 이하에 해당하는 사람을 말한다.
  1. 직장가입자의 배우자
  2. 직장가입자의 직계존속(배우자의 직계존속을 포함한다)
  3. 직장가입자의 직계비속(배우자의 직계비속을 포함한다)과 그 배우자
  4. 직장가입자의 형제 · 자매
③ 제2항에 따른 피부양자 자격의 인정 기준, 취득 · 상실시기 및 그 밖에 필요한 사항은 보건복지부령으로 정한다.

⑤ **가입자 및 피부양자가 될 수 없는 경우** : 다음에 해당되는 경우에는 가입자 및 피부양자가 될 수 없다.
  ㉠ 국내체류가 법률에 위반되는 경우로서 대통령령으로 정하는 사유가 있는 경우
  ㉡ 국내체류 외국인등이 외국의 법령, 외국의 보험 또는 사용자와의 계약 등에 따라 요양급여에 상당하는 의료보장을 받을 수 있어 사용자 또는 가입자가 보건복지부령으로 정하는 바에 따라 가입 제외를 신청한 경우

⑥ **국내체류 외국인등의 가입자 또는 피부양자 자격의 취득 및 상실에 관한 시기 · 절차 등**
  ㉠ 국내체류 외국인등의 가입자 또는 피부양자 자격의 취득 및 상실에 관한 시기 · 절차 등에 필요한 사항은 제2장 가입자(제5조 ~ 제11조)의 규정을 준용한다.
  ㉡ 국내체류 외국인등의 특성을 고려하여 특별히 규정해야 할 사항은 대통령령으로 다르게 정할 수 있다.

⑦ **보험료 부과 징수** : 가입자인 국내체류 외국인등이 매월 2일 이후 지역가입자의 자격을 취득하고 그 자격을 취득한 날이 속하는 달에 보건복지부장관이 고시하는 사유로 해당 자격을 상실한 경우에는 그 자격을 취득한 날이 속하는 달의 보험료를 부과하여 징수한다.

⑧ **보험료 납부기한**
  ㉠ 국내체류 외국인등(아래 ⑨의 ㉡의 적용을 받는 사람에 한정한다)에 해당하는 지역가입자의 보험료는 그 직전 월 25일까지 납부하여야 한다.
  ㉡ 다음에 해당되는 경우에는 공단이 정하는 바에 따라 납부하여야 한다.
   • 자격을 취득한 날이 속하는 달의 보험료를 징수하는 경우
   • 매월 26일 이후부터 말일까지의 기간에 자격을 취득한 경우

⑨ **가입자인 국내체류 외국인등의 보험료 부과 · 징수**
  ㉠ 가입자인 국내체류 외국인등의 보험료 부과 · 징수에 관한 사항은 제6장 보험료(제69조 ~ 제86조)의 규정을 준용한다.
  ㉡ 대통령령으로 정하는 국내체류 외국인등의 보험료 부과 · 징수에 관한 사항은 그 특성을 고려하여 보건복지부장관이 다르게 정하여 고시할 수 있다.

⑩ 보험료 체납

　ㄱ 공단은 지역가입자인 국내체류 외국인등(위 ⑨의 ㄴ의 적용을 받는 사람에 한정한다)이 보험료를 대통령령으로 정하는 기간 이상 체납한 경우에는 체납일부터 체납한 보험료를 완납할 때까지 보험급여를 하지 아니한다.

　ㄴ 이 경우 제53조 제3항 각 호 외의 부분 단서 및 같은 조 제5항·제6항은 적용하지 아니한다.

조문참고

제53조(급여의 제한)

③ 공단은 가입자가 대통령령으로 정하는 기간 이상 다음 각 호의 보험료를 체납한 경우 그 체납한 보험료를 완납할 때까지 그 가입자 및 피부양자에 대하여 보험급여를 실시하지 아니할 수 있다. 다만, 월별 보험료의 총체납횟수(이미 납부된 체납보험료는 총체납횟수에서 제외하며, 보험료의 체납기간을 고려하지 아니한다)가 대통령령으로 정하는 횟수 미만이거나 가입자 및 피부양자의 소득·재산 등이 대통령령으로 정하는 기준 미만인 경우에는 그러하지 아니하다.

　1. 보수 외 소득월액보험료

　2. 세대단위의 보험료

⑤ 제3항 및 제4항에도 불구하고 제82조에 따라 공단으로부터 분할납부 승인을 받고 그 승인된 보험료를 1회 이상 낸 경우에는 보험급여를 할 수 있다. 다만, 제82조에 따른 분할납부 승인을 받은 사람이 정당한 사유 없이 5회(같은 조 제1항에 따라 승인받은 분할납부 횟수가 5회 미만인 경우에는 해당 분할납부 횟수를 말한다. 이하 이 조에서 같다) 이상 그 승인된 보험료를 내지 아니한 경우에는 그러하지 아니하다.

⑥ 제3항 및 제4항에 따라 보험급여를 하지 아니하는 기간(이하 이 항에서 "급여제한기간"이라 한다)에 받은 보험급여는 다음 각 호의 어느 하나에 해당하는 경우에만 보험급여로 인정한다.

　1. 공단이 급여제한기간에 보험급여를 받은 사실이 있음을 가입자에게 통지한 날부터 2개월이 지난 날이 속한 달의 납부기한 이내에 체납된 보험료를 완납한 경우

　2. 공단이 급여제한기간에 보험급여를 받은 사실이 있음을 가입자에게 통지한 날부터 2개월이 지난 날이 속한 달의 납부기한 이내에 제82조에 따라 분할납부 승인을 받은 체납보험료를 1회 이상 낸 경우. 다만, 제82조에 따른 분할납부 승인을 받은 사람이 정당한 사유 없이 5회 이상 그 승인된 보험료를 내지 아니한 경우에는 그러하지 아니하다.

⑪ ⑩에도 불구하고 체류자격 및 체류기간 등 국내체류 외국인등의 특성을 고려하여 특별히 규정하여야 할 사항은 대통령령으로 다르게 정할 수 있다.

24　실업자에 특례〈제110조〉

① **직장가입자 자격유지 신청** : 사용관계가 끝난 사람 중 직장가입자로서의 자격을 유지한 기간이 보건복지부령으로 정하는 기간 동안 통산 1년 이상인 사람은 지역가입자가 된 이후 최초로 지역가입자 보험료를 고지받은 날부터 그 납부기한에서 2개월이 지나기 이전까지 공단에 직장가입자로서의 자격을 유지할 것을 신청할 수 있다.

② **직장가입자 자격유지**

    ㉠ 공단에 신청한 가입자(이하 "임의계속가입자"라 한다)는 대통령령으로 정하는 기간 동안 직장가입자의 자격을 유지한다.

    ㉡ 신청 후 최초로 내야 할 직장가입자 보험료를 그 납부기한부터 2개월이 지난 날까지 내지 아니한 경우에는 그 자격을 유지할 수 없다.

③ **임의계속가입자 보수월액** : 임의계속가입자의 보수월액은 보수월액보험료가 산정된 최근 12개월간의 보수월액을 평균한 금액으로 한다.

④ **임의계속가입자 보험료 일부 경감** : 임의계속가입자의 보험료는 보건복지부장관이 정하여 고시하는 바에 따라 그 일부를 경감할 수 있다.

⑤ **보수월액보험료 부담** : 임의계속가입자의 보수월액보험료는 그 임의계속가입자가 전액을 부담하고 납부한다.

⑥ **임의계속가입자 보험료 미납** : 임의계속가입자가 보험료를 납부기한까지 내지 아니하는 경우 그 급여제한에 관하여는 제53조 제3항·제5항 및 제6항을 준용한다. 이 경우 "제69조 제5항에 따른 세대단위의 보험료"는 "제110조 제5항에 따른 보험료"로 본다.

제53조(급여의 제한)

③ 공단은 가입자가 대통령령으로 정하는 기간 이상 다음 각 호의 보험료를 체납한 경우 그 체납한 보험료를 완납할 때까지 그 가입자 및 피부양자에 대하여 보험급여를 실시하지 아니할 수 있다. 다만, 월별 보험료의 총체납횟수(이미 납부된 체납보험료는 총체납횟수에서 제외하며, 보험료의 체납기간은 고려하지 아니한다)가 대통령령으로 정하는 횟수 미만이거나 가입자 및 피부양자의 소득·재산 등이 대통령령으로 정하는 기준 미만인 경우에는 그러하지 아니하다.

    1. 보수 외 소득월액보험료

    2. 세대단위의 보험료

⑤ 제3항 및 제4항에도 불구하고 제82조에 따라 공단으로부터 분할납부 승인을 받고 그 승인된 보험료를 1회 이상 낸 경우에는 보험급여를 할 수 있다. 다만, 제82조에 따른 분할납부 승인을 받은 사람이 정당한 사유 없이 5회(같은 조 제1항에 따라 승인받은 분할납부 횟수가 5회 미만인 경우에는 해당 분할납부 횟수를 말한다. 이하 이 조에서 같다) 이상 그 승인된 보험료를 내지 아니한 경우에는 그러하지 아니하다.

⑥ 제3항 및 제4항에 따라 보험급여를 하지 아니하는 기간(이하 이 항에서 "급여제한기간"이라 한다)에 받은 보험급여는 다음 각 호의 어느 하나에 해당하는 경우에만 보험급여로 인정한다.

    1. 공단이 급여제한기간에 보험급여를 받은 사실이 있음을 가입자에게 통지한 날부터 2개월이 지난 날이 속한 달의 납부기한 이내에 체납된 보험료를 완납한 경우

    2. 공단이 급여제한기간에 보험급여를 받은 사실이 있음을 가입자에게 통지한 날부터 2개월이 지난 날이 속한 달의 납부기한 이내에 제82조에 따라 분할납부 승인을 받은 체납보험료를 1회 이상 낸 경우. 다만, 제82조에 따른 분할납부 승인을 받은 사람이 정당한 사유 없이 5회 이상 그 승인된 보험료를 내지 아니한 경우에는 그러하지 아니하다.

제69조(보험료)

⑤ 지역가입자의 월별 보험료액은 다음 각 호의 구분에 따라 산정한 금액을 합산한 금액으로 한다. 이 경우 보험료액은 세대 단위로 산정한다.
1. 소득 : 제71조 제2항에 따라 산정한 지역가입자의 소득월액에 제73조 제3항에 따른 보험료율을 곱하여 얻은 금액
2. 재산 : 제72조에 따라 산정한 재산보험료부과점수에 제73조 제3항에 따른 재산보험료부과점수당 금액을 곱하여 얻은 금액

제110조(실업자에 대한 특례)

⑤ 임의계속가입자의 보수월액보험료는 제76조 제1항 및 제77조 제1항 제1호에도 불구하고 그 임의계속가입자가 전액을 부담하고 납부한다.

⑦ 임의계속가입자 신청 방법·절차 등 : 임의계속가입자의 신청 방법·절차 등에 필요한 사항은 보건복지부령으로 정한다.

25 권한의 위임 및 위탁〈제111조〉

국민건강보험법에 따른 보건복지부장관의 권한은 대통령령으로 정하는 바에 따라 그 일부를 특별시장·광역시장·특별자치시장·도지사 또는 특별자치도지사에게 위임할 수 있다.

26 업무의 위탁〈제112조〉

① 체신관서, 금융기관 등에 위탁 : 공단은 대통령령으로 정하는 바에 따라 다음의 업무를 체신관서, 금융기관 또는 그 밖의 자에게 위탁할 수 있다.
㉠ 보험료의 수납 또는 보험료납부의 확인에 관한 업무
㉡ 보험급여비용의 지급에 관한 업무
㉢ 징수위탁근거법의 위탁에 따라 징수하는 연금보험료, 고용보험료, 산업재해보상보험료, 부담금 및 분담금 등(이하 "징수위탁보험료등"이라 한다)의 수납 또는 그 납부의 확인에 관한 업무

② 국가기관, 지방자치단체 등에 위탁
ㄱ 공단은 그 업무의 일부를 국가기관, 지방자치단체 또는 다른 법령에 따른 사회보험 업무를 수행하는 법인이나 그 밖의 자에게 위탁할 수 있다.
ㄴ 보험료와 징수위탁보험료등의 징수 업무는 그러하지 아니하다.

③ 업무 및 위탁받을 수 있는 자의 범위: 공단이 위탁할 수 있는 업무 및 위탁받을 수 있는 자의 범위는 보건복지부령으로 정한다.

27 징수위탁보험료등의 배분 및 납입 등〈제113조〉

① 징수위탁보험료 배분 납부
ㄱ 공단은 자신이 징수한 보험료와 그에 따른 징수금 또는 징수위탁보험료등의 금액이 징수하여야 할 총액에 부족한 경우에는 대통령령으로 정하는 기준, 방법에 따라 이를 배분하여 납부 처리하여야 한다.
ㄴ 납부의무자가 다른 의사를 표시한 때에는 그에 따른다.

② 보험별 기금 납입: 공단은 징수위탁보험료등을 징수한 때에는 이를 지체 없이 해당 보험별 기금에 납입하여야 한다.

28 출연금의 용도 등〈제114조〉

① 출연금 용도: 공단은 「국민연금법」, 「산업재해보상보험법」, 「고용보험법」 및 「임금채권보장법」에 따라 국민연금기금, 산업재해보상보험및예방기금, 고용보험기금 및 임금채권보장기금으로부터 각각 지급받은 출연금을 제14조 제1항 제11호에 따른 업무에 소요되는 비용에 사용하여야 한다.

조문참고

제14조(업무 등)
① 공단은 다음 각 호의 업무를 관장한다.
    11. 「국민연금법」, 「고용보험 및 산업재해보상보험의 보험료징수 등에 관한 법률」, 「임금채권보장법」 및 「석면피해구제법」(이하 "징수위탁근거법"이라 한다)에 따라 위탁받은 업무

② 출연금 관리 및 운용 등 : 지급받은 출연금의 관리 및 운용 등에 필요한 사항은 대통령령으로 정한다.

29 벌칙 적용에서 공무원 의제〈제114조의2〉

심의위원회 및 건강보험공표심의위원회 위원 중 공무원이 아닌 사람은 「형법」 제127조(공무상 비밀의 누설) 및 제129조(수뢰, 사전수뢰), 제130조(제삼자뇌물제공), 제131조(수뢰후부정처사, 사후수뢰), 제132조(알선수뢰)의 규정을 적용할 때에는 공무원으로 본다.

소멸시효가 완성되는 권리〈법 제91조〉	
구분	내용
3년 동안 행사하지 않으면 소멸시효가 완성되는 권리	• 보험료, 연체금 및 가산금을 징수할 권리 • 보험료, 연체금 및 가산금으로 과오납부한 금액을 환급받을 권리 • 보험급여를 받을 권리 • 보험급여 비용을 받을 권리 • 과다납부된 본인일부부담금을 돌려받을 권리 • 근로복지공단의 권리
소멸시효의 중단 사유	• 보험료의 고지 또는 독촉 • 보험급여 또는 보험급여 비용의 청구 ※ 휴직자등의 보수월액보험료를 징수할 권리의 소멸시효는 고지가 유예된 경우 휴직 등의 사유가 끝날 때까지 진행하지 아니함

서류의 보존〈법 제96조의4〉		
구분		내용
요양기관	5년간 보존	• 요양급여비용의 청구에 관한 서류
	3년간 보존	• 약국 등의 처방전
사용자 및 준요양기관	사용자	• 자격 관리 및 보험료 산정 등 건강보험에 관한 서류 3년간 보존
	준요양기관	• 요양비 청구에 관한 서류 3년간 보존
	보조기기에 대한 보험급여를 청구한 자	• 보험급여 청구에 관한 서류 3년간 보존

(1) 보험료, 연체금 및 가산금의 징수와 보험급여를 받을 권리는 ___ 동안 행사하지 아니하면 소멸시효가 완성된다.

(2) 소멸시효기간, 시효 중단 및 시효 정지에 관하여 국민건강보험법에서 정한 사항 외에는 ___에 따른다.

(3) 공단은 사용자, 직장가입자 및 세대주에게 다음의 사항을 신고하게 하거나 관계 서류를 제출하게 할 수 있다.
  ㉠ 가입자의 거주지 변경
  ㉡ 가입자의 ___________
  ㉢ 그 밖에 건강보험사업을 위하여 필요한 사항

(4) 공단은 신고한 보수 또는 소득 등에 축소 또는 탈루가 있다고 인정하는 경우에는 보건복지부장관을 거쳐 소득의 축소 또는 탈루에 관한 사항을 문서로 _______에게 송부할 수 있다.

(5) ___________은 관계 행정기관의 장에게 약제에 대한 요양급여비용 상한금액의 감액 및 요양급여의 적용 정지를 위하여 필요한 자료를 제공하도록 요청할 수 있다.

(6) 공단은 지역가입자의 _______________ 산정을 위하여 필요한 경우 지역가입자가 제출한 동의 서면을 전자적 형태로 바꾼 문서에 의하여 금융기관등의 장에게 금융정보등을 제공하도록 요청할 수 있다.

(7) 요양기관은 요양급여가 끝난 날부터 ___간 보건복지부령으로 정하는 바에 따라 요양급여비용의 청구에 관한 서류를 보존하여야 한다. 다만, 약국 등 보건복지부령으로 정하는 요양기관은 처방전을 요양급여비용을 청구한 날부터 ___ 간 보존하여야 한다.

(8) 보건복지부장관은 사용자, 직장가입자 또는 세대주에게 가입자의 이동 · 보수 · 소득이나 그 밖에 필요한 사항에 관한 보고 또는 서류 제출을 명하거나, _________이 관계인에게 질문하게 하거나 관계 서류를 검사하게 할 수 있다.

(9) 보건복지부장관은 요양기관이 속임수나 그 밖의 부당한 방법으로 보험자 · 가입자 및 피부양자에게 요양급여비용을 부담하게 한 경우에 해당하면 그 요양기관에 대하여 ___의 범위에서 기간을 정하여 업무정지를 명할 수 있다.

(10) 보건복지부장관은 요양기관이 업무정지 처분을 하여야 하는 경우로서 그 업무정지 처분이 해당 요양기관을 이용하는 사람에게 심한 불편을 주거나 보건복지부장관이 정하는 특별한 사유가 있다고 인정되면 업무정지 처분을 갈음하여 속임수나 그 밖의 부당한 방법으로 부담하게 한 금액의 _______의 금액을 과징금으로 부과 · 징수할 수 있다.

(11) 보건복지부장관은 위반사실의 공표 여부 등을 심의하기 위하여 ___________를 설치 · 운영한다.

(12) 위반사실의 공표의 절차 · 방법, 공표심의위원회의 구성 · 운영 등에 필요한 사항은 _______으로 정한다.

(13) 외국인 등에 대한 특례에 있어서 체류자격 및 체류기간 등 국내체류 외국인등의 특성을 고려하여 특별히 규정하여야 할 사항은 _______으로 다르게 정할 수 있다.

(14) 국민건강보험법에 따른 보건복지부장관의 권한은 _______으로 정하는 바에 따라 그 일부를 특별시장 · 광역시장 · 특별자치시장 · 도지사 또는 특별자치도지사에게 위임할 수 있다.

정답 및 해설

(1) 3년	(6) 재산보험료부과점수	(11) 공표심의위원회
(2) 민법	(7) 5년, 3년	(12) 대통령령
(3) 보수 · 소득	(8) 소속 공무원	(13) 대통령령
(4) 국세청장	(9) 1년	(14) 대통령령
(5) 보건복지부장관	(10) 5배 이하	

출제예상문제

1 국민건강보험법상 권리를 3년 동안 행사하지 않을 경우 소멸시효가 완성되는 것으로 틀린 것은?

① 보험급여를 받을 권리

② 보험료, 연체금 및 가산금을 징수할 권리

③ 보험료 인상을 조정 받을 권리

④ 보험급여 비용을 받을 권리

> **TIP** 시효〈「국민건강보험법」 제91조 제1항〉… 다음의 권리는 3년 동안 행사하지 아니하면 소멸시효가 완성된다.
> ㉠ 보험료, 연체금 및 가산금을 징수할 권리
> ㉡ 보험료, 연체금 및 가산금으로 과오납부한 금액을 환급받을 권리
> ㉢ 보험급여를 받을 권리
> ㉣ 보험급여 비용을 받을 권리
> ㉤ 과다납부된 본인일부부담금을 돌려받을 권리
> ㉥ 근로복지공단의 권리

2 국민건강보험법상 보험급여를 받을 권리의 소멸시효는?

① 1년

② 2년

③ 3년

④ 4년

> **TIP** ③ 보험급여를 받을 권리를 3년 동안 행사하지 않으면 소멸시효가 완성된다〈「국민건강보험법」 제91조 제1항〉.

3 공단이 사용자, 직장가입자 및 세대주에게 신고 또는 서류를 제출하게 할 수 있는 사항이 아닌 것은?

① 가입자의 거주지 변경

② 가입자의 보수

③ 가입자의 소득

④ 가입자의 재산

> **TIP** 신고 등〈「국민건강보험법」 제94조 제1항〉… 공단은 사용자, 직장가입자 및 세대주에게 다음의 사항을 신고하게 하거나 관계 서류(전자적 방법으로 기록된 것을 포함한다)를 제출하게 할 수 있다.
> ㉠ 가입자의 거주지 변경
> ㉡ 가입자의 보수 · 소득
> ㉢ 그 밖에 건강보험사업을 위하여 필요한 사항

4 공단이 국가, 지방자치단체, 요양기관, 보험회사, 공공기관, 그 밖의 공공단체 등에 대하여 업무를 수행하기 위하여 요청할 수 있는 자료로 옳지 않은 것은?

① 가족관계등록 자료

② 국세 및 지방세 관련 자료

③ 학력 및 경력 자료

④ 출입국관리 등의 자료

TIP 공단은 국가, 지방자치단체, 요양기관, 보험회사 및 보험료율 산출 기관, 공공기관, 그 밖의 공공단체 등에 대하여 다음 각 호의 업무를 수행하기 위하여 주민등록·가족관계등록·국세·지방세·토지·건물·출입국관리 등의 자료로서 대통령령으로 정하는 자료를 제공하도록 요청할 수 있다〈「국민건강보험법」 제96조 제1항〉.

5 다음 중 지역가입자 금융정보등의 제공에 대한 설명으로 옳지 않은 것은?

① 지역가입자 금융정보등의 제공은 공단이 금융회사등의 장에게 요청할 수 있다.

② 지역가입자의 금융정보등의 제공은 재산보험료부과점수 산정을 위하여 필요한 경우에 할 수 있다.

③ 금융기관의 장은 금융정보등의 제공 사실을 명의인이 동의한 경우에는 통보하지 않아도 된다.

④ 금융정보등의 제공 요청 및 제공 절차 등에 필요한 사항은 보건복지부령으로 정한다.

TIP ④ 금융정보등의 제공 요청 및 제공 절차 등에 필요한 사항은 대통령령으로 정한다〈「국민건강보험법」 제96조의2 제4항〉.

6 다음 (   ) 안에 알맞은 것은?

국민건강보험법 제96조의3
제1항 : 공단은 제96조 제1항 각 호의 업무를 수행하기 위하여 전산정보자료를 공동이용 할 수 있다.
제2항 : (   )은 제1항에 따라 공단이 전산정보자료의 공동이용을 요청하는 경우 그 공동이용을 위하여 필요한 조치를 취하여야 한다.

① 보건복지부장관

② 법원행정처장

③ 공단이사장

④ 심사평가원장

Answer 1.③ 2.③ 3.④ 4.③ 5.④ 6.②

7 다음은 서류의 보존에 대한 설명이다. 옳지 않은 것은?

① 요양기관은 요양급여가 끝난 날부터 5년간 요양급여비용의 청구에 관한 서류를 보존하여야 한다.

② 약국 등의 요양기관은 처방전을 요양급여비용을 청구한 날부터 3년간 보존하여야 한다.

③ 사용자는 3년간 보건복지부령으로 정하는 바에 따라 자격 관리 및 보험료 산정 등 건강보험에 관한 서류를 보존하여야 한다.

④ 요양비를 청구한 준요양기관은 요양비를 지급받은 날부터 5년간 요양급여지급 내역에 관한 서류를 보존하여야 한다.

TIP 서류의 보존〈「국민건강보험법」 제96조의4〉
　　㉠ 요양기관은 요양급여가 끝난 날부터 5년간 보건복지부령으로 정하는 바에 따라 제47조에 따른 요양급여비용의 청구에 관한 서류를 보존하여야 한다. 다만, 약국 등 보건복지부령으로 정하는 요양기관은 처방전을 요양급여비용을 청구한 날부터 3년간 보존하여야 한다.
　　㉡ 사용자는 3년간 보건복지부령으로 정하는 바에 따라 자격 관리 및 보험료 산정 등 건강보험에 관한 서류를 보존하여야 한다.
　　㉢ 요양비를 청구한 준요양기관은 요양비를 지급받은 날부터 3년간 보건복지부령으로 정하는 바에 따라 요양비 청구에 관한 서류를 보존하여야 한다.
　　㉣ 보조기기에 대한 보험급여를 청구한 자는 보험급여를 지급받은 날부터 3년간 보건복지부령으로 정하는 바에 따라 보험급여 청구에 관한 서류를 보존하여야 한다.

※ 서류의 보존기간

구분	기준	기간
요양기관	요양급여가 끝난 날부터	5년간
약국 등	처방전을 요양급여비용을 청구한 날부터	3년간
사용자	보건복지부령으로 정하는 바에 따라	3년간
요양비를 청구한 준요양기관	요양비를 지급받은 날부터	3년간
보조기기에 대한 보험급여를 청구한 자	보험급여를 지급받은 날부터	3년간

8 사용자는 자격 관리 및 보험료 산정 등 건강보험에 관한 서류를 몇 년간 보존하여야 하는가?

① 1년

② 2년

③ 3년

④ 5년

TIP 사용자는 3년간 보건복지부령으로 정하는 바에 따라 자격 관리 및 보험료 산정 등 건강보험에 관한 서류를 보존하여야 한다〈「국민건강보험법」 제96조의4 제2항〉.

9 다음 중 보건복지부장관이 보고와 검사를 할 수 있는 사항으로 볼 수 없는 것은?

① 사용자, 직장가입자 또는 세대주에게 가입자의 이동·보수·소득의 사항

② 업무정지 처분을 받은 자가 해당 업무정지기간 중에 요양급여를 받은 사항

③ 요양기관에 대하여 요양·약제의 지급 등 보험급여에 관한 사항

④ 보험급여를 받은 자에게 해당 보험급여의 사항

TIP 보건복지부장관이 보고와 검사를 할 수 있는 사항〈「국민건강보험법」 제97조〉
　㉠ 사용자, 직장가입자 또는 세대주에게 가입자의 이동·보수·소득이나 그 밖에 필요한 사항
　㉡ 요양기관에 대하여 요양·약제의 지급 등 보험급여에 관한 내용
　㉢ 보험급여를 받은 자에게 해당 보험급여의 사항
　㉣ 요양급여비용의 심사청구를 대행하는 단체에 필요한 자료의 제출
　㉤ 의약품공급자에 대하여 금전, 물품, 편익, 노무, 향응, 그 밖의 경제적 이익등 제공으로 인한 의약품 판매 질서 위반 행위에 관한 사항

10 다음에 보험급여를 받은 사람에게 해당 보험급여의 내용에 관하여 보고 또는 검사를 하게 할 수 있는 주체는?

① 감사원장

② 보건복지부장관

③ 공단이사장

④ 심사평가원장

TIP 보건복지부장관은 보험급여를 받은 자에게 해당 보험급여의 내용에 관하여 보고하게 하거나, 소속 공무원이 질문하게 할 수 있다〈「국민건강보험법」 제97조 제3항〉.

Answer 7.④ 8.③ 9.② 10.②

11 다음은 요양기관에 대한 업무정지에 대하여 설명한 것으로 옳지 않은 것은?

① 업무정지는 보건복지부장관이 명할 수 있다.
② 업무정지 처분을 받은 자는 해당 업무정지기간 중에는 요양급여를 하지 못한다.
③ 업무정지 처분의 효과는 업무정지 처분이 확정된 요양기관을 합병으로 설립하는 법인에게는 승계되지 않는다.
④ 업무정지 처분을 받은 자는 행정처분을 받은 사실을 양수인 또는 합병 후 존속하는 법인이나 합병으로 설립되는 법인에 지체 없이 알려야 한다.

> **TIP** ③ 업무정지 처분의 효과는 그 처분이 확정된 요양기관을 양수한 자 또는 합병 후 존속하는 법인이나 합병으로 설립되는 법인에 승계되고, 업무정지 처분의 절차가 진행 중인 때에는 양수인 또는 합병 후 존속하는 법인이나 합병으로 설립되는 법인에 대하여 그 절차를 계속 진행할 수 있다. 다만, 양수인 또는 합병 후 존속하는 법인이나 합병으로 설립되는 법인이 그 처분 또는 위반사실을 알지 못하였음을 증명하는 경우에는 그러하지 아니하다〈「국민건강보험법」제98조 제3항〉.

12 다음 중 국민건강보험법상 업무정지의 요건에 해당하지 않는 경우는?

① 명령에 위반하거나 거짓 보고를 하거나 거짓 서류를 제출한 경우
② 국민 건강에 심각한 위험을 초래할 것이 예상되는 경우
③ 속임수나 그 밖의 부당한 방법으로 보험자·가입자 및 피부양자에게 요양급여비용을 부담하게 한 경우
④ 소속 공무원의 검사 또는 질문을 거부·방해 또는 기피한 경우

> **TIP** 업무정지〈「국민건강보험법」제98조〉
> ⊙ 속임수나 그 밖의 부당한 방법으로 보험자·가입자 및 피부양자에게 요양급여비용을 부담하게 한 경우
> ⓛ 명령에 위반하거나 거짓 보고를 하거나 거짓 서류를 제출하거나, 소속 공무원의 검사 또는 질문을 거부·방해 또는 기피한 경우
> ⓒ 정당한 사유 없이 요양기관이 제41조의3 제1항에 따른 결정을 신청하지 아니하고 속임수나 그 밖의 부당한 방법으로 행위·치료재료를 가입자 또는 피부양자에게 실시 또는 사용하고 비용을 부담시킨 경우
>
> > **국민건강보험법 제41조의3 제1항**
> > 요양기관, 치료재료의 제조업자·수입업자 등 보건복지부령으로 정하는 자는 요양급여대상 또는 비급여대상으로 결정되지 아니한 요양급여에 관한 행위 및 치료재료에 대하여 요양급여대상 여부의 결정을 보건복지부장관에게 신청하여야 한다.
>
> ※ 질문·검사·조사 또는 확인의 내용·절차·방법 등에 관하여 국민건강보험법에서 정하는 사항을 제외하고는 「행정조사기본법」에서 정하는 바에 따른다〈「국민건강보험법」제98조 제8항〉.

13 국민건강보험법상 다음에 해당할 경우 보건복지부장관이 요양기관에 최대로 명할 수 있는 업무정지의 기간은?

> 속임수나 그 밖의 부당한 방법으로 보험자·가입자 및 피부양자에게 요양급여비용을 부담하게 한 경우

① 3개월
② 6개월
③ 1년
④ 2년

TIP 보건복지부장관은 요양기관이 다음의 어느 하나에 해당하면 그 요양기관에 대하여 1년의 범위에서 기간을 정하여 업무정지를 명할 수 있다. 이 경우 보건복지부장관은 그 사실을 공단 및 심사평가원에 알려야 한다〈「국민건강보험법」 제98조 제1항〉.
　㉠ 속임수나 그 밖의 부당한 방법으로 보험자·가입자 및 피부양자에게 요양급여비용을 부담하게 한 경우
　㉡ 제97조(보고와 검사) 제2항에 따른 명령에 위반하거나 거짓 보고를 하거나 거짓 서류를 제출하거나, 소속 공무원의 검사 또는 질문을 거부·방해 또는 기피한 경우
　㉢ 정당한 사유 없이 요양기관이 제41조의3(행위·치료재료 및 약제에 대한 요양급여대상 여부의 결정 및 조정) 제1항에 따른 결정을 신청하지 아니하고 속임수나 그 밖의 부당한 방법으로 행위·치료재료를 가입자 또는 피부양자에게 실시 또는 사용하고 비용을 부담시킨 경우

14 다음 중 징수한 과징금을 사용할 수 있는 용도로 옳지 않은 것은?

① 공단이 요양급여비용으로 지급하는 자금
② 「응급의료에 관한 법률」에 따른 응급의료기금의 지원
③ 「재난적의료비 지원에 관한 법률」에 따른 재난적의료비 지원사업에 대한 지원
④ 「산업안전보건법」에 따른 산업 안전 및 보건 관련 단체 등에 대한 지원

TIP 징수한 과징금을 사용할 수 있는 용도「국민건강보험법」 제99조 제8항〉
　㉠ 공단이 요양급여비용으로 지급하는 자금
　㉡ 응급의료기금의 지원
　㉢ 재난적의료비 지원사업에 대한 지원
　※ 환자 진료에 불편을 초래하는 등 공공복리에 지장을 줄 것으로 예상되는 때(제2항 제1호, 제3항 제1호)에 부과·징수된 과징금은 재난적의료비 지원사업에 대한 지원 용도로만 사용하여야 한다.

Answer　11.③　12.②　13.③　14.④

15 다음 중 과징금에 대한 설명으로 옳지 않은 것은?

① 과징금은 분할납부를 할 수 없다.

② 납부기한까지 과징금을 납부하지 않을 경우 과징금부과처분을 취소하고 업무정지처분 할 수 있다.

③ 과징금 납부대상자가 납부기한까지 과징금을 납부하지 않을 경우 국세 체납처분의 예에 따라 징수한다.

④ 과징금을 징수하기 위하여 관할 세무관서의 장에게 과세정보의 제공을 요청받을 수 있다.

> **TIP** ① 보건복지부장관은 과징금을 12개월의 범위에서 분할납부를 하게 할 수 있다〈「국민건강보험법」 제99조 제2항〉.
> ※ **과징금**〈「국민건강보험법」 제99조 제1항〉 … 보건복지부장관은 요양기관이 업무정지 처분을 하여야 하는 경우로서 그 업무정지 처분이 해당 요양기관을 이용하는 사람에게 심한 불편을 주거나 보건복지부장관이 정하는 특별한 사유가 있다고 인정되면 업무정지 처분을 갈음하여 속임수나 그 밖의 부당한 방법으로 부담하게 한 금액의 5배 이하의 금액을 과징금으로 부과·징수할 수 있다.

16 보건복지부장관이 요양기관에 대한 과징금을 분할납부 하게 할 수 있는 범위는?

① 3개월   ② 6개월

③ 9개월   ④ 12개월

> **TIP** ① 보건복지부장관은 과징금을 12개월의 범위에서 분할납부를 하게 할 수 있다〈「국민건강보험법」 제99조 제2항〉.

17 다음 중 과징금 부과 대상이 된 약제가 과징금이 부과된 날부터 5년의 범위에서 다시 과징금 부과 대상이 되는 경우에 부과·징수할 수 있는 과징금의 범위는? (단, 해당 약제에 대한 요양급여비용 총액을 기준으로 함)

① 100분의 50을 넘지 않는 범위   ② 100분의 70을 넘지 않는 범위

③ 100분의 80을 넘지 않는 범위   ④ 100분의 100을 넘지 않는 범위

> **TIP** **과징금을 사용할 수 있는 경우**〈「국민건강보험법」 제99조 제3항〉 … 보건복지부장관은 과징금 부과 대상이 된 약제가 과징금이 부과된 날부터 5년의 범위에서 대통령령으로 정하는 기간 내에 다시 과징금 부과 대상이 되는 경우에는 대통령령으로 정하는 바에 따라 해당 약제에 대한 요양급여비용 총액의 100분의 100을 넘지 아니하는 범위에서 과징금을 부과·징수할 수 있다.

18 보건복지부장관이 과징금을 징수하기 위하여 필요할 경우 관할 세무관서의 장 또는 지방자치단체의 장에게 과세정보의 제공을 요청할 수가 있다. 이 때 요청해야 할 문서에 적어야 할 내용이 아닌 것은?

① 납세자의 인적사항
② 사용 목적
③ 국세 및 지방세 납부 실적
④ 과징금 부과 사유 및 부과 기준

TIP 과징금〈「국민건강보험법」제99조 제7항〉 … 보건복지부장관은 과징금을 징수하기 위하여 필요하면 다음의 사항을 적은 문서로 관할 세무관서의 장 또는 지방자치단체의 장에게 과세정보의 제공을 요청할 수 있다.
   ㉠ 납세자의 인적사항
   ㉡ 사용 목적
   ㉢ 과징금 부과 사유 및 부과 기준

19 서류를 위조 · 변조로 요양급여비용을 거짓으로 청구한 금액이 1천 500만 원 이상인 경우에 해당하여 위반사실을 공표하려고 할 때 공표할 수 있는 내용이 아닌 것은?

① 위반 행위 및 처분내용
② 요양기관의 명칭
③ 위반행위의 동기 및 횟수
④ 주소 및 대표자 성명

TIP 위반사실의 공표〈「국민건강보험법」제100조 제1항〉 … 보건복지부장관은 관련 서류의 위조 · 변조로 요양급여비용을 거짓으로 청구하여 행정처분을 받은 요양기관이 다음의 어느 하나에 해당하면 그 위반 행위, 처분 내용, 해당 요양기관의 명칭 · 주소 및 대표자 성명, 그 밖에 다른 요양기관과의 구별에 필요한 사항으로서 대통령령으로 정하는 사항을 공표할 수 있다.
   ㉠ 거짓으로 청구한 금액이 1천 500만 원 이상인 경우
   ㉡ 요양급여비용 총액 중 거짓으로 청구한 금액의 비율이 100분의 20 이상인 경우

20 위반사실의 공표 여부 등을 심의하기 위하여 보건복지부장관이 설치 · 운영해야 하는 기구는?

① 심사평가원
② 공표심의위원회
③ 분쟁조정위원회
④ 심의위원회

TIP ② 보건복지부장관은 위반사실의 공표 여부 등을 심의하기 위하여 공표심의위원회를 설치 · 운영한다〈「국민건강보험법」제100조 제2항〉.

Answer   15.① 16.④ 17.④ 18.③ 19.③ 20.②

21 다음 중 국민건강보험법 제101조에서 규정하고 있는 「약사법」에 따른 의약품의 제조업자등의 금지행위로 옳지 않은 것은?

① 공단 또는 심사평가원에 거짓 자료의 제출

② 요양원에 의료기기 공급

③ 보건복지부에 거짓 자료의 제출

④ 제98조 제1항 제1호에 해당하는 요양기관의 행위에 개입

> **TIP** 제조업자 등의 금지행위 등〈「국민건강보험법」 제101조 제1항〉… 「약사법」에 따른 의약품의 제조업자 · 위탁제조판매업자 · 수입자 · 판매업자 및 의료기기 제조업자 · 수입업자 · 수리업자 · 판매업자 · 임대업자는 약제 · 치료재료와 관련하여 요양급여대상 여부를 결정하거나 요양급여비용을 산정할 때에 다음의 행위를 하여 보험자 · 가입자 및 피부양자에게 손실을 주어서는 아니 된다.
> ㉠ 제98조 제1항 제1호에 해당하는 요양기관의 행위에 개입
> ㉡ 보건복지부, 공단 또는 심사평가원에 거짓 자료의 제출
> ㉢ 그 밖에 속임수나 보건복지부령으로 정하는 부당한 방법으로 요양급여대상 여부의 결정과 요양급여비용의 산정에 영향을 미치는 행위
> ※ 제98조 제1항 제1호 … 속임수나 그 밖의 부당한 방법으로 보험자 · 가입자 및 피부양자에게 요양급여비용을 부담하게 하여 업무정지를 받은 경우

22 다음 중 공단, 심사평가원, 대행청구단체에 종사했던 사람이나 종사하는 사람이 금지해야 하는 행위로 볼 수 없는?

① 가입자 및 피부양자의 개인정보 누설

② 업무를 수행하면서 알게 된 개인정보를 제3자에게 제공

③ 법규의 위반행위 및 처분내용 누설

④ 업무를 수행 중에 알게 된 정보 누설

> **TIP** 정보의 유지 등〈「국민건강보험법」 제102조〉… 공단, 심사평가원 및 대행청구단체에 종사하였던 사람 또는 종사하는 사람은 다음의 행위를 하여서는 아니 된다.
> ㉠ 가입자 및 피부양자의 개인정보를 누설하거나 직무상 목적 외의 용도로 이용 또는 정당한 사유 없이 제3자에게 제공하는 행위
> ㉡ 업무를 수행하면서 알게 된 정보(㉠의 개인정보는 제외한다)를 누설하거나 직무상 목적 외의 용도로 이용 또는 제3자에게 제공하는 행위

23 국민건강보험법 제101조의2(약제에 대한 쟁송 시 손실상당액의 징수 및 지급)의 내용으로 옳은 것은?

① 공단은 약제의 제조업자가 제기한 행정심판이나 행정소송이 각하 또는 기각되었더라도 손실 상당액을 지급하여야 한다.

② 공단은 조정등으로 인하여 약제의 제조업자에게 발생한 손실 상당액을 지급할 때, 반드시 요양급여비용 차액의 전액을 보상하여야 한다.

③ 공단은 조정등이 집행정지된 기간 동안 발생한 손실 상당액을 약제의 제조업자로부터 징수할 수 있다.

④ 공단은 손실에 상당하는 금액을 징수 또는 지급하는 경우 별도의 이자를 가산하지 않는다.

TIP ① 공단은 심판 또는 소송에 대한 결정이나 재결, 판결이 다음의 요건을 모두 충족하는 경우에는 조정등으로 인하여 약제의 제조업자등에게 발생한 손실에 상당하는 금액을 지급하여야 한다〈「국민건강보험법」 제101조의2 제2항〉.
　㉠ 행정심판위원회 또는 법원의 집행정지 결정이 없거나 집행정지 결정이 취소된 경우
　㉡ 행정심판이나 행정소송에 대한 인용(일부 인용을 포함한다) 재결 또는 판결이 확정된 경우
② 손실에 상당하는 금액은 해당 조정등이 없었다면 공단이 지급하여야 할 요양급여비용과 조정등에 따라 공단이 지급한 요양급여비용의 차액으로 산정한다. 다만, 요양급여대상에서 제외되거나 요양급여의 적용을 정지하는 내용의 조정등의 경우에는 요양급여비용 차액의 100분의 40을 초과할 수 없다〈「국민건강보험법」 제101조의2 제4항〉.
④ 공단은 제1항 또는 제2항에 따라 손실에 상당하는 금액을 징수 또는 지급하는 경우 대통령령으로 정하는 이자를 가산하여야 한다〈「국민건강보험법」 제101조의2 제5항〉.

24 보건복지부장관이 공단과 심사평가원에 업무보고를 명하거나 감독 할 수 있는 업무로 틀린 것은?

① 공단의 업무 및 따른 심사평가원의 업무　　② 정관, 규정, 법률의 변경

③ 경영지침의 이행과 관련된 사업　　④ 공단과 심사평가원이 위탁받은 업무

TIP 공단 등에 대한 감독 등〈「국민건강보험법」 제103조 제1항〉 … 보건복지부장관은 공단과 심사평가원의 경영목표를 달성하기 위하여 다음의 사업이나 업무에 대하여 보고를 명하거나 그 사업이나 업무 또는 재산상황을 검사하는 등 감독을 할 수 있다.
　㉠ 공단의 업무 및 심사평가원의 업무
　㉡ 경영지침의 이행과 관련된 사업
　㉢ 이 법 또는 다른 법령에서 공단과 심사평가원이 위탁받은 업무
　㉣ 그 밖에 관계 법령에서 정하는 사항과 관련된 사업

Answer　21.②　22.③　23.③　24.②

25 다음은 국민건강보험법의 일부 내용으로 옳지 않은 것은?

① 공단은 속임수나 부당한 방법으로 보험급여를 받은 사람이나 다른 사람이 보험급여를 받도록 한 사람을 신고한 사람에게 포상금을 지급할 수 있다.
② 건강보험사업을 수행하는 자가 아닐지라도 보험계약의 명칭에 국민건강보험이라는 용어를 사용할 수 있다.
③ 공단은 징수 또는 반환금액이 1건당 2천원 미만인 경우에는 징수나 반환하지 않는다.
④ 보험료등과 보험급여에 관한 비용을 계산할 때 끝수는 계산하지 않는다.

> **TIP** ② 국민건강보험법으로 정하는 건강보험사업을 수행하는 자가 아닌 자는 보험계약 또는 보험계약의 명칭에 국민건강보험이라는 용어를 사용하지 못한다〈「국민건강보험법」 제105조 제2항〉.
> ① 국민건강보험법 제104조 제1항 제1호 및 제2호
> ③ 국민건강보험법 제106조
> ④ 국민건강보험법 제107조

26 공단은 「국민건강증진법」에서 정하는 바에 따라 국민건강증진기금에서 자금을 지원받을 수 있다. 다음 중 이 자금을 사용할 수 있는 사업이 아닌 것은?

① 건강검진 등 건강증진에 관한 사업
② 가입자와 피부양자의 흡연으로 인한 질병에 대한 보험급여
③ 가입자와 피부양자 중 65세 이상 노인에 대한 보험급여
④ 건강보험사업에 대한 운영비

> **TIP** ④는 국가가 국고에서 공단에 지원하는 재원의 용도이다.
> ※ 보험재정에 대한 정부지원〈「국민건강보험법」 제108조의2〉
> ⊙ 국고에서 지원된 재원을 사용할 수 있는 사업〈「국민건강보험법」 제108조의2 제3항〉
> • 가입자 및 피부양자에 대한 보험급여
> • 건강보험사업에 대한 운영비
> • 보험료 경감에 대한 지원
> ⊙ 국민건강증진기금에서 지원받은 자금을 사용할 수 있는 사업〈「국민건강보험법」 제108조의2 제4항〉
> • 건강검진 등 건강증진에 관한 사업
> • 가입자와 피부양자의 흡연으로 인한 질병에 대한 보험급여
> • 가입자와 피부양자 중 65세 이상 노인에 대한 보험급여

27 국가는 매년 예산의 범위에서 해당 연도 보험료 예상 수입액의 (   )에 상당하는 금액을 국고에서 공단에 지원한다. 다음 중 (   ) 안에 알맞은 것은?

① 100분의 13

② 100분의 14

③ 100분의 15

④ 100분의 20

> **TIP** 「국민건강보험법」제108조의2 제1항〉국가는 매년 예산의 범위에서 해당 연도 보험료 예상 수입액의 <u>100분의 14</u>에 상당하는 금액을 국고에서 공단에 지원한다「국민건강보험법」제108조의2 제1항〉.

28 다음 중 외국인 등에 대한 특례에 대한 설명으로 옳지 않은 것은?

① 국내체류 외국인등은 지역가입자만 될 수 있다.

② 정부는 외국 정부가 사용자인 사업장 근로자의 건강보험에 관하여는 외국 정부와 한 합의에 따라 따로 정할 수 있다.

③ 국내체류 외국인등이 피부양자 자격의 인정 기준에 해당할 경우 피부양자가 될 수 있다.

④ 지역가입자인 국내체류 외국인등이 보험료를 대통령령으로 정하는 기간 이상 체납한 경우에는 체납일부터 체납한 보험료를 완납할 때까지 보험급여를 하지 아니한다.

> **TIP** ① 국내체류 외국인등도 직장가입자와 지역가입자로 구분한다〈「국민건강보험법」제109조〉.

29 다음 중 국내에 체류하는 외국인 중 지역가입자는?

① 「주민등록법」에 따라 등록한 사람

② 「재외동포법」에 따라 국내거소신고를 한 사람

③ 「출입국관리법」외국인등록을 한 사람

④ 외국인등록을 한 사람 중 체류자격이 있는 사람

> **TIP** **외국인의 직장가입자**〈「국민건강보험법」제109조 제2항〉… 국내에 체류하는 재외국민 또는 외국인이 적용대상 사업장의 근로자, 공무원 또는 교직원이고 제6조 제2항 각 호의 어느 하나에 해당하지 아니하면서 다음의 어느 하나에 해당하는 경우에는 직장가입자가 된다.
> ㉠「주민등록법」제6조 제1항 제3호에 따라 등록한 사람
> ㉡「재외동포의 출입국과 법적 지위에 관한 법률」제6조에 따라 국내거소신고를 한 사람
> ㉢「출입국관리법」제31조에 따라 외국인등록을 한 사람

Answer 25.② 26.④ 27.② 28.① 29.④

30 다음 중 외국인이 피부양자가 될 수 없는 경우는?

① 직장가입자와의 관계가 직장가입자의 형제 · 자매인 경우

② 피부양자 자격의 인정 기준에 해당하는 경우

③ 국내체류가 법률에 위반되는 경우로서 대통령령으로 정하는 사유가 있는 경우

④ 직장가입자의 관계가 직장가입자의 직계존속인 경우

> **TIP** ③은 가입자 및 피부양자가 될 수 없다〈「국민건강보험법」 제109조 제5항 제1호〉.
> ※ 제109조 제2항 각 호의 어느 하나에 해당하는 국내체류 외국인등이 공단에 신청하면 피부양자가 될 수 있는 경우〈「국민건강보험법」 제109조 제4항〉.
>   ㉠ 직장가입자와의 관계가 제5조 제2항 각 호의 어느 하나에 해당할 것
>   ㉡ 제5조 제3항에 따른 피부양자 자격의 인정 기준에 해당할 것
>   ㉢ 국내 거주기간 또는 거주사유가 제3항 제1호에 따른 기준에 해당할 것. 다만, 직장가입자의 배우자 및 19세 미만 자녀(배우자의 자녀를 포함한다)에 대해서는 그러하지 아니하다.

31 다음 법조항에서 ( ) 안에 알맞은 것을 고르면?

국민건강보험법 제109조

제10항 : 공단은 지역가입자인 국내체류 외국인등(제9항 단서의 적용을 받는 사람에 한정한다)이 보험료를 ( )으로 정하는 기간 이상 체납한 경우에는 제53조 제3항에도 불구하고 체납일부터 체납한 보험료를 완납할 때까지 보험급여를 하지 아니한다. 이 경우 제53조 제3항 각 호 외의 부분 단서 및 같은 조 제5항 · 제6항은 적용하지 아니한다.

제11항 : 제10항에도 불구하고 체류자격 및 체류기간 등 국내체류 외국인등의 특성을 고려하여 특별히 규정하여야 할 사항은 ( )으로 다르게 정할 수 있다.

① 대통령령, 보건복지부령   ② 대통령령, 대통령령

③ 보건복지부령, 보건복지부령   ④ 보건복지부령, 대통령령

> **TIP** 국민건강보험법 제109조(외국인 등에 대한 특례)
> ㉠ 제10항 : 공단은 지역가입자인 국내체류 외국인등(제9항 단서의 적용을 받는 사람에 한정한다)이 보험료를 <u>대통령령</u>으로 정하는 기간 이상 체납한 경우에는 제53조 제3항에도 불구하고 체납일부터 체납한 보험료를 완납할 때까지 보험급여를 하지 아니한다. 이 경우 제53조 제3항 각 호 외의 부분 단서 및 같은 조 제5항 · 제6항은 적용하지 아니한다.
> ㉡ 제11항 : 제10항에도 불구하고 체류자격 및 체류기간 등 국내체류 외국인등의 특성을 고려하여 특별히 규정하여야 할 사항은 <u>대통령령</u>으로 다르게 정할 수 있다.

32 다음은 국민건강보험법 제110조 실업자의 특례에 대한 설명이다. 옳지 않은 것은?

① 6개월, 2개월

② 9개월, 3개월

③ 1년, 2개월

④ 2년, 6개월

TIP 사용관계가 끝난 사람 중 직장가입자로서의 자격을 유지한 기간이 보건복지부령으로 정하는 기간 동안 통산 <u>1년</u> 이상인 사람은 지역가입자가 된 이후 최초로 지역가입자 보험료를 고지받은 날부터 그 납부기한에서 <u>2개월</u>이 지나기 이전까지 공단에 직장가입자로서의 자격을 유지할 것을 신청할 수 있다〈「국민건강보험법」 제110조 제1항〉.

33 다음은 국민건강보험법상 임의계속가입자의 보수월액을 설명한 것으로 빈칸에 알맞은 것은?

> 보수월액보험료가 산정된 최근 (　　)간의 보수월액을 평균한 금액

① 3개월

② 6개월

③ 9개월

④ 12개월

TIP 임의계속가입자의 보수월액은 보수월액보험료가 산정된 최근 12개월간의 보수월액을 평균한 금액으로 한다〈「국민건강보험법」 제110조 제3항〉.

34 공단이 체신관서나 금융기관 등에 위탁할 수 있는 업무가 아닌 것은?

① 보험료의 수납

② 보험급여비용의 지급에 관한 업무

③ 가입자 및 피부양자의 자격관리

④ 징수위탁보험료등의 수납

TIP 공단이 체신관서, 금융기관 또는 그 밖의 자에게 위탁할 수 있는 업무〈「국민건강보험법」 제112조 제1항〉.
　　㉠ 보험료의 수납 또는 보험료납부의 확인에 관한 업무
　　㉡ 보험급여비용의 지급에 관한 업무
　　㉢ 징수위탁보험료등의 수납 또는 그 납부의 확인에 관한 업무

Answer　　30.③　31.②　32.③　33.④　34.③

벌칙

1 벌칙 1〈제115조〉

① **5년 이하의 징역 또는 5천만 원 이하의 벌금** : 가입자 및 피부양자의 개인정보를 누설하거나 직무상 목적 외의 용도로 이용 또는 정당한 사유 없이 제3자에게 제공한 자는 5년 이하의 징역 또는 5천만 원 이하의 벌금에 처한다.

② **3년 이하의 징역 또는 3천만 원 이하의 벌금** : 다음의 어느 하나에 해당하는 자는 3년 이하의 징역 또는 3천만 원 이하의 벌금에 처한다.
　㉠ 대행청구단체의 종사자로서 거짓이나 그 밖의 부정한 방법으로 요양급여비용을 청구한 자
　㉡ 업무를 수행하면서 알게 된 정보를 누설하거나 직무상 목적 외의 용도로 이용 또는 제3자에게 제공한 자

③ **3년 이하의 징역 또는 1천만 원 이하의 벌금** : 공동이용하는 전산정보자료를 직무상 목적 외의 용도로 이용하거나 활용한 자는 3년 이하의 징역 또는 1천만 원 이하의 벌금에 처한다.

④ **2년 이하의 징역 또는 2천만 원 이하의 벌금** : 거짓이나 그 밖의 부정한 방법으로 보험급여를 받거나 타인으로 하여금 보험급여를 받게 한 사람은 2년 이하의 징역 또는 2천만 원 이하의 벌금에 처한다.

⑤ **1년 이하의 징역 또는 1천만 원 이하의 벌금** : 다음의 어느 하나에 해당하는 자는 1년 이하의 징역 또는 1천만 원 이하의 벌금에 처한다.
　㉠ 선별급여를 제공한 요양기관의 개설자
　㉡ 대행청구단체가 아닌 자로 하여금 대행하게 한 자
　㉢ 제93조를 위반한 사용자

> **조문참고**
>
> **제93조(근로자의 권익 보호)**
>
> 제6조 제2항 각 호의 어느 하나에 해당하지 아니하는 모든 사업장의 근로자를 고용하는 사용자는 그가 고용한 근로자가 이 법에 따른 직장가입자가 되는 것을 방해하거나 자신이 부담하는 부담금이 증가되는 것을 피할 목적으로 정당한 사유 없이 근로자의 승급 또는 임금 인상을 하지 아니하거나 해고나 그 밖의 불리한 조치를 할 수 없다.

ㄹ 제98조 제2항을 위반한 요양기관의 개설자

제98조(업무정지)

② 제1항에 따라 업무정지 처분을 받은 자는 해당 업무정지기간 중에는 요양급여를 하지 못한다.

2 벌칙 2〈제116조 ~ 제117조〉

① **1천만 원 이하의 벌금** : 제97조(보고와 검사) 제2항을 위반한 자

ㄱ 보고 또는 서류 제출을 하지 아니한 자

ㄴ 거짓으로 보고하거나 거짓 서류를 제출한 자

ㄷ 검사나 질문을 거부·방해 또는 기피한 자

제97조(보고와 검사)

② 보건복지부장관은 요양기관(제49조에 따라 요양을 실시한 기관을 포함한다)에 대하여 요양·약제의 지급 등 보험급여에 관한 보고 또는 서류 제출을 명하거나, 소속 공무원이 관계인에게 질문하게 하거나 관계 서류를 검사하게 할 수 있다.

② **500만 원 이하의 벌금** : 제42조 제5항을 위반한 자 또는 제49조 제2항을 위반한 자

ㄱ 요양기관이 정당한 이유 없이 요양급여를 거부한 경우

ㄴ 요양비 명세서나 요양 명세를 적은 영수증을 내주지 아니한 자

제42조(요양기관)

⑤ 제1항·제2항 및 제4항에 따른 요양기관은 정당한 이유 없이 요양급여를 거부하지 못한다.

제49조(요양비)

② 준요양기관은 보건복지부장관이 정하는 요양비 명세서나 요양 명세를 적은 영수증을 요양을 받은 사람에게 내주어야 하며, 요양을 받은 사람은 그 명세서나 영수증을 공단에 제출하여야 한다.

3 양벌 규정〈제118조〉

① **양벌 규정** : 법인의 대표자나 법인 또는 개인의 대리인, 사용인, 그 밖의 종사자가 그 법인 또는 개인의 업무에 관하여 제115조(벌칙) ~ 제117조(벌칙) 규정 중 어느 하나에 해당하는 위반행위를 하면 그 행위자를 벌하는 외에 그 법인 또는 개인에게도 해당 조문의 벌금형을 과(科)한다.

② **주의 감독을 성실히 한 경우** : 법인 또는 개인이 그 위반행위를 방지하기 위하여 해당 업무에 관하여 상당한 주의와 감독을 게을리하지 아니한 경우에는 그러하지 아니하다.

4 **과태료〈제119조〉**

① **500만 원 이하의 과태료** : 다음의 어느 하나에 해당하는 자에게는 500만 원 이하의 과태료를 부과한다.

㉠ 제7조를 위반하여 신고를 하지 아니하거나 거짓으로 신고한 사용자

> **조문참고**
>
> **제7조(사업장의 신고)**
>
> 사업장의 사용자는 다음의 어느 하나에 해당하게 되면 그 때부터 14일 이내에 보건복지부령으로 정하는 바에 따라 보험자에게 신고하여야 한다. 제1호에 해당되어 보험자에게 신고한 내용이 변경된 경우에도 또한 같다.
> 1. 제6조 제2항에 따라 직장가입자가 되는 근로자 · 공무원 및 교직원을 사용하는 사업장(이하 "적용대상사업장"이라 한다)이 된 경우
> 2. 휴업 · 폐업 등 보건복지부령으로 정하는 사유가 발생한 경우

㉡ 정당한 사유 없이 제94조 제1항을 위반하여 신고 · 서류제출을 하지 아니하거나 거짓으로 신고 · 서류제출을 한 자

> **조문참고**
>
> **제94조(신고 등)**
>
> ① 공단은 사용자, 직장가입자 및 세대주에게 다음의 사항을 신고하게 하거나 관계 서류(전자적 방법으로 기록된 것을 포함한다. 이하 같다)를 제출하게 할 수 있다.
> 1. 가입자의 거주지 변경
> 2. 가입자의 보수 · 소득
> 3. 그 밖에 건강보험사업을 위하여 필요한 사항

㉢ 정당한 사유 없이 제97조 제1항, 제3항, 제4항, 제5항을 위반하여 보고 · 서류제출을 하지 아니하거나 거짓으로 보고 · 서류제출을 한 자

> **조문참고**
>
> **제97조(보고와 검사)**
>
> ① 보건복지부장관은 사용자, 직장가입자 또는 세대주에게 가입자의 이동 · 보수 · 소득이나 그 밖에 필요한 사항에 관한 보고 또는 서류 제출을 명하거나, 소속 공무원이 관계인에게 질문하게 하거나 관계 서류를 검사하게 할 수 있다.
> ③ 보건복지부장관은 보험급여를 받은 자에게 해당 보험급여의 내용에 관하여 보고하게 하거나, 소속 공무원이 질문하게 할 수 있다.
> ④ 보건복지부장관은 제47조 제7항에 따라 요양급여비용의 심사청구를 대행하는 단체(이하 "대행청구단체"라 한다)에 필요한 자료의 제출을 명하거나, 소속 공무원이 대행청구에 관한 자료 등을 조사 · 확인하게 할 수 있다.

⑤ 보건복지부장관은 제41조의2에 따른 약제에 대한 요양급여비용 상한금액의 감액 및 요양급여의 적용 정지를 위하여 필요한 경우에는 「약사법」 제47조 제2항에 따른 의약품공급자에 대하여 금전, 물품, 편익, 노무, 향응, 그 밖의 경제적 이익등 제공으로 인한 의약품 판매 질서 위반 행위에 관한 보고 또는 서류 제출을 명하거나, 소속 공무원이 관계인에게 질문하게 하거나 관계 서류를 검사하게 할 수 있다.

ㄹ 제98조 제4항을 위반하여 행정처분을 받은 사실 또는 행정처분절차가 진행 중인 사실을 지체 없이 알리지 아니한 자

제98조(업무정지)

④ 제1항에 따른 업무정지 처분을 받았거나 업무정지 처분의 절차가 진행 중인 자는 행정처분을 받은 사실 또는 행정처분절차가 진행 중인 사실을 보건복지부령으로 정하는 바에 따라 양수인 또는 합병 후 존속하는 법인이나 합병으로 설립되는 법인에 지체 없이 알려야 한다.

ㅁ 정당한 사유 없이 제101조 제2항을 위반하여 서류를 제출하지 아니하거나 거짓으로 제출한 자

제101조(제조업자 등의 금지행위 등)

② 보건복지부장관은 제조업자등이 제1항에 위반한 사실이 있는지 여부를 확인하기 위하여 그 제조업자 등에게 관련 서류의 제출을 명하거나, 소속 공무원이 관계인에게 질문을 하게 하거나 관계 서류를 검 사하게 하는 등 필요한 조사를 할 수 있다. 이 경우 소속 공무원은 그 권한을 표시하는 증표를 지니 고 이를 관계인에게 보여주어야 한다.

② 100만 원 이하의 과태료 : 다음의 어느 하나에 해당하는 자에게는 100만 원 이하의 과태료를 부과한다.

ㄱ 제12조 제4항을 위반하여 정당한 사유 없이 건강보험증이나 신분증명서로 가입자 또는 피부양자의 본인 여부 및 그 자격을 확인하지 아니하고 요양급여를 실시한 자

제12조(건강보험증)

④ 요양기관은 가입자 또는 피부양자에게 요양급여를 실시하는 경우 보건복지부령으로 정하는 바에 따라 건강보험증이나 신분증명서로 본인 여부 및 그 자격을 확인하여야 한다. 다만, 요양기관이 가입자 또 는 피부양자의 본인 여부 및 그 자격을 확인하기 곤란한 경우로서 보건복지부령으로 정하는 정당한 사유가 있을 때에는 그러하지 아니하다.

ㄴ 제96조의4를 위반하여 서류를 보존하지 아니한 자

제96조의4(서류의 보존)

① 요양기관은 요양급여가 끝난 날부터 5년간 보건복지부령으로 정하는 바에 따라 제47조에 따른 요양 급여비용의 청구에 관한 서류를 보존하여야 한다. 다만, 약국 등 보건복지부령으로 정하는 요양기관 은 처방전을 요양급여비용을 청구한 날부터 3년간 보존하여야 한다.

② 사용자는 3년간 보건복지부령으로 정하는 바에 따라 자격 관리 및 보험료 산정 등 건강보험에 관한 서류를 보존하여야 한다.

③ 제49조 제3항에 따라 요양비를 청구한 준요양기관은 요양비를 지급받은 날부터 3년간 보건복지부령으로 정하는 바에 따라 요양비 청구에 관한 서류를 보존하여야 한다.

④ 제51조 제2항에 따라 보조기기에 대한 보험급여를 청구한 자는 보험급여를 지급받은 날부터 3년간 보건복지부령으로 정하는 바에 따라 보험급여 청구에 관한 서류를 보존하여야 한다.

ⓒ 제103조에 따른 명령을 위반한 자

조문참고

제103조(공단 등에 대한 감독 등)

① 보건복지부장관은 공단과 심사평가원의 경영목표를 달성하기 위하여 다음 각 호의 사업이나 업무에 대하여 보고를 명하거나 그 사업이나 업무 또는 재산상황을 검사하는 등 감독을 할 수 있다.
   1. 제14조 제1항 제1호부터 제13호까지의 규정에 따른 공단의 업무 및 제63조 제1항 제1호부터 제8호까지의 규정에 따른 심사평가원의 업무
   2. 「공공기관의 운영에 관한 법률」 제50조에 따른 경영지침의 이행과 관련된 사업
   3. 국민건강보험법 또는 다른 법령에서 공단과 심사평가원이 위탁받은 업무
   4. 그 밖에 관계 법령에서 정하는 사항과 관련된 사업
② 보건복지부장관은 제1항에 따른 감독상 필요한 경우에는 정관이나 규정의 변경 또는 그 밖에 필요한 처분을 명할 수 있다.

ⓓ 제105조를 위반한 자

조문참고

제105조(유사명칭의 사용금지)

① 공단이나 심사평가원이 아닌 자는 국민건강보험공단, 건강보험심사평가원 또는 이와 유사한 명칭을 사용하지 못한다.
② 국민건강보험법으로 정하는 건강보험사업을 수행하는 자가 아닌 자는 보험계약 또는 보험계약의 명칭에 국민건강보험이라는 용어를 사용하지 못한다.

③ **과태료 부과** : 과태료는 대통령령으로 정하는 바에 따라 보건복지부장관이 부과·징수한다.

	과태료 부과금액의 비교	
구분	500만 원 이하의 과태료 부과〈제119조 제3항〉	100만 원 이하의 과태료 부과〈제119조 제4항〉
위반행위	• 제7조를 위반하여 신고를 하지 아니하거나 거짓으로 신고한 사용자 • 정당한 사유 없이 제94조의 신고·서류제출을 하지 아니하거나 거짓으로 신고·서류제출을 한 자 • 정당한 사유 없이 제97조를 위반하여 보고·서류제출을 하지 아니하거나 거짓으로 보고·서류제출을 한 자 • 행정처분을 받은 사실 또는 행정처분절차가 진행 중인 사실을 지체 없이 알리지 아니한 자 • 정당한 사유 없이 제101조 제2항을 위반하여 서류를 제출하지 아니하거나 거짓으로 제출한 자	• 정당한 사유 없이 건강보험증이나 신분증명서로 가입자 또는 피부양자의 본인 여부 및 그 자격을 확인하지 아니하고 요양급여를 실시한 자 • 제96조의4를 위반하여 서류를 보존하지 아니한 자 • 제103조에 따른 명령을 위반한 자 • 제105조를 위반한 자

(1) 가입자 및 피부양자의 개인정보를 누설하거나 직무상 목적 외의 용도로 이용 또는 정당한 사유 없이 제3자에게 제공한 자는 _______의 징역 또는 __________의 벌금에 처한다.

(2) 대행청구단체의 종사자로서 거짓이나 그 밖의 부정한 방법으로 요양급여비용을 청구한 자는 _______의 징역 또는 __________의 벌금에 처한다.

(3) 공동이용하는 전산정보자료를 목적 외의 용도로 이용하거나 활용한 자는_______의 징역 또는 __________의 벌금에 처한다.

(4) 거짓이나 그 밖의 부정한 방법으로 보험급여를 받거나 타인으로 하여금 보험급여를 받게 한 사람은 _______의 징역 또는 __________의 벌금에 처한다.

(5) 다음의 어느 하나에 해당하는 자는 _______의 징역 또는 __________의 벌금에 처한다.
　㉠ 선별급여를 제공한 요양기관의 개설자
　㉡ 대행청구단체가 아닌 자로 하여금 대행하게 한 자
　㉢ 제93조(근로자의 권익 보호)를 위반한 사용자
　㉣ 업무정지 처분을 받은 후 해당 업무정지기간 중 요양기관의 개설자

(6) 보고 또는 서류 제출을 하지 아니한 자, 거짓으로 보고하거나 거짓 서류를 제출한 자, 검사나 질문을 거부·방해 또는 기피한 자는 __________의 벌금에 처한다.

(7) 요양비 명세서나 요양 명세를 적은 영수증을 내주지 아니한 자는 __________의 벌금에 처한다.

(8) 다음의 어느 하나에 해당하는 자에게는 __________의 과태료를 부과한다.
　㉠ 신고를 하지 아니하거나 거짓으로 신고한 사용자
　㉡ 정당한 사유 없이 신고·서류제출을 하지 아니하거나 거짓으로 신고·서류제출을 한 자
　㉢ 정당한 사유 없이 보고·서류제출을 하지 아니하거나 거짓으로 보고·서류제출을 한 자
　㉣ 행정처분을 받은 사실 또는 행정처분절차가 진행 중인 사실을 지체 없이 알리지 아니한 자
　㉤ 정당한 사유 없이 서류를 제출하지 아니하거나 거짓으로 제출한 자

(9) 다음의 어느 하나에 해당하는 자에게는 __________의 과태료를 부과한다.
　㉠ 정당한 사유 없이 건강보험증이나 신분증명서로 가입자 또는 피부양자의 본인 여부 및 그 자격을 확인하지 아니하고 요양급여를 실시한 자
　㉡ 서류를 보존하지 아니한 자
　㉢ 공단 등에 대한 감독 등의 명령을 위반한 자
　㉣ 유사명칭의 사용금지규정을 위반한 자

(10) 과태료는 대통령령으로 정하는 바에 따라 __________이 부과·징수한다.

(1) 5년 이하, 5천만 원 이하
(2) 3년 이하, 3천만 원 이하
(3) 3년 이하, 1천만 원 이하
(4) 2년 이하, 2천만 원 이하
(5) 1년 이하, 1천만 원 이하
(6) 1천만 원 이하
(7) 500만 원 이하
(8) 500만 원 이하
(9) 100만 원 이하
(10) 보건복지부장관

출제예상문제

1 가입자 및 피부양자의 개인정보를 누설하거나 직무상 목적 외의 용도로 이용 또는 정당한 사유 없이 제3자에게 제공한 자에게 처해지는 벌칙으로 옳은 것은?

① 10년 이하의 징역 또는 1억 원 이하의 벌금

② 7년 이하의 징역 또는 7천만 원 이하의 벌금

③ 5년 이하의 징역 또는 5천만 원 이하의 벌금

④ 3년 이하의 징역 또는 3천만 원 이하의 벌금

TIP 가입자 및 피부양자의 개인정보를 누설하거나 직무상 목적 외의 용도로 이용 또는 정당한 사유 없이 제3자에게 제공한 자는 5년 이하의 징역 또는 5천만 원 이하의 벌금에 처한다〈「국민건강보험법」 제115조 제1항〉.

2 다음 중 처해지는 벌칙이 나머지와 다른 하나는?

① 대행청구단체의 종사자로서 거짓이나 그 밖의 부정한 방법으로 요양급여비용을 청구한 자

② 대행청구단체가 아닌 자로 하여금 심사청구를 대행하게 한 자

③ 고용한 근로자가 「국민건강보험법」에 따른 직장가입자가 되는 것을 방해한 사용자

④ 업무정지기간 중에는 요양급여를 한 요양기관의 개설자

TIP ①은 3년 이하의 징역 또는 3천만 원 이하의 벌금에, 나머지는 1년 이하의 징역 또는 1천만 원 이하의 벌금에 처한다.
　※ **벌칙**〈「국민건강보험법」 제115조 제2항, 제5항〉
　　② 다음의 어느 하나에 해당하는 자는 3년 이하의 징역 또는 3천만 원 이하의 벌금에 처한다.
　　　㉠ 대행청구단체의 종사자로서 거짓이나 그 밖의 부정한 방법으로 요양급여비용을 청구한 자
　　　㉡ 제102조 제2호를 위반하여 업무를 수행하면서 알게 된 정보를 누설하거나 직무상 목적 외의 용도로 이용 또는 제3자에게 제공한 자
　　⑤ 다음의 어느 하나에 해당하는 자는 1년 이하의 징역 또는 1천만 원 이하의 벌금에 처한다.
　　　㉠ 제42조의2 제1항 및 제3항을 위반하여 선별급여를 제공한 요양기관의 개설자
　　　㉡ 제47조 제7항을 위반하여 대행청구단체가 아닌 자로 하여금 대행하게 한 자
　　　㉢ 제93조를 위반한 사용자
　　　㉣ 제98조 제2항을 위반한 요양기관의 개설자

3 다음 중 500만 원 이하의 과태료에 부과하는 벌칙이 아닌 것은?

① 사업장의 신고를 하지 아니하거나 거짓으로 신고한 사용자

② 정당한 사유 없이 변경된 가입자의 거주지를 거짓으로 신고·서류제출 한 자

③ 행정처분을 받은 사실과 행정처분절차가 진행 중인 사실을 지체 없이 알리지 아니한 자

④ 대행청구단체의 종사자로서 거짓이나 부정한 방법으로 요양급여비용을 청구한 자

> **TIP** ④ 대행청구단체의 종사자로서 거짓이나 그 밖의 부정한 방법으로 요양급여비용을 청구한 자는 3년 이하의 징역 또는 3천만 원 이하의 벌금에 처한다〈「국민건강보험법」 제115조 제2항〉.
>
> ※ **500만 원 이하의 과태료를 부과**〈「국민건강보험법」 제119조 제3항〉
> ㉠ 사업장의 신고를 하지 아니하거나 거짓으로 신고한 사용자
> ㉡ 정당한 사유 없이 제94조(신고 등) 제1항을 위반하여 신고·서류제출을 하지 아니하거나 거짓으로 신고·서류제출을 한 자
> ㉢ 정당한 사유 없이 제97조(보고와 검사) 제1항, 제3항, 제4항, 제5항을 위반하여 보고·서류제출을 하지 아니하거나 거짓으로 보고·서류제출을 한 자
> ㉣ 제98조 제4항을 위반하여 행정처분을 받은 사실 또는 행정처분절차가 진행 중인 사실을 지체 없이 알리지 아니한 자
> ㉤ 정당한 사유 없이 제101조 제2항을 위반하여 서류를 제출하지 아니하거나 거짓으로 제출한 자

4 다음 중 100만 원 이하의 과태료에 부과하는 벌칙이 아닌 것은?

① 공단 등에 대한 감독 등의 명령을 위반한 자

② 대행청구단체가 아닌 자로 하여금 대행하게 한 자

③ 유사명칭의 사용금지 규정을 위반한 자

④ 서류의 보존규정을 위반하여 서류를 보존하지 아니한 자

> **TIP** ②는 1년 이하의 징역 또는 1천만 원 이하의 벌금에 처한다〈「국민건강보험법」 제115조 제5항〉.
>
> ※ **과태료**〈「국민건강보험법」 제119조 제4항〉 … 다음에 해당하는 자에게는 100만 원 이하의 과태료를 부과한다.
> ㉠ 제12조(건강보험증)제4항을 위반하여 정당한 사유 없이 건강보험증이나 신분증명서로 가입자 또는 피부양자의 본인 여부 및 그 자격을 확인하지 아니하고 요양급여를 실시한 자
> ㉡ 제96조의4(서류의 보존)을 위반하여 서류를 보존하지 아니한 자
> ㉢ 제103조(공단 등에 대한 감독 등)에 따른 명령을 위반한 자
> ㉣ 제105조(유사명칭의 사용금지) 규정을 위반한 자

Answer 1.③ 2.① 3.④ 4.②

5 보건복지부장관이 요양기관에 대하여 요양·약제의 지급 등 보험급여에 관한 보고 또는 서류 제출을 명하거나, 소속 공무원이 관계인에게 질문하게 하거나 관계 서류를 검사하게 하는 것을 위반하여 보고 또는 서류 제출을 하지 아니한 자, 거짓으로 보고하거나 거짓 서류를 제출한 자, 검사나 질문을 거부·방해 또는 기피한 자에게 처해지는 벌금은 얼마인가?

① 500만 원 이하
② 1천만 원 이하
③ 2천만 원 이하
④ 3천만 원 이하

TIP 제97조(보고와 검사) 제2항을 위반하여 보고 또는 서류 제출을 하지 아니한 자, 거짓으로 보고하거나 거짓 서류를 제출한 자, 검사나 질문을 거부·방해 또는 기피한 자는 1천만 원 이하의 벌금에 처한다〈「국민건강보험법」 제116조〉.

※ 「국민건강보험법」 제97조 제2항 … 보건복지부장관은 요양기관(제49조에 따라 요양을 실시한 기관을 포함한다)에 대하여 요양·약제의 지급 등 보험급여에 관한 보고 또는 서류 제출을 명하거나, 소속 공무원이 관계인에게 질문하게 하거나 관계 서류를 검사하게 할 수 있다.

6 다음 중 500만 원 이하의 과태료가 부과되는 사람은?

① 요양급여가 끝난 날부터 5년이 되기 전에 요양급여비용의 청구에 관한 서류를 폐기한 자
② 다른 법령에서 심사평가원에 위탁한 업무에 대한 보건복지부장관의 보고 명령을 위반한 자
③ 휴업·폐업 등 보건복지부령으로 정하는 사유가 발생하였는데 신고를 하지 아니한 사용자
④ 공단이 아니면서 국민건강보험공단과 유사한 명칭을 사용한 자

TIP 다음에 해당하는 자에게는 500만 원 이하의 과태료를 부과한다〈「국민건강보험법」 제119조 제3항〉.
　㉠ 제7조(사업장의 신고)를 위반하여 신고를 하지 아니하거나 거짓으로 신고한 사용자
　㉡ 정당한 사유 없이 제94조(신고 등) 제1항을 위반하여 신고·서류제출을 하지 아니하거나 거짓으로 신고·서류제출을 한 자
　㉢ 정당한 사유 없이 제97조(보고와 검사) 제1항, 제3항, 제4항, 제5항을 위반하여 보고·서류제출을 하지 아니하거나 거짓으로 보고·서류제출을 한 자
　㉣ 제98조(업무정지) 제4항을 위반하여 행정처분을 받은 사실 또는 행정처분절차가 진행 중인 사실을 지체 없이 알리지 아니한 자
　㉤ 정당한 사유 없이 제101조 제2항을 위반하여 서류를 제출하지 아니하거나 거짓으로 제출한 자

7 국민건강보험법상 정당한 이유 없이 요양급여를 거부한 요양기관에 처해지는 벌금은 얼마인가?

① 500만 원 이하　　　　　　　　　② 1천만 원 이하

③ 2천만 원 이하　　　　　　　　　④ 3천만 원 이하

> **TIP** 제42조(요양기관) 제5항을 위반한 자 또는 제49조(요양비) 제2항을 위반하여 요양비 명세서나 요양 명세를 적은 영수증을 내주지 아니한 자는 500만 원 이하의 벌금에 처한다〈「국민건강보험법」 제117조〉.
> ※ 「국민건강보험법」 제42조 제5항 : 요양기관은 정당한 이유 없이 요양급여를 거부하지 못한다.
> ※ 「국민건강보험법」 제49조 제2항 : 준요양기관은 보건복지부장관이 정하는 요양비 명세서나 요양 명세를 적은 영수증을 요양을 받은 사람에게 내주어야 하며, 요양을 받은 사람은 그 명세서나 영수증을 공단에 제출하여야 한다.

8 다음 중 과태료가 나머지 셋과 다른 하나는?

① 서류를 보존하지 아니한 자

② 공단 등에 대한 감독 등의 명령을 위반한 자

③ 정당한 사유 없이 신고·서류제출을 하지 아니한 자

④ 공단이나 심사평가원의 유사명칭을 사용한 자

> **TIP** ③은 500만 원 이하의 과태료를 부과한다〈「국민건강보험법」 제119조 제3항〉.
> ※ **과태료**〈「국민건강보험법」 제119조 제4항〉 … 다음에 해당하는 자에게는 100만 원 이하의 과태료를 부과한다.
> 　㉠ 제12조(건강보험증)제4항을 위반하여 정당한 사유 없이 건강보험증이나 신분증명서로 가입자 또는 피부양자의 본인 여부 및 그 자격을 확인하지 아니하고 요양급여를 실시한 자
> 　㉡ 제96조의4(서류의 보존)을 위반하여 서류를 보존하지 아니한 자
> 　㉢ 제103조(공단 등에 대한 감독 등)에 따른 명령을 위반한 자
> 　㉣ 제105조(유사명칭의 사용금지)를 위반한 자

Answer　5.②　6.③　7.①　8.③

P A R T
III
단원별 OX문제

단원점검 OX 문제

1 국민건강보험법은 국민의 질병·부상에 대한 예방·진단·치료·재활과 출산·사망 및 건강증진에 대하여 보험급여를 실시함으로써 국민보건 향상과 건강검진에 이바지함을 목적으로 한다. (   )

2 국민건강보험법에 따른 건강보험사업은 건강보험공단이 맡아 주관한다. (   )

3 "근로자"란 직업의 종류와 관계없이 근로의 대가로 보수를 받아 생활하는 사람(법인의 이사와 그 밖의 임원을 포함한다)으로서 공무원 및 교직원을 제외한 사람을 말한다. (   )

4 근로자가 소속되어 있는 사업장의 사업주와 공무원이 소속되어 있는 기관의 장으로서 대통령령으로 정하는 사람은 사용자에 포함된다. (   )

5 "공무원"이란 국가나 지방자치단체에서 상시 공무에 종사하는 사람을 말하며, "교직원"이란 사립학교나 사립학교의 경영기관에서 근무하는 교원과 직원을 말한다. (   )

6 보건복지부장관은 국민건강보험법에 따른 건강보험의 건전한 운영을 위하여 건강보험정책심의위원회의 심의를 거쳐 3년마다 종합계획을 수립하여야 한다. (   )

7 보건복지부장관은 종합계획의 수립 및 변경의 사유가 발생한 경우 관련 사항에 대한 보고서를 작성하여 지체 없이 국회 소관 상임위원회에 보고하여야 한다. (   )

8 종합계획의 수립 및 변경, 시행계획의 수립·시행 및 시행계획에 따른 추진실적의 평가 등에 필요한 사항은 보건복지부장관이 정한다. (   )

9 건강보험정책에 관한 사항을 심의·의결하기 위하여 보건복지부장관 소속으로 심의위원회를 둔다. (   )

10 심의위원회는 위원장 1명과 부위원장 1명을 포함하여 20명의 위원으로 구성한다. (   )

11 심의위원회의 위원장은 보건복지부차관이 되고, 부위원장은 위원장이 지명하는 사람이 된다. (   )

12 보건복지부장관은 심의위원회의 위원으로 의료계를 대표하는 단체 및 약업계를 대표하는 단체가 추천하는 각 2명을 위촉할 수 있다. (   )

13 보건복지부장관은 심의위원회가 심의한 사항을 국회에 보고하여야 한다. (   )

ANSWER 1.× 2.× 3.○ 4.○ 5.○ 6.× 7.○ 8.× 9.○ 10.× 11.○ 12.× 13.○

1 국내에 거주하는 국민은 건강보험의 가입자 또는 피부양자가 된다. (   )

2 의료급여를 받는 수급권자는 건강보험의 가입자 또는 피부양자가 될 수 없다. (   )

3 직장가입자의 배우자와 형제·자매는 피부양자가 될 수 있다. (   )

4 모든 사업장의 근로자 및 사용자와 공무원 및 교직원, 현역병은 직장가입자가 된다. (   )

5 사업장의 사용자는 휴업·폐업 등 보건복지부령으로 정하는 사유가 발생한 경우에는 그 때부터 14일 이내에 보건복지부령으로 정하는 바에 따라 보험자에게 신고하여야 한다. (   )

6 가입자는 국내에 거주하게 된 날부터 30일 이후에 직장가입자 또는 지역가입자의 자격을 얻는다. (   )

7 직장가입자가 다른 적용대상사업장의 사용자로 되거나 근로자등으로 사용된 날에 자격이 변동된다. (   )

8 자격을 취득하였거나 자격이 변동된 경우 직장가입자의 사용자와 지역가입자의 세대주는 보건복지부령으로 정하는 바에 따라 자격이 변동된 날부터 30일 이내에 보험자에게 신고하여야 한다. (   )

9 가입자가 국내에 거주하지 아니하게 된 날에 가입자의 자격을 잃는다. (   )

10 가입자 자격의 취득·변동 및 상실은 자격의 취득·변동 및 상실의 시기로 소급하여 효력을 발생한다. (   )

11 국민건강보험공단은 가입자 또는 피부양자가 신청하는 경우 건강보험증을 발급하여야 한다. (   )

12 요양기관은 가입자 또는 피부양자에게 요양급여를 실시하는 경우 대통령령으로 정하는 바에 따라 건강보험증이나 신분증명서로 본인 여부 및 그 자격을 확인하여야 한다. (   )

13 가입자·피부양자는 제10조 제1항에 따라 자격을 잃은 후 자격을 증명하던 서류를 사용하여 보험급여를 받아서는 아니 된다. (   )

14 누구든지 건강보험증이나 신분증명서를 다른 사람에게 양도(讓渡)하거나 대여하여 보험급여를 받게 하여서는 아니 된다. (   )

15 건강보험증의 신청절차와 방법, 서식 및 교부 등에 필요한 사항은 대통령령으로 정한다. (   )

ANSWER 1.○ 2.○ 3.○ 4.× 5.○ 6.× 7.○ 8.× 9.× 10.○ 11.○ 12.× 13.○ 14.○ 15.×

1 건강보험의 보험자는 국민건강보험공단으로 한다. (   )

2 공단은 법인으로 하여야 하며, 주된 사무소의 소재지에서 설립등기를 함으로써 성립한다. (   )

3 공단은 정관을 변경하려면 건강보험정책심의위원회의 인가를 받아야 한다. (   )

4 공단은 임원으로서 이사장 1명, 이사 14명 및 감사 1명을 둔다. 이 경우 이사장, 이사 중 3명은 상임으로 한다. (   )

5 이사장은 보건복지부장관의 제청으로 대통령이 임명하고, 감사는 임원추천위원회가 복수로 추천한 사람 중에서 재정경제부장관의 제청으로 대통령이 임명한다. (   )

6 이사장의 임기는 5년, 이사(공무원인 이사는 제외한다)와 감사의 임기는 각각 2년으로 한다. (   )

7 상임이사 중 징수이사는 경영, 경제 및 사회보험에 관한 학식과 경험이 풍부한 사람으로서 보건복지부령으로 정하는 자격을 갖춘 사람 중에서 선임한다. (   )

8 대한민국 국민이 아닌 사람도 공단의 임원이 될 수 있다. (   )

9 상임이사는 이사장의 명을 받아 공단의 업무를 집행한다. (   )

10 임원이 임원 결격사유에 해당하게 되거나 임명 당시 그에 해당하는 사람으로 확인되면 그 임원은 당연 퇴임한다. (   )

11 임명권자는 임원이 고의나 중대한 과실로 공단에 손실이 생기게 한 경우라도 임기가 끝나기 전에는 그 임원을 해임할 수 없다. (   )

12 공단의 상임임원이 임명권자 또는 제청권자의 허가를 받거나 공단의 직원이 이사장의 허가를 받은 경우에는 비영리 목적의 업무를 겸할 수 있다. (   )

13 공단의 이사회는 이사장과 이사로 구성하며, 감사는 이사회에 출석하여 발언할 수 있다. (   )

14 이사회의 의결 사항 및 운영 등에 필요한 사항은 보건복지부령으로 정한다. (   )

ANSWER 1.O 2.O 3.X 4.X 5.O 6.X 7.O 8.X 9.O 10.O 11.X 12.O 13.O 14.X

15 공단의 조직 · 인사 · 보수 및 회계에 관한 규정은 이사회의 의결을 거쳐 보건복지부장관의 승인을 받아 정한다. (　　)

16 이사장은 공단 업무에 관한 모든 재판상의 행위 또는 재판 외의 행위를 대행하게 하기 위하여 공단의 이사 또는 직원 중에서 대리인을 선임할 수 없다. (　　)

17 이사장은 공단의 이익과 자기의 이익이 상반되는 사항에 대하여는 공단을 대표하지 못한다. 이 경우 감사가 공단을 대표한다. (　　)

18 요양급여비용의 계약 및 결손처분 등 보험재정에 관련된 사항을 심의 · 의결하기 위하여 공단에 재정운영위원회를 둔다. 재정운영위원회의 위원장은 위원 중에서 호선(互選)한다. (　　)

19 재정운영위원회는 직장가입자를 대표하는 위원 15명, 지역가입자를 대표하는 위원 10명, 공익을 대표하는 위원 10명의 위원으로 구성한다. (　　)

20 재정운영위원회 위원(공무원인 위원은 제외한다)의 임기는 2년으로 한다. 다만, 위원의 사임 등으로 새로 위촉된 위원의 임기는 새로 위촉된 날로부터 2년이다. (　　)

21 공단은 직장가입자와 지역가입자의 재정을 따로 운영한다. (　　)

22 공단은 건강보험사업 및 징수위탁근거법의 위탁에 따른 국민연금사업 · 고용보험사업 · 산업재해보상보험사업 · 임금채권보장사업에 관한 회계를 공단의 다른 회계와 구분하여 각각 회계처리하여야 한다. (　　)

23 공단은 회계연도마다 예산안을 편성하여 이사회의 의결을 거친 후 보건복지부장관의 승인을 받아야 한다. 다만, 예산을 변경할 때에는 의사회의 의결만 거치면 된다. (　　)

24 공단은 지출할 현금이 부족한 경우에는 차입할 수 있다. 다만, 1년 이상 장기로 차입하려면 보건복지부장관의 승인을 받아야 한다. (　　)

25 공단은 회계연도마다 결산상의 잉여금 중에서 그 연도의 보험급여에 든 비용의 100분의 10 이상에 상당하는 금액을 그 연도에 든 비용의 100분의 50에 이를 때까지 준비금으로 적립하여야 한다. (　　)

26 공단은 회계연도마다 결산보고서와 사업보고서를 작성하여 다음해 2월 말일까지 보건복지부장관에게 보고하여야 한다. (　　)

27 준비금의 관리 및 운영 방법 등에 필요한 사항은 보건복지부장관이 정한다. (　　)

ANSWER　15.○　16.×　17.○　18.○　19.×　20.×　21.×　22.○　23.×　24.○　25.×　26.○　27.○

1 가입자와 피부양자의 질병, 부상, 출산 등에 대하여 진찰·검사, 약제(藥劑)·치료재료의 지급, 처치·수술 및 그 밖의 치료, 예방·재활, 입원, 간호, 이송(移送)의 요양급여를 실시한다. (　　)

2 요양급여의 방법·절차·범위·상한 등의 기준은 대통령령으로 정한다. (　　)

3 보건복지부장관은 요양급여의 기준을 정할 때 업무나 일상생활에 지장이 없는 질환에 대한 치료 등 보건복지부령으로 정하는 사항은 비급여대상으로 정할 수 있다. (　　)

4 보건복지부장관은 약제(藥劑)·치료재료 등의 약제에 대하여는 요양급여비용 상한금액의 100분의 20을 넘지 아니하는 범위에서 그 금액의 일부를 감액할 수 있다. (　　)

5 보건복지부장관은 요양급여비용의 상한금액이 감액된 약제가 감액된 날부터 5년의 범위에서 대통령령으로 정하는 기간 내에 다시 감액의 대상이 된 경우에는 요양급여비용 상한금액의 100분의 40을 넘지 아니하는 범위에서 요양급여비용 상한금액의 일부를 감액할 수 있다. (　　)

6 보건복지부장관은 요양급여비용의 상한금액이 감액된 약제가 감액된 날부터 5년의 범위에서 대통령령으로 정하는 기간 내에 다시 「약사법」 제47조 제2항의 위반과 관련된 경우에는 해당 약제에 대하여 5년의 범위에서 기간을 정하여 요양급여의 적용을 정지할 수 있다. (　　)

7 보건복지부장관은 요양급여대상으로 결정하여 고시한 약제에 대하여 보건복지부령으로 정하는 바에 따라 요양급여대상 여부, 범위, 요양급여비용 상한금액 등을 직권으로 조정할 수 없다. (　　)

8 요양급여를 결정함에 있어 경제성 또는 치료효과성 등이 불확실하여 그 검증을 위하여 추가적인 근거가 필요하거나, 경제성이 낮아도 가입자와 피부양자의 건강회복에 잠재적 이득이 있는 등 대통령령으로 정하는 경우에는 예비적인 요양급여인 선별급여로 지정하여 실시할 수 있다. (　　)

9 가입자 또는 피부양자가 질병이나 부상으로 거동이 불편한 경우 등 보건복지부령으로 정하는 사유에 해당하는 경우에는 가입자 또는 피부양자를 직접 방문하여 요양급여를 실시할 수 있다. (　　)

10 전문요양기관으로 인정된 요양기관 또는 상급종합병원은 요양급여의 절차 및 요양급여비용을 다른 요양기관과 같은 수준으로 하여야 한다. (　　)

11 선별급여의 실시조건 및 선별급여의 실시제한 등에 필요한 사항은 대통령령으로 정한다. (　　)

ANSWER 1.O 2.× 3.O 4.O 5.O 6.× 7.× 8.O 9.O 10.× 11.×

12 요양기관은 요양급여비용을 최초로 청구하는 때에 요양기관의 시설·장비 및 인력 등에 대한 현황을 심사평가원에 신고하여야 하며, 신고한 내용이 변경된 경우에는 그 변경된 날부터 30일 이내에 보건복지부령으로 정하는 바에 따라 심사평가원에 신고하여야 한다. (　　)

13 본인부담상한액은 가입자의 소득수준 등에 따라 정한다. (　　)

14 요양급여비용은 공단의 이사장과 대통령령으로 정하는 의약계를 대표하는 사람들의 계약으로 정한다. 이 경우 계약기간은 1년으로 한다. (　　)

15 요양급여비용의 계약은 그 직전 계약기간 만료일이 속하는 연도의 1월 31일까지 체결하여야 하며, 그 기한까지 계약이 체결되지 아니하는 경우 보건복지부장관이 그 직전 계약기간 만료일이 속하는 연도의 6월 30일까지 심의위원회의 의결을 거쳐 요양급여비용을 정한다. (　　)

16 요양급여비용을 청구하려는 요양기관은 심사평가원에 요양급여비용의 심사청구를 하여야 하며, 심사청구를 받은 심사평가원은 이를 심사한 후 지체없이 그 내용을 공단과 요양기관에 알려야 한다. (　　)

17 지역별 의료자원의 불균형 및 의료서비스 격차의 해소 등을 위하여 지역별로 요양급여비용을 달리 정하여 지급할 수 있다. (　　)

18 심사평가원은 요양급여에 대한 의료의 질을 향상시키기 위하여 요양급여의 적정성 평가(이하 이 조에서 "평가"라 한다)를 실시할 수 있다. (　　)

19 공단은 장애인인 가입자 및 피부양자에게 보조기기에 대하여는 보험급여를 할 수 없다. (　　)

20 공단은 가입자에 한하여 질병의 조기 발견과 그에 따른 요양급여를 하기 위하여 건강검진을 실시한다. (　　)

21 보험급여를 받을 수 있는 사람이 국외에 체류하는 경우 그 기간에는 보험급여를 하지 아니한다. (　　)

22 보험급여를 받을 권리는 양도하거나 압류할 수 없으며, 요양비등수급계좌에 입금된 요양비등은 압류할 수 없다. (　　)

23 공단은 현역병 및 교도소, 그 밖에 이에 준하는 시설에 수용되어 있는 사람이 요양기관에서 대통령령으로 정하는 치료 등(이하 이 조에서 "요양급여"라 한다)을 받은 경우 그에 따라 공단이 부담하는 비용(이하 이 조에서 "요양급여비용"이라 한다)과 요양비를 법무부장관·국방부장관·경찰청장·소방청장 또는 해양경찰청장으로부터 예탁 받아 지급할 수 있다. (　　)

ANSWER 12. ✕ 13. ○ 14. ○ 15. ✕ 16. ○ 17. ○ 18. ○ 19. ✕ 20. ✕ 21. ○ 22. ○ 23. ○

1 요양급여비용을 심사하고 요양급여의 적정성을 평가하기 위하여 심사평가원을 설립한다. (   )

2 요양급여비용의 심사, 요양급여의 적정성 평가, 심사기준 및 평가기준의 개발은 심사평가원이 관장하는 업무이다. (   )

3 요양급여의 적정성 평가의 기준·절차·방법 등에 필요한 사항은 대통령령으로 정하여 고시한다. (   )

4 심사평가원은 법인으로 하며, 주된 사무소의 소재지에서 설립등기를 함으로써 성립한다. (   )

5 심사평가원에 임원으로서 원장, 이사 13명 및 감사 1명을 둔다. (   )

6 원장은 임원추천위원회가 복수로 추천한 사람 중에서 보건복지부장관의 제청으로 대통령이 임명하고, 상임이사는 보건복지부령으로 정하는 추천 절차를 거쳐 보건복지부장관이 임명한다. (   )

7 감사는 임원추천위원회가 추천한 사람 중에서 재정경제부장관의 제청으로 대통령이 임명한다. (   )

8 원장의 임기는 3년, 이사(공무원인 이사는 제외한다)와 감사의 임기는 각각 1년으로 한다. (   )

9 심사평가원의 업무를 효율적으로 수행하기 위하여 심사평가원에 진료심사평가위원회를 둔다. (   )

10 심사위원회는 위원장을 포함하여 90명 이내의 상근 심사위원과 1천명 이내의 비상근 심사위원으로 구성하며, 진료과목별 분과위원회를 둘 수 있다. (   )

11 심사위원회 위원의 자격·임기 및 심사위원회의 구성·운영 등에 필요한 사항은 대통령령으로 정한다. (   )

12 교수·부교수 및 조교수는 소속대학 총장의 허가를 받아 진료심사평가위원회 위원의 직무를 겸할 수 있다. (   )

13 보건복지부장관은 직무 여부와 관계없이 품위를 손상하는 행위를 한 경우에 해당하면 그 심사위원을 해임 또는 해촉할 수 있다. (   )

14 심사평가원은 업무를 하기 위하여 공단으로부터 부담금을 징수할 수 있다. (   )

ANSWER 1.○ 2.○ 3.× 4.○ 5.× 6.× 7.○ 8.× 9.○ 10.○ 11.× 12.○ 13.× 14.○

1 공단은 건강보험사업에 드는 비용에 충당하기 위해 보험료납부의무자로부터 보험료를 징수한다. (   )

2 보험료는 가입자의 자격을 취득한 날이 속하는 달부터 가입자의 자격을 잃은 날의 전날이 속하는 달까지 징수한다. 다만, 가입자의 자격을 매월 1일에 취득한 경우 또는 건강보험 적용 신청으로 가입자의 자격을 취득하는 경우에는 그 달부터 징수한다. (   )

3 보험료를 징수할 때 가입자의 자격이 변동된 경우에는 변동된 날이 속하는 달의 보험료는 변동되기 전의 자격을 기준으로 징수한다. 다만, 가입자의 자격이 매월 1일에 변동된 경우에는 변동된 자격을 기준으로 징수한다. (   )

4 직장가입자의 보수월액은 직장가입자가 지급받는 보수를 기준으로 하여 산정한다. (   )

5 휴직이나 그 밖의 사유로 보수의 전부 또는 일부가 지급되지 아니하는 가입자(이하 "휴직자등"이라 한다)의 보수월액보험료는 해당 사유가 생긴 달의 보수월액을 기준으로 산정한다. (   )

6 지역가입자의 소득월액은 지역가입자의 연간 소득을 12개월로 나눈 값을 대통령령으로 정하는 바에 따라 평가하여 산정한다. (   )

7 소득의 구체적인 범위와 소득월액의 산정에 필요한 사항은 보건복지부령으로 정한다. (   )

8 재산보험료부과점수는 지역가입자의 재산을 기준으로 산정한다. (   )

9 보건복지부장관은 피부양자 인정기준과 보험료, 보수월액, 소득월액 및 재산보험료부과점수의 산정 기준 및 방법 등에 대하여 적정성을 평가하고, 국민건강보험법 시행일로부터 4년이 경과한 때 이를 조정하여야 한다. (   )

10 직장가입자의 보험료율은 1천분의 80의 범위에서 심의위원회의 의결을 거쳐 대통령령으로 정한다. (   )

11 국외에서 업무에 종사하고 있는 직장가입자에 대한 보험료율은 정해진 보험료율의 100분의 20으로 한다. (   )

12 지역가입자의 보험료율과 재산보험료부과점수당 금액은 심의위원회의 의결을 거쳐 대통령령으로 정한다. (   )

ANSWER　1.○　2.×　3.○　4.○　5.×　6.×　7.×　8.○　9.○　10.○　11.×　12.○

13 60세 이상인 가입자 중 보건복지부령으로 정하는 가입자에 대하여는 그 가입자 또는 그 가입자가 속한 세대의 보험료의 일부를 경감할 수 있다. (   )

14 보험료 경감의 방법·절차 등에 필요한 사항은 보건복지부장관이 정하여 고시한다. (   )

15 직장가입자의 보수월액보험료는 직장가입자와 사업주가 각각 보험료액의 100분의 50씩 부담한다. 다만, 직장가입자가 교직원으로서 사립학교에 근무하는 교원이면 보험료액은 그 직장가입자가 100분의 50을, 교직원이 소속되어 있는 사립학교를 설립·운영하는자가 100분의 30을, 국가가 100분의 20을 각각 부담한다. (   )

16 직장가입자의 보수 외 소득월액보험료는 직장가입자가 부담하고, 지역가입자의 보험료는 그 가입자가 속한 세대의 지역가입자 전원이 연대하여 부담한다. (   )

17 보험료 납부의무가 있는 자는 가입자에 대한 그 달의 보험료를 그 다음 달 30일까지 납부하여야 한다. (   )

18 공단은 납입 고지의 송달 지연 등 보건복지부령으로 정하는 사유가 있는 경우 납부의무자의 신청에 따라 제1항에 따른 납부기한부터 1개월의 범위에서 납부기한을 연장할 수 있다. (   )

19 직장가입자의 사용자가 2명 이상인 경우 또는 지역가입자의 세대가 2명 이상으로 구성된 경우 그 중 1명에게 한 고지는 해당 사업장의 다른 사용자 또는 세대 구성원인 다른 지역가입자에게는 효력이 없다. (   )

20 공단은 보험료등의 납부의무자가 납부기한까지 보험료등을 내지 아니하면 그 납부기한이 지난 날부터 매 1일이 경과할 때마다 연체금을 징수한다. (   )

21 공단은 보험료등을 내야 하는 자가 보험료등을 내지 아니하여 기한을 정하여 독촉할 때에는 10일 이상 20일 이내의 납부기한을 정하여 독촉장을 발부하여야 한다. (   )

22 부당이득 징수금의 압류 및 압류 해제에 관하여 이 법에서 규정한 것 외에는 「국세징수법」을 준용한다. (   )

23 납부의무자가 납입 고지 또는 독촉을 전자문서교환방식 등에 의한 전자문서로 해줄 것을 신청하는 경우에는 공단은 전자문서로 고지 또는 독촉할 수 있다. 이 경우 전자문서 고지 및 독촉에 대한 신청 방법·절차 등에 필요한 사항은 대통령령으로 정한다. (   )

ANSWER 13.× 14.○ 15.○ 16.○ 17.× 18.○ 19.× 20.○ 21.× 22.○ 23.×

24 공단은 보험료를 5회 이상 체납한 자가 신청하는 경우 보건복지부령으로 정하는 바에 따라 분할납부를 승인할 수 있다. (   )

25 공단은 보험료를 5회 이상 체납한 자에 대하여 체납처분을 하기 전에 분할납부를 신청할 수 있음을 알리고, 보건복지부령으로 정하는 바에 따라 분할납부 신청의 절차·방법 등에 관한 사항을 안내하여야 한다. (   )

26 공단은 국민건강보험법에 따른 납부기한의 다음 날부터 3년이 경과한 보험료, 연체금과 체납처분비의 총액이 1천만 원 이상인 체납자가 납부능력이 있음에도 불구하고 체납한 경우 그 인적사항·체납액 등(이하 이 조에서 "인적사항등"이라 한다)을 공개할 수 있다. (   )

27 체납자의 인적사항등에 대한 공개 여부를 심의하기 위하여 공단에 보험료정보공개심의위원회를 둔다. (   )

28 공단은 보험료정보공개심의위원회의 심의를 거친 인적사항등의 공개대상자에게 공개대상자임을 서면으로 통지하여 소명의 기회를 부여하여야 하며, 통지일부터 6개월이 경과한 후 체납액의 납부이행 등을 감안하여 공개대상자를 선정한다. (   )

29 체납자 인적사항등의 공개는 관보 또는 일간신문에 게재하거나 보건복지부 인터넷 홈페이지에 게시하는 방법에 따른다. (   )

30 공단은 해당 권리에 대한 소멸시효가 완성된 경우에는 재정운영위원회의 의결을 받아 보험료등을 결손처분할 수 있다. (   )

31 보험료등은 국세와 지방세를 제외한 다른 채권에 우선하여 징수한다. 다만, 보험료등의 납부기한 전에 전세권·질권·저당권 또는 「동산·채권 등의 담보에 관한 법률」에 따른 담보권의 설정을 등기 또는 등록한 사실이 증명되는 재산을 매각할 때에 그 매각대금 중에서 보험료등을 징수하는 경우 그 전세권·질권·저당권 또는 「동산·채권 등의 담보에 관한 법률」에 따른 담보권으로 담보된 채권에 대하여는 그러하지 아니하다. (   )

32 공단은 납부의무자가 보험료등·연체금 또는 체납처분비로 낸 금액 중 과오납부(過誤納付)한 금액이 있으면 대통령령으로 정하는 바에 따라 그 과오납금을 보험료등·연체금 또는 체납처분비에 우선 충당하여야 한다. (   )

33 공단은 충당하고 남은 금액이 있는 경우 대통령령으로 정하는 바에 따라 국고에 환수하여야 한다. (   )

ANSWER 24.× 25.× 26.× 27.○ 28.○ 29.× 30.○ 31.○ 32.○ 33.×

1 가입자 및 피부양자의 자격, 보험료등, 보험급여, 보험급여 비용에 관한 공단의 처분에 이의가 있는 자는 공단에 이의신청을 할 수 있다. (   )

2 요양급여비용 및 요양급여의 적정성 평가 등에 관한 심사평가원의 처분에 이의가 있는 공단, 요양기관 또는 그 밖의 자는 심사평가원에 이의신청을 할 수 있다. (   )

3 이의신청은 처분이 있음을 안 날부터 90일 이내에 문서(전자문서를 포함한다)로 하여야 하며 처분이 있은 날부터 100일을 지나면 제기하지 못한다. 다만, 정당한 사유로 그 기간에 이의신청을 할 수 없었음을 소명한 경우에는 그러하지 아니하다. (   )

4 요양기관이 심사평가원의 확인에 대하여 이의신청을 하려면 통보받은 날부터 30일 이내에 하여야 한다. (   )

5 이의신청에 대한 결정에 불복하는 자는 건강보험분쟁조정위원회에 심판청구를 할 수 있다. (   )

6 심판청구를 하려는 자는 보건복지부령으로 정하는 심판청구서를 처분을 한 공단 또는 심사평가원에 제출하거나 건강보험분쟁조정위원회에 제출하여야 한다. (   )

7 심판청구의 절차·방법·결정 및 그 결정의 통지 등에 필요한 사항은 대통령령으로 정한다. (   )

8 심판청구를 심리·의결하기 위하여 심사평가원에 분쟁조정위원회를 둔다. (   )

9 분쟁조정위원회는 위원장을 포함하여 60명 이내의 위원으로 구성하고, 위원장을 제외한 위원 중 1명은 당연직위원으로 한다. (   )

10 분쟁조정위원회의 회의는 위원장, 당연직위원 및 위원장이 매 회의마다 지정하는 7명의 위원을 포함하여 총 10명으로 구성하되, 공무원이 아닌 위원이 과반수가 되도록 하여야 한다. (   )

11 분쟁조정위원회는 구성원 3분의 2의 출석과 출석위원 과반수의 찬성으로 의결한다. (   )

12 분쟁조정위원회 및 사무국의 구성 및 운영 등에 필요한 사항은 대통령령으로 정한다. (   )

13 공단 또는 심사평가원의 처분에 이의가 있는 자와 이의신청 또는 심판청구에 대한 결정에 불복하는 자는 「행정소송법」에서 정하는 바에 따라 행정소송을 제기할 수 있다. (   )

ANSWER 1.O 2.O 3.X 4.O 5.O 6.X 7.O 8.X 9.O 10.X 11.X 12.O 13.O

1 보험료를 징수할 권리와 보험급여를 받을 권리는 5년 동안 행사하지 아니하면 소멸시효가 완성된다. (   )

2 휴직자등의 보수월액보험료를 징수할 권리의 소멸시효는 제79조 제5항에 따라 고지가 유예된 경우 휴직 등의 사유가 끝날 때까지 진행하지 아니한다. (   )

3 소멸시효기간, 시효 중단 및 시효 정지에 관하여 국민건강보험법에서 정한 사항 외에는 「민법」에 따른다. (   )

4 공단은 사용자, 직장가입자 및 세대주에게 가입자의 거주지 변경, 가입자의 보수·소득사항을 신고하게 하거나 관계 서류(전자적 방법으로 기록된 것을 포함한다. 이하 같다)를 제출하게 할 수 있다. (   )

5 공단은 신고한 보수 또는 소득 등에 축소 또는 탈루(脫漏)가 있다고 인정하는 경우에는 보건복지부장관을 거쳐 소득의 축소 또는 탈루에 관한 사항을 문서로 국세청장에게 송부할 수 있다. (   )

6 요양기관은 요양급여가 끝난 날부터 5년간 대통령령으로 정하는 바에 따라 요양급여비용의 청구에 관한 서류를 보존하여야 한다. (   )

7 약국 등 보건복지부령으로 정하는 요양기관은 처방전을 요양급여비용을 청구한 날부터 1년간 보존하여야 한다. (   )

8 공단은 사용자, 직장가입자 또는 세대주에게 가입자의 이동·보수·소득이나 그 밖에 필요한 사항에 관한 보고 또는 서류 제출을 명하거나, 소속 공무원이 관계인에게 질문하게 하거나 관계 서류를 검사하게 할 수 있다. (   )

9 보건복지부장관은 요양기관이 속임수나 그 밖의 부당한 방법으로 보험자·가입자 및 피부양자에게 요양급여비용을 부담하게 한 경우에는 그 요양기관에 대하여 1년의 범위에서 기간을 정하여 업무정지를 명할 수 있다. 이 경우 보건복지부장관은 그 사실을 공단 및 심사평가원에 알려야 한다. (   )

10 업무정지를 부과하는 위반행위의 종류, 위반 정도 등에 따른 행정처분기준이나 그 밖에 필요한 사항은 대통령령으로 정한다. (   )

11 대통령령으로 해당 약제에 대한 요양급여비용 총액을 정할 때에는 그 약제의 과거 요양급여 실적 등을 고려하여 3년간의 요양급여 총액을 넘지 않는 범위에서 정하여야 한다. (   )

ANSWER 1.× 2.○ 3.○ 4.○ 5.○ 6.× 7.× 8.× 9.○ 10.○ 11.×

12 보건복지부장관은 요양기관이 업무정지 처분을 하여야 하는 경우로서 그 업무정지 처분이 해당 요양기관을 이용하는 사람에게 심한 불편을 주거나 보건복지부장관이 정하는 특별한 사유가 있다고 인정되면 업무정지 처분을 갈음하여 속임수나 그 밖의 부당한 방법으로 부담하게 한 금액의 5배 이상의 금액을 과징금으로 부과·징수할 수 있다. 이 경우 보건복지부장관은 10개월의 범위에서 분할납부를 하게 할 수 있다. (　　)

13 보건복지부장관은 위반사항 공표 여부 등을 심의하기 위하여 건강보험공표심의위원회(이하 이 조에서 "공표심의위원회"라 한다)를 설치·운영한다. (　　)

14 공단은 건강보험 재정을 효율적으로 운영하는 데에 이바지한 요양기관에 대하여 장려금을 지급할 수 있다. (　　)

15 국가는 매년 예산의 범위에서 해당 연도 보험료 예상 수입액의 100분의 10에 상당하는 금액을 국고에서 공단에 지원한다. (　　)

16 정부는 외국 정부가 사용자인 사업장의 근로자의 건강보험에 관하여는 외국 정부와 한 합의에 따라 이를 따로 정할 수 있다. (　　)

17 공단은 지역가입자인 국내체류 외국인등(제9항 단서의 적용을 받는 사람에 한정한다)이 보험료를 보건복지부령으로 정하는 기간 이상 체납한 경우에는 제53조 제3항에도 불구하고 체납일부터 체납한 보험료를 완납할 때까지 보험급여를 하지 아니한다. 이 경우 제53조 제3항 각 호 외의 부분 단서 및 같은 조 제5항·제6항은 적용하지 아니한다. (　　)

18 체류자격 및 체류기간 등 국내체류 외국인등의 특성을 고려하여 특별히 규정하여야 할 사항은 대통령령으로 다르게 정할 수 있다. (　　)

19 사용관계가 끝난 사람 중 직장가입자로서의 자격을 유지한 기간이 보건복지부령으로 정하는 기간 동안 통산 1년 이상인 사람은 지역가입자가 된 이후 최초로 제79조에 따라 지역가입자 보험료를 고지받은 날부터 그 납부기한에서 1개월이 지나기 이전까지 공단에 직장가입자로서의 자격을 유지할 것을 신청할 수 있다. (　　)

20 임의계속가입자의 보수월액은 보수월액보험료가 산정된 최근 12개월간의 보수월액을 평균한 금액으로 한다. (　　)

21 국민건강보험법에 따른 보건복지부장관의 권한은 대통령령으로 정하는 바에 따라 그 일부를 특별시장·광역시장·특별자치시장·도지사 또는 특별자치도지사에게 위임할 수 있다. (　　)

ANSWER　12.×　13.○　14.○　15.×　16.○　17.×　18.○　19.×　20.○　21.○

1 가입자 및 피부양자의 개인정보를 누설하거나 직무상 목적 외의 용도로 이용 또는 정당한 사유 없이 제3자에게 제공한 자는 3년 이하의 징역 또는 3천만 원 이하의 벌금에 처한다. (   )

2 대행청구단체의 종사자로서 거짓이나 그 밖의 부정한 방법으로 요양급여비용을 청구한 자는 3년 이하의 징역 또는 3천만 원 이하의 벌금에 처한다. (   )

3 업무를 수행하면서 알게 된 정보를 누설하거나 직무상 목적 외의 용도로 이용 또는 제3자에게 제공한 자는 5년 이하의 징역 또는 5천만 원 이하의 벌금에 처한다. (   )

4 공동이용하는 전산정보자료를 목적 외의 용도로 이용하거나 활용한 자는 3년 이하의 징역 또는 1천만 원 이하의 벌금에 처한다. (   )

5 거짓이나 그 밖의 부정한 방법으로 보험급여를 받거나 타인으로 하여금 보험급여를 받게 한 사람은 2년 이하의 징역 또는 2천만 원 이하의 벌금에 처한다. (   )

6 선별급여를 제공한 요양기관의 개설자는 1천만 원 이하의 벌금에 처한다. (   )

7 보고 또는 서류 제출을 하지 아니한 자, 거짓으로 보고하거나 거짓 서류를 제출한 자, 검사나 질문을 거부·방해 또는 기피한 자는 1천만 원 이하의 벌금에 처한다. (   )

8 대행청구단체가 아닌 자로 하여금 대행하게 한 자는 1천만 원 이하의 벌금에 처한다. (   )

9 요양비명세서나 요양명세를 적은 영수증을 내주지 아니한 자는 500만 원 이하의 벌금에 처한다. (   )

10 정당한 사유 없이 건강보험증이나 신분증명서로 가입자 또는 피부양자의 본인 여부 및 그 자격을 확인하지 아니하고 요양급여를 실시한 자에게는 500만 원 이하의 과태료를 부과한다. (   )

11 정당한 사유 없이 신고·서류제출을 하지 아니하거나 거짓으로 신고·서류제출을 한 자에게는 500만 원 이하의 과태료를 부과한다. (   )

12 요양기관 등 서류를 보존하지 아니한 자에게는 100만 원 이하의 과태료를 부과한다. (   )

13 과태료는 대통령령으로 정하는 바에 따라 보건복지부장관이 부과·징수한다. (   )

ANSWER　1.✕　2.○　3.✕　4.○　5.○　6.✕　7.○　8.✕　9.○　10.✕　11.○　12.○　13.○

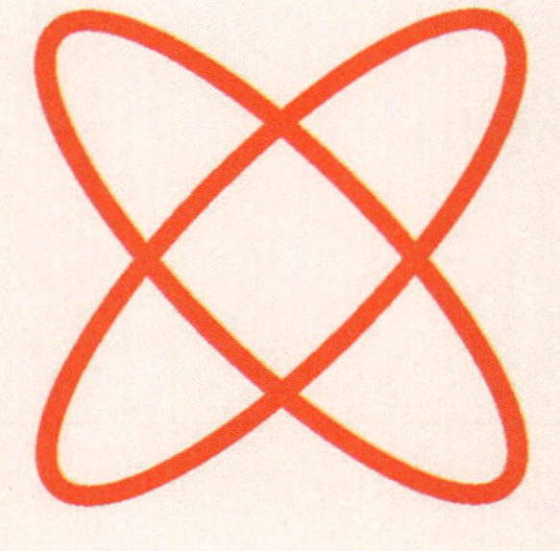

PART
IV
실전 모의고사

제1회 실전 모의고사

1 다음 중 국민건강보험법의 목적에서 명시하고 있는 보험급여 실시 대상이 아닌 것은?

① 질병의 예방
② 쟁애의 진단
③ 재활과 출산
④ 건강의 증진

2 다음 중 국민건강보험종합계획의 수립에 있어서 포함되어야 할 사항이 아닌 것은?

① 보험료 부과체계에 관한 사항
② 건강보험 보장성 강화의 추진계획 및 추진방법
③ 취약계층 지원에 관한 사항
④ 장기요양 정책의 기본목표 및 추진 방향

3 다음에 해당하는 경우 사업장의 사용자가 보험자에게 신고 해야 하는 기간은?

> ㉠ 직장가입자가 되는 근로자·공무원 및 교직원을 사용하는 사업장이 된 경우
> ㉡ 휴업·폐업 등 보건복지부령으로 정하는 사유가 발생한 경우

① 해당하는 때부터 14일 이내
② 해당하는 때부터 30일 이내
③ 공단의 통지를 받은 후 7일 이내
④ 공단의 통지를 받은 후 14일 이내

4 다음 중 건강보험증에 대한 설명으로 옳지 않은 것은?

① 공단은 모든 가입자와 피부양자에게 건강보험증을 발급하여야 한다.

② 요양급여를 받을 때에는 건강보험증을 요양기관에 제출하여야 한다.

③ 누구든지 건강보험증이나 신분증명서를 다른 사람에게 양도하거나 대여하여 보험급여를 받게 하여서는 아니된다.

④ 건강보험증의 신청 절차와 방법 등에 필요한 사항은 보건복지부령으로 정한다.

---

1 국민건강보험법은 국민의 질병·부상에 대한 예방·진단·치료·재활과 출산·사망 및 건강증진에 대하여 보험급여를 실시함으로써 국민보건 향상과 사회보장 증진에 이바지함을 목적으로 한다〈「국민건강보험법」 제1조〉.

2 종합계획에 포함되어야 할 사항〈「국민건강보험법」 제3조의2 제2항〉
　㉠ 건강보험정책의 기본목표 및 추진방향
　㉡ 건강보험 보장성 강화의 추진계획 및 추진방법
　㉢ 건강보험의 중장기 재정 전망 및 운영
　㉣ 보험료 부과체계에 관한 사항
　㉤ 요양급여비용에 관한 사항
　㉥ 건강증진 사업에 관한 사항
　㉦ 취약계층 지원에 관한 사항
　㉧ 건강보험에 관한 통계 및 정보의 관리에 관한 사항
　㉨ 그 밖에 건강보험의 개선을 위하여 필요한 사항으로 대통령령으로 정하는 사항

3 사업장의 사용자는 다음 어느 하나에 해당하게 되면 그 때부터 14일 이내에 보건복지부령으로 정하는 바에 따라 보험자에게 신고하여야 한다〈「국민건강보험법」 제7조〉.
　㉠ 직장가입자가 되는 근로자·공무원 및 교직원을 사용하는 사업장이 된 경우
　㉡ 휴업·폐업 등 보건복지부령으로 정하는 사유가 발생한 경우

4 ① 국민건강보험공단은 가입자 또는 피부양자가 신청하는 경우 건강보험증을 발급하여야 한다〈「국민건강보험법」 제12조 제1항〉.
　② 「국민건강보험법」 제12조 제2항
　③ 「국민건강보험법」 제12조 제6항
　④ 「국민건강보험법」 제12조 제8항

TIP 1.② 2.④ 3.① 4.①

5 다음 중 공단의 업무가 아닌 것은?

① 보험급여의 관리
② 요양급여비용의 심사
③ 건강보험에 관한 교육훈련 및 홍보
④ 의료시설의 운영

6 다음은 공단의 이사회에 대한 설명이다. 옳지 않은 것은?

① 공단 이사회는 이사장과 이사로 구성한다.
② 공단의 주요 사항을 심의·의결하기 위하여 이사회에 심사위원회를 둔다.
③ 감사는 이사회에 출석하여 발언할 수 있다.
④ 이사회의 의결 사항 및 운영 등에 필요한 사항은 대통령령으로 정한다.

7 다음 중 재정운영위원회 위원 구성요건으로 옳은 것은?

① 직장가입자를 대표하는 위원 5명
② 공무원을 대표하는 위원 10명
③ 지역가입자를 대표하는 위원 5명
④ 공익을 대표하는 위원 10명

8 다음에서 설명하는 것은?

> 요양급여를 결정함에 있어 경제성 또는 치료효과성 등이 불확실하여 그 검증을 위하여 추가적인 근거가 필요하거나, 경제성이 낮아도 가입자와 피부양자의 건강회복에 잠재적 이득이 있는 등 대통령령으로 정하는 경우에는 예비적인 요양급여로 지정하여 실시할 수 있다.

① 방문요양급여
② 예비급여
③ 선별급여
④ 실비급여

---

5 ②는 건강보험심사평가원의 업무이다.
①③④ 「국민건강보험법」 제14조 제1항

6 ② 공단의 주요 사항을 심의·의결하기 위하여 공단에 이사회를 둔다〈「국민건강보험법」 제26조 제1항〉.
① 「국민건강보험법」 제26조 제2항
③ 「국민건강보험법」 제26조 제3항
④ 「국민건강보험법」 제26조 제4항

7 재정운영위원회의 구성〈「국민건강보험법」 제34조 제1항〉
㉠ 직장가입자를 대표하는 위원 10명
㉡ 지역가입자를 대표하는 위원 10명
㉢ 공익을 대표하는 위원 10명

8 선별급여〈「국민건강보험법」 제41조의4 제1항〉 …요양급여를 결정함에 있어 경제성 또는 치료효과성 등이 불확실하여 그 검증을 위하여 추가적인 근거가 필요하거나, 경제성이 낮아도 가입자와 피부양자의 건강회복에 잠재적 이득이 있는 등 대통령령으로 정하는 경우에는 예비적인 요양급여인 선별급여로 지정하여 실시할 수 있다.

TIP 5.② 6.② 7.④ 8.③

9 다음 중 요양기관의 선별급여 실시에 대한 관리에 대한 설명으로 옳지 않은 것은?

① 보건복지부장관이 해당 선별급여의 실시 조건을 사전에 정하여 이를 충족하는 요양기관만이 해당 선별급여를 실시할 수 있다.
② 선별급여를 실시하는 요양기관은 보건복지부장관이 해당 선별급여의 평가를 위하여 필요한 자료 제출을 요청할 경우 이에 응해야 한다.
③ 보건복지부장관은 요양기관은 제선별급여의 실시 조건을 충족하지 못하는 경우에는 해당 선별급여의 실시를 제한할 수 있다.
④ 선별급여의 실시 조건, 자료의 제출, 선별급여의 실시 제한 등에 필요한 사항은 보건복지부령으로 정한다.

10 다음 중 요양급여비용이 증감하여 신고한 내용이 변경된 경우에는 변경된 날부터 며칠 이내에 신고하여야 하는가?

① 5일
② 7일
③ 15일
④ 30일

11 다음 중 요양급여비용의 산정에 대한 설명으로 옳은 것은?

① 요양급여비용은 심사평가원 원장과 의약계를 대표하는 사람들의 계약으로 정한다.
② 요양급여비용의 산정 계약기간은 1년으로 한다.
③ 요양급여비용의 산정 계약은 그 직전 계약기간 만료일이 속하는 연도의 6월 30일까지 체결하여야 한다.
④ 공단은 요양급여비용이 정해지면 요양급여비용의 명세를 지체 없이 고시하여야 한다.

12 다음 중 요양급여 대상 여부 확인에 대한 설명으로 옳은 것은?

① 가입자는 자신이 부담한 의료비용이 요양급여 대상에서 제외되는 비용인지 여부를 공단에 확인을 요청할 수 있다.

② 공단은 요양급여 대상 여부의 확인을 요청한 비용이 요양급여 대상에 해당되는 비용으로 확인되면 그 내용을 가입자나 피부양자에 알려야 한다.

③ 요양급여 대상 여부를 통보받은 요양기관은 과다본인부담금이 발생한 경우 지체 없이 공단에 통보하여야 한다.

④ 공단은 요양기관에 지급할 요양급여비용에서 과다본인부담금을 공제하여 확인을 요청한 사람에게 지급할 수 있다.

---

9 ② 선별급여를 실시하는 요양기관은 해당 선별급여의 평가를 위하여 필요한 자료를 제출하여야 한다〈「국민건강보험법」 제42조의2 제2항〉.
　① 「국민건강보험법」 제42조의2 제1항
　③ 「국민건강보험법」 제42조의2 제3항
　④ 「국민건강보험법」 제42조의2 제4항

10 ③ 요양기관은 신고한 내용(요양급여비용의 증감에 관련된 사항만 해당)이 변경된 경우에는 그 변경된 날부터 15일 이내에 보건복지부령으로 정하는 바에 따라 심사평가원에 신고하여야 한다〈「국민건강보험법」 제43조 제2항〉.

11 ① 요양급여비용은 공단의 이사장과 대통령령으로 정하는 의약계를 대표하는 사람들의 계약으로 정한다〈「국민건강보험법」 제45조 제1항〉.
　③ 계약은 그 직전 계약기간 만료일이 속하는 연도의 5월 31일까지 체결하여야 한다〈「국민건강보험법」 제45조 제3항〉.
　④ 요양급여비용이 정해지면 보건복지부장관은 그 요양급여비용의 명세를 지체 없이 고시하여야 한다〈「국민건강보험법」 제45조 제4항〉.

12 ① 가입자나 피부양자는 본인일부부담금 외에 자신이 부담한 비용이 제41조 제4항에 따라 요양급여 대상에서 제외되는 비용인지 여부에 대하여 심사평가원에 확인을 요청할 수 있다〈국민건강보험법」 제48조 제1항〉.
　② 확인 요청을 받은 심사평가원은 그 결과를 요청한 사람에게 알려야 한다. 이 경우 확인을 요청한 비용이 요양급여 대상에 해당되는 비용으로 확인되면 그 내용을 공단 및 관련 요양기관에 알려야 한다〈국민건강보험법」 제48조 제2항〉.
　③④ 통보받은 요양기관은 받아야 할 금액보다 더 많이 징수한 금액(과다본인부담금)을 지체 없이 확인을 요청한 사람에게 지급하여야 한다. 다만, 공단은 해당 요양기관이 과다본인부담금을 지급하지 아니하면 해당 요양기관에 지급할 요양급여비용에서 과다본인부담금을 공제하여 확인을 요청한 사람에게 지급할 수 있다〈국민건강보험법」 제48조 제3항〉.

TIP　9.②　10.③　11.②　12.④

13 다음 중 보험료 경감을 받을 수 없는 경우는?

① 섬 · 벽지 · 농어촌 등 대통령령으로 정하는 지역에 거주하는 사람
② 「장애인복지법」에 따라 등록한 장애인
③ 휴직자
④ 60세 이상인 사람

14 다음을 읽고 옳지 않은 것을 고르면?

고액 · 상습체납자의 인적사항 공개

국민건강보험법에 따른 납부기한의 다음 날부터 1년이 경과한 보험료, 연체금과 체납처분비의 총액이 1천만 원 이상인 체납자가 납부능력이 있음에도 불구하고 체납한 경우 그 인적사항 · 체납액 등을 공개할 수 있다.

① 인적사항 등의 공개는 공단이 한다.
② 체납자의 인적사항 등에 대한 공개 여부를 심의하기 위하여 보험료정보공개심의위원회를 공단에 둔다.
③ 공단은 보험료정보공개심의위원회의 심의를 거쳐 인적사항등의 공개대상자를 선정한 후 6개월 이내에 공개한다.
④ 체납자 인적사항 등의 공개는 관보에 게재하거나 공단의 인터넷 홈페이지에 게시한다.

15 다음 중 보험료 납부의무에 대한 설명으로 옳지 않은 것은?

① 지역가입자의 보험료는 그 가입자가 속한 세대의 지역가입자 전원이 연대하여 납부한다.

② 직장가입자의 보수월액보험료와 보수 외 소득월액보험료는 사용자가 납부한다.

③ 사용자는 보수월액보험료 중 직장가입자가 부담하여야 하는 그 달의 보험료액을 그 보수에서 공제하여 납부하여야 한다.

④ 소득이나 재산이 없는 미성년자는 납부의무를 부담하지 않는다.

---

13 보험료의 경감 등〈「국민건강보험법」 제75조 제1항〉.

㉠ 섬·벽지(僻地)·농어촌 등 대통령령으로 정하는 지역에 거주하는 사람

㉡ 65세 이상인 사람

㉢ 「장애인복지법」에 따라 등록한 장애인

㉣ 「국가유공자 등 예우 및 지원에 관한 법률」에 따른 국가유공자

㉤ 휴직자

㉥ 그 밖에 생활이 어렵거나 천재지변 등의 사유로 보험료를 경감할 필요가 있다고 보건복지부장관이 정하여 고시하는 사람

14 ③ 공단은 보험료정보공개심의위원회의 심의를 거친 인적사항등의 공개대상자에게 공개대상자임을 서면으로 통지하여 소명의 기회를 부여하여야 하며, 통지일부터 6개월이 경과한 후 체납액의 납부이행 등을 감안하여 공개대상자를 선정한다〈「국민건강보험법」 제83조 제3항〉.

① 「국민건강보험법」 제83조 제1항

② 「국민건강보험법」 제83조 제2항

④ 「국민건강보험법」 제83조 제4항

15 ② 보수월액보험료는 사용자가 납부하고 보수 외 소득월액보험료는 직장가입자가 납부한다.

①④ 「국민건강보험법」 제77조 제2항

③ 「국민건강보험법」 제77조 제3항

※ **보험료 납부의무**〈「국민건강보험법」 제77조 제1항〉

㉠ 보수월액보험료 : 사용자가 납부한다.

　※ 이 경우 사업장의 사용자가 2명 이상인 때에는 그 사업장의 사용자는 해당 직장가입자의 보험료를 연대하여 납부한다.

㉡ 소득월액보험료 : 직장가입자가 납부한다.

TIP 13.④ 14.③ 15.②

16 다음은 제97조 보고와 검사에 대한 설명이다. 다음 중 옳지 않은 것은?

① 보고 또는 서류 제출을 명할 수 있는 기관은 공단이다.
② 보험급여를 받고 있는 사람에게도 해당 보험급여의 내용에 관하여 보고하게 할 수 있다.
③ 소속 공무원은 요양급여비용의 대행청구단체에 필요한 자료 등을 조사·확인할 수 있다.
④ 질문·검사·조사하는 공무원은 그 권한을 표시하는 증표를 관계인에게 보여주어야 한다.

17 다음 중 신고한 사람 중 포상금을 지급받을 대상이 아닌 것은?

① 건강보험 재정을 효율적으로 운영하는 데에 이바지한 요양기관
② 속임수나 부당한 방법으로 다른 사람이 보험급여를 받도록 한 자
③ 부당한 방법으로 보험급여 비용을 받은 요양기관
④ 속임수나 그 밖의 부당한 방법으로 보험급여를 받은 사람

18 다음 글에서 설명하고 있는 가입자는?

사용관계가 끝난 사람 중 직장가입자로서의 자격을 유지한 기간이 보건복지부령으로 정하는 기간 동안 통산 1년 이상인 사람은 지역가입자가 된 이후 최초로 지역가입자 보험료를 고지받은 날부터 그 납부기한에서 2개월이 지나기 이전까지 공단에 직장가입자로서의 자격을 유지할 것을 신청한 가입자를 말한다.

① 직장가입자
② 지역가입자
③ 임의계속가입자
④ 실업가입자

16 ① 보건복지부장관은 사용자, 직장가입자 또는 세대주에게 가입자의 이동·보수·소득이나 그 밖에 필요한 사항에 관한 보고 또는 서류 제출을 명하거나, 소속 공무원이 관계인에게 질문하게 하거나 관계 서류를 검사하게 할 수 있다〈「국민건강보험법」 제97조 제1항〉.
② 「국민건강보험법」 제97조 제3항
③ 「국민건강보험법」 제97조 제4항
④ 「국민건강보험법」 제97조 제6항

17 ① 공단은 건강보험 재정을 효율적으로 운영하는 데에 이바지한 요양기관에 대하여 장려금을 지급할 수 있다〈「국민건강보험법」 제104조 제2항〉.

※ **포상금 등의 지급 대상**〈「국민건강보험법」 제104조 제1항〉
㉠ 속임수나 그 밖의 부당한 방법으로 보험급여를 받은 사람
㉡ 속임수나 그 밖의 부당한 방법으로 다른 사람이 보험급여를 받도록 한 자
㉢ 속임수나 그 밖의 부당한 방법으로 보험급여 비용을 받은 요양기관 또는 보험급여를 받은 준요양기관 및 보조기기 판매업자

18 **임의계속가입자**〈「국민건강보험법」 제110조 제1항〉 … 사용관계가 끝난 사람 중 직장가입자로서의 자격을 유지한 기간이 보건복지부령으로 정하는 기간 동안 통산 1년 이상인 사람은 지역가입자가 된 이후 최초로 지역가입자 보험료를 고지받은 날부터 그 납부기한에서 2개월이 지나기 이전까지 공단에 직장가입자로서의 자격을 유지할 것을 신청할 수 있다. 이 법에서 임의계속가입자라 한다.

TIP 16.① 17.① 18.③

19 다음 중 공단이 대통령령으로 정하는 바에 따라 위탁할 수 있는 업무가 아닌 것은?

① 보험료의 수납에 관한 업무
② 보험급여비용의 지급에 관한 업무
③ 요양급여의 적정성 평가에 관한 업무
④ 보험료납부의 확인에 관한 업무

20 다음 중 가입자 및 피부양자의 개인정보를 누설하거나 직무상 목적 외의 용도로 이용또는 정당한 사유 없이 제3자에게 제공한 자의 벌칙은?

① 1년 이하의 징역 또는 1천만 원 이하의 벌금
② 2년 이하의 징역 또는 2천만 원 이하의 벌금
③ 3년 이하의 징역 또는 3천만 원 이하의 벌금
④ 5년 이하의 징역 또는 5천만 원 이하의 벌금

제2회 실전 모의고사

1 다음 중 국민건강보험법에 대한 설명으로 옳지 않은 것은?

① 국민건강보험법은 국민의 질병·부상에 대한 예방·진단·치료·재활과 출산·사망 및 건강증진에 대하여 보험급여를 실시함으로써 국민보건 향상과 사회보장 증진에 이바지함을 목적으로 한다.

② 국민건강보험법법에 따른 건강보험사업은 보건복지부장관이 맡아 주관한다.

③ 국민건강보험공단은 건강보험의 건전한 운영을 위하여 5년마다 종합계획을 수립하여야 한다.

④ 건강보험정책에 관한 사항을 심의·의결하기 위하여 보건복지부장관 소속으로 심의위원회를 둔다.

2 다음 중 국민건강보험법에서 사용하는 용어의 뜻으로 옳지 않은 것은?

① 근로자가 소속되어 있는 사업장의 사업주를 사용자라 한다.

② 사업장이란 사업소나 사무소를 말한다.

③ 교직원이 소속되어 있는 사립학교를 설립·운영하는 자도 사용자에 해당한다.

④ 국립학교나 사립학교의 경영기관에서 근무하는 교원과 직원을 교직원이라 한다.

3 국내에 거주하는 국민은 건강보험의 가입자 또는 피부양자가 된다. 다음 중 가입자에 대한 설명으로 옳지 않은 것은?

① 유공자등 의료보호대상자 중 건강보험의 적용을 보험자에게 신청한 사람도 가입자 또는 피부양자가 된다.

② 모든 사업장의 근로자 및 사용자와 공무원·교직원·군간부후보생 등은 직장가입자가 된다.

③ 피부양자란 직장가입자에게 주로 생계를 의존하는 사람으로서 직장가입자의 배우자·직계존속·직계비속·형제·자매 등을 말한다.

④ 수급권자가 된 날은 가입자의 자격이 상실된다.

---

1 ③ 국민건강보험종합계획의 수립 등〈「국민건강보험법」 제3조의2 제1항〉 ··· 보건복지부장관은 건강보험의 건전한 운영을 위하여 건강보험정책심의위원회의 심의를 거쳐 5년마다 국민건강보험종합계획을 수립하여야 한다. 수립된 종합계획을 변경할 때도 또한 같다.
　① 「국민건강보험법」 제1조
　② 「국민건강보험법」 제2조
　④ 「국민건강보험법」 제4조 제1항

2 ④ 교직원 ··· 사립학교나 사립학교의 경영기관에서 근무하는 교원과 직원을 말한다〈「국민건강보험법」 제3조〉.

3 ② 현역병(지원에 의하지 아니하고 임용된 하사 포함), 전환복무된 사람 및 군간부후보생 등은 직장가입자가 될 수 없다〈「국민건강보험법」 제6조 제2항 제2호〉.
　① 「국민건강보험법」 제5조 제1항 제2호
　③ 「국민건강보험법」 제5조 제2항
　④ 「국민건강보험법」 제10조 제1항 제5호

TIP　1.③　2.④　3.②

4 다음 중 국민건강보험공단에 대한 설명으로 옳지 않은 것은?

① 국민건강보험법에서 정한 건강보험의 보험자는 공단이다.
② 공단은 법인으로 하여야 하며, 주된 사무소의 소재지에서 설립등기를 함으로써 성립한다.
③ 대한민국 국민이 아닌 사람은 공단의 임원이 될 수 없다.
④ 공단의 회계에 관한 규정은 국회의 승인을 받아 정한다.

5 다음 중 요양급여의 종류를 나열한 것으로 옳은 것으로만 묶인 것은?

㉠ 진찰 · 검사	㉡ 처치 · 수술
㉢ 건강진단	㉣ 예방 · 재활
㉤ 간호	㉥ 입원 중의 식대

① ㉠㉡㉢㉣
② ㉠㉡㉣㉤
③ ㉡㉢㉣㉤
④ ㉡㉣㉤㉥

6 다음 중 요양급여에 대한 설명으로 옳지 않은 것은?

① 요양급여는 가입자와 피부양자의 질병, 부상, 출산 등에 대하여 실시한다.
② 방문요양급여란 가입자가 질병으로 인하여 거동이 불편한 경우 가입자를 직접 방문하여 요양급여를 실시하는 것을 말한다.
③ 요양급여비용은 성별 · 지역을 불구하고 모든 가입자에게 동일하게 지급하여야 한다.
④ 공단은 피부양자에 대하여 질병의 조기 발견과 그에 따른 요양급여를 하기 위하여 건강검진을 실시한다.

7 다음은 약제에 대한 요양급여비용 상한금액의 감액에 대한 설명이다. (   ) 안에 알맞은 것으로 짝지어진 것은?

> 보건복지부장관은 요양급여비용의 상한금액이 감액된 약제가 감액된 날부터 5년의 범위에서 대통령령으로 정하는 기간 내에 다시 감액의 대상이 된 경우에는 요양급여비용 상한금액의 (   )을 넘지 아니하는 범위에서 요양급여비용 상한금액의 일부를 감액할 수 있다.

① 100분의 10

② 100분의 20

③ 100분의 30

④ 100분의 40

---

4 ④ 공단의 조직 · 인사 · 보수 및 회계에 관한 규정은 이사회의 의결을 거쳐 보건복지부장관의 승인을 받아 정한다〈「국민건강보험법」 제29조〉.
① 「국민건강보험법」 제13조
② 「국민건강보험법」 제15조
③ 「국민건강보험법」 제23조

5 요양급여의 종류〈「국민건강보험법」 제41조 제1항〉
㉠ 진찰 · 검사
㉡ 약제(藥劑) · 치료재료의 지급
㉢ 처치 · 수술 및 그 밖의 치료
㉣ 예방 · 재활
㉤ 입원
㉥ 간호
㉦ 이송(移送)

6 ③ 지역별 의료자원의 불균형 및 의료서비스 격차의 해소 등을 위하여 지역별로 요양급여비용을 달리 정하여 지급할 수 있다〈「국민건강보험법」 제47조의3〉.
① 「국민건강보험법」 제41조 제1항
② 「국민건강보험법」 제41조의5
④ 「국민건강보험법」 제52조 제1항

7 약제에 대한 요양급여비용 상한금액의 감액 등〈「국민건강보험법」 제41조의2 제2항〉 … 보건복지부장관은 요양급여비용의 상한금액이 감액된 약제가 감액된 날부터 5년의 범위에서 대통령령으로 정하는 기간 내에 다시 감액의 대상이 된 경우에는 요양급여비용 상한금액의 100분의 40을 넘지 아니하는 범위에서 요양급여비용 상한금액의 일부를 감액할 수 있다.

📢**TIP** 4.④ 5.② 6.③ 7.④

8 다음 중 요양기관에 대한 설명으로 옳지 않은 것은?

① 농어촌 등 보건의료를 위해 설치된 보건진료소는 요양기관에 속한다.
② 요양기관 중 시설·장비·인력 및 진료과목 등 보건복지부령으로 정하는 기준에 해당하는 경우 전문요양기관으로 인정할 수 있다.
③ 요양기관은 정당한 이유 없이 요양급여를 거부할 수 없다.
④ 전문요양기관 인정서를 발급 받은 요양기관이 인정기준에 미달하는 경우 요양급여를 즉시 중단한다.

9 다음 보험가입자가 받는 건강검진은?

㉠ 직장가입자	㉡ 세대주인 지역가입자
㉢ 20세 이상인 지역가입자	㉣ 20세 이상인 피부양자

① 성인건강검진
② 암검진
③ 일반건강검진
④ 생애주기 건강검진

10 다음 중 심사평가원장의 임명권자는?

① 대통령
② 보건복지부장관
③ 공단이사장
④ 임원추천위원회

11 다음 중 공단의 소속기관에 해당하는 것은?

① 이사회

② 진료심사평가위원회

③ 건강보험정책심의위원회

④ 건강보험분쟁조정위원회

---

8 ④ 보건복지부장관은 인정받은 전문요양기관이 다음에 해당하는 경우에는 그 인정을 취소한다〈「국민건강보험법」 제42조 제3항〉.
    ㉠ 인정기준에 미달하게 된 경우
    ㉡ 발급받은 인정서를 반납한 경우
① 「국민건강보험법」 제42조 제1항
② 「국민건강보험법」 제42조 제2항
③ 「국민건강보험법」 제42조 제5항

9 건강검진의 종류〈「국민건강보험법」 제52조〉
    ㉠ **일반건강검진** : 직장가입자, 세대주인 지역가입자, 20세 이상인 지역가입자 및 20세 이상인 피부양자
    ㉡ **암검진** : 암의 종류별 검진주기와 연령 기준 등에 해당하는 사람
    ㉢ **영유아건강검진** : 6세 미만의 가입자 및 피부양자

10 심사평가원장은 임원추천위원회가 복수로 추천한 사람 중에서 보건복지부장관의 제청으로 대통령이 임명한다〈「국민건강보험법」 제65조 제2항〉.

11 ① 공단의 주요 사항을 심의·의결하기 위하여 공단에 이사회를 둔다〈「국민건강보험법」 제26조 제1항〉.
② 심사평가원의 업무를 효율적으로 수행하기 위하여 심사평가원에 진료심사평가위원회(심사위원회)를 둔다〈「국민건강보험법」 제66조 제1항〉.
③ 건강보험정책에 관한 사항을 심의·의결하기 위하여 보건복지부장관 소속으로 건강보험정책심의위원회(심의위원회)를 둔다〈「국민건강보험법」 제4조 제1항〉.
④ 심판청구를 심리·의결하기 위하여 보건복지부에 건강보험분쟁조정위원회(분쟁조정위원회)를 둔다〈「국민건강보험법」 제89조 제1항〉.

TIP 8.④ 9.③ 10.① 11.①

12 다음 중 보험료에 대한 설명으로 옳지 않은 것은?

① 보험료는 가입자의 자격을 취득한 날이 속하는 달의 다음 달부터 가입자의 자격을 잃은 날의 전날이 속하는 달까지 징수한다.

② 가입자의 자격이 매월 1일에 변동된 경우에는 변동된 자격을 기준으로 징수한다.

③ 휴직자의 보수월액보험료는 해당 사유가 생기기 전 달의 보수월액을 기준으로 산정한다.

④ 가입자 중 휴직자 또는 65세 이상인 사람이 속한 세대의 보험료의 일부를 경감할 수 있다.

13 다음 중 지역가입자의 보수 외 소득월액보험료 월별 보험료액 계산방식은?

① 소득월액 × 보험료율

② 보수 외 소득월액 × 보험료율

③ 보수월액 × 보험료율

④ 보수월액 × 소득월액

14 다음 중 보험료 납부에 대한 설명 중 옳은 것은?

① 직장가입자의 보수월액보험료는 직장가입자가 납부한다.

② 신용카드로 보험료를 납부할 수 있다.

③ 직장가입자의 보수 외 소득월액보험료는 사용자가 납부한다.

④ 휴직자는 휴직 등의 사유가 끝날 때까지 보험료를 면제한다.

15 다음 중 이의신청에 불복한 사람이 심판청구를 할 수 있는 기관은?

① 보건복지부

② 공단

③ 심사평가원

④ 분쟁조정위원회

---

12 ④ 65세 이상인 사람에 대하여는 그 가입자 또는 그 가입자가 속한 세대의 보험료의 일부를 경감할 수 있다〈「국민건강보험법」 제75조 제1항〉.
① 「국민건강보험법」 제69조 제2항
② 「국민건강보험법」 제69조 제3항
③ 「국민건강보험법」 제70조 제2항

13 보험료〈「국민건강보험법」 제69조 제4항〉
㉠ **보수월액보험료** : 보수월액 × 보험료율
㉡ **보수 외 소득월액보험료** : 보수 외 소득월액 × 보험료율

14 ① 직장가입자의 보수월액보험료는 사용자가 납부한다〈「국민건강보험법」 제77조 제1항〉.
② 「국민건강보험법」 제79조의2 제1항
③ 직장가입자의 보수 외 소득월액보험료는 직장가입자가 납부한다〈「국민건강보험법」 제77조 제1항〉.
④ 휴직자등의 보험료는 휴직 등의 사유가 끝날 때까지 보건복지부령으로 정하는 바에 따라 납입 고지를 유예할 수 있다〈「국민건강보험법」 제79조 제5항〉.

15 이의신청 및 심판청구
㉠ **이의신청**〈「국민건강보험법」 제87조 제1항〉 … 가입자 및 피부양자의 자격, 보험료등, 보험급여, 보험급여 비용에 관한 공단의 처분에 이의가 있는 자는 공단에 이의신청을 할 수 있다.
㉡ **심판청구**〈「국민건강보험법」 제88조 제1항〉 … 이의신청에 대한 결정에 불복하는 자는 건강보험분쟁조정위원회에 심판청구를 할 수 있다.

TIP 12.④ 13.② 14.② 15.④

16 다음 중 법 제96조의4에 의한 서류의 보존기간이 다른 하나는?

> ㉠ 사용자
> ㉡ 요양비를 청구한 준요양기관
> ㉢ 요양기관
> ㉣ 보조기기에 대한 보험급여를 청구한 자

① ㉠

② ㉡

③ ㉢

④ ㉣

17 다음은 건강보험법에 대한 설명이다. 옳지 않은 것은?

① 건강보험사업을 수행하는 자가 아닌 자는 보험계약 또는 보험계약의 명칭에 국민건강보험이라는 용어를 사용하지 못한다.

② 공단은 징수하여야 할 금액이 1건당 2천원 미만인 경우에는 징수하지 아니한다.

③ 보험료등은 국세와 지방세를 제외한 다른 채권에 우선하여 징수한다.

④ 공단이나 심사평가원의 처분에 이의가 있는 자는 건강보험분쟁조정위원회에 이의를 제기할 수 있다.

18 정부는 매년 다음과 같이 보험재정을 지원한다. 다음 중 지원된 재원을 사용할 수 없는 곳은?

> 국가는 매년 예산의 범위에서 해당 연도 보험료 예상 수입액의 100분의 14에 상당하는 금액을 국고에서 공단에 지원한다〈「국민건강보험법」 제108조의2 제1항〉.

① 건강보험사업에 대한 운영비
② 건강검진 등 건강증진에 관한 사업
③ 가입자에 대한 보험급여
④ 보험료 경감에 대한 지원

---

16 ㉠ 요양기관은 요양급여가 끝난 날부터 5년간 보건복지부령으로 정하는 바에 따라 요양급여비용의 청구에 관한 서류를 보존하여야 한다. 다만, 약국 등 보건복지부령으로 정하는 요양기관은 처방전을 요양급여비용을 청구한 날부터 3년간 보존하여야 한다〈「국민건강보험법」 제96조의4 제1항〉.
  ㉡ 사용자는 3년간 보건복지부령으로 정하는 바에 따라 자격 관리 및 보험료 산정 등 건강보험에 관한 서류를 보존하여야 한다〈「국민건강보험법」 제96조의4 제2항〉.
  ㉢ 요양비를 청구한 준요양기관은 요양비를 지급받은 날부터 3년간 보건복지부령으로 정하는 바에 따라 요양비 청구에 관한 서류를 보존하여야 한다〈「국민건강보험법」 제96조의4 제3항〉.
  ㉣ 보조기기에 대한 보험급여를 청구한 자는 보험급여를 지급받은 날부터 3년간 보건복지부령으로 정하는 바에 따라 보험급여 청구에 관한 서류를 보존하여야 한다〈「국민건강보험법」 제96조의4 제4항〉.

17 ① 「국민건강보험법」 제105조 제2항
  ② 「국민건강보험법」 제106조
  ③ 「국민건강보험법」 제85조
  ④ 행정소송〈「국민건강보험법」 제90조〉 … 공단 또는 심사평가원의 처분에 이의가 있는 자와 이의신청 또는 심판청구에 대한 결정에 불복하는 자는 행정소송을 제기할 수 있다.

18 공단은 위의 법조항에 따라 지원된 재원을 다음 사업에 사용한다〈「국민건강보험법」 제108조의2 제3항〉.
  ㉠ 가입자 및 피부양자에 대한 보험급여
  ㉡ 건강보험사업에 대한 운영비
  ㉢ 보험료 경감에 대한 지원

TIP 16.③ 17.④ 18.②

19 다음 중 보건복지부장관의 권한을 위임할 수 있는 대상이 아닌 곳은?

① 특별시장

② 특별자치시장

③ 도지사

④ 의료계를 대표하는 단체

20 다음 중 벌칙이 다른 하나는?

① 요양기관에 대하여 보험급여에 관한 보고 또는 서류 제출을 하지 아니한 자

② 사업장 신고를 하지 아니하거나 거짓으로 신고한 사용자

③ 요양비 명세서나 요양 명세를 적은 영수증을 내주지 아니한 자

④ 대행청구단체가 아닌 자로 하여금 대행하게 한 자

19 권한의 위임 및 위탁〈「국민건강보험법」 제111조〉) … 국민건강보험법에 따른 보건복지부장관의 권한은 대통령령으로 정하는 바에 따라 그 일부를 특별시장·광역시장·특별자치시장·도지사 또는 특별자치도지사에게 위임할 수 있다.

20 ②는 500만 원 이하의 과태료를 부과한다〈「국민건강보험법」 제119조 제3항〉.
①③④는 벌금 부과 대상이다.
① 요양기관에 대하여 보험급여에 관한 보고 또는 서류 제출을 하지 아니한 자, 거짓으로 보고하거나 거짓 서류를 제출한 자, 검사나 질문을 거부·방해 또는 기피한 자는 1천만 원 이하의 벌금에 처한다〈「국민건강보험법」 제116조〉.
③ 정당한 이유없이 요양급여를 거부한 자 또는 요양비 명세서나 요양 명세를 적은 영수증을 내주지 아니한 자는 500만 원 이하의 벌금에 처한다〈「국민건강보험법」 제117조〉.
④ 대행청구단체가 아닌 자로 하여금 대행하게 한 자는 1년 이하의 징역 또는 1천만 원 이하의 벌금에 처한다〈「국민건강보험법」 제115조 제5항〉.

TIP 19.④ 20.②

제3회 실전 모의고사

1 다음은 국민건강보험법에 대한 설명이다. 바르지 못한 것은?

① 건강보험사업의 주관은 보건복지부장관이 한다.

② 교직원이 소속되어 있는 사립학교를 설립·운영하는 자를 사용자라 한다.

③ 보건복지부장관은 종합계획의 변경사유가 발생한 경우 국회 소관 상임위원회에 보고하여야 한다.

④ 건강보험정책에 관한 사항을 심의·의결하기 위하여 공단 소속으로 심의위원회를 둔다.

2 다음은 건강보험의 가입자에 대한 설명이다. 옳지 않은 것은?

① 국내에 거주하는 수급권자를 포함한 모든 국민은 건강보험의 가입자 또는 피부양자가 된다.

② 직장가입자에게 주로 생계를 의존하는 사람 중 직장가입자의 직계존속은 피부양자가 된다.

③ 건강보험의 가입자는 직장가입자와 지역가입자로 구분한다.

④ 고용 기간이 1개월 미만인 일용근로자는 직장가입자가 될 수 없다.

3 다음에서 자격의 상실시기를 모두 고르면?

ⓐ 사망한 날의 다음 날

ⓑ 수급권자가 된 날

ⓒ 국내에 거주하지 아니하게 된 날의 다음 날

ⓓ 직장가입자의 피부양자가 된 날

ⓔ 국적을 잃은 날의 다음 날

---

① ㉠㉡㉢

② ㉡㉢㉤

③ ㉡㉢㉣㉤

④ ㉠㉡㉢㉣㉤

---

1 ④ 건강보험정책에 관한 사항을 심의·의결하기 위하여 보건복지부장관 소속으로 건강보험정책심의위원회를 둔다〈「국민건강보험법」 제4조 제1항〉.
① 「국민건강보험법」 제2조
② 「국민건강보험법」 제3조 제2호
③ 「국민건강보험법」 제3조2 제5항 제1호

2 ① 의료급여법에 따라 의료급여를 받는 사람(수급권자)는 건강보험의 가입자 또는 피부양자에서 제외된다〈「국민건강보험법」 제5조 제1항 제1호〉.
② 「국민건강보험법」 제5조 제2항 제2호
③ 「국민건강보험법」 제6조 제1항
④ 「국민건강보험법」 제6조 제2항 제1호

3 건강보험 자격의 상실시기〈「국민건강보험법」 제10조 제1항〉
㉠ 사망한 날의 다음 날
㉡ 국적을 잃은 날의 다음 날
㉢ 국내에 거주하지 아니하게 된 날의 다음 날
㉣ 직장가입자의 피부양자가 된 날
㉤ 수급권자가 된 날
㉥ 건강보험을 적용받고 있던 사람이 유공자등 의료보호대상자가 되어 건강보험의 적용배제신청을 한 날

TIP 1.④ 2.① 3.④

4 다음 중 가입자의 자격 취득 시기로 옳지 않은 것은?

① 수급권자의 대상자에서 제외된 날

② 직장가입자의 피부양자가 된 날

③ 보험자에게 건강보험의 적용을 신청한 유공자등 의료보호대상자는 그 신청한 날

④ 국내에 거주하게 된 날

5 다음에서 공단의 업무만으로 짝지어 진 것은?

> ㉠ 가입자 및 피부양자의 자격 관리
> ㉡ 건강보험에 관한 교육훈련 및 홍보
> ㉢ 심사기준 및 평가기준의 개발
> ㉣ 의료시설의 운영
> ㉤ 보험급여 비용의 지급
> ㉥ 요양급여의 적정성 평가

① ㉠㉡㉣㉤

② ㉠㉢㉣㉤

③ ㉡㉢㉣㉥

④ ㉡㉣㉤㉥

4 ②는 건강보험의 상실시기이다〈「국민건강보험법」 제10조 제1항 제4호〉.

※ 가입자 자격의 취득 시기 등〈「국민건강보험법」 제8조 제1항〉

㉠ 국내에 거주하게 된 날

㉡ 수급권자이었던 사람은 그 대상자에서 제외된 날

㉢ 직장가입자의 피부양자이었던 사람은 그 자격을 잃은 날

㉣ 유공자등 의료보호대상자이었던 사람은 그 대상자에서 제외된 날

㉤ 보험자에게 건강보험의 적용을 신청한 유공자등 의료보호대상자는 그 신청한 날

※ 취득 신고 시기 … 자격을 얻은 경우 그 직장가입자의 사용자 및 지역가입자의 세대주는 그 명세를 보건복지부령으로 정하는 바에 따라 자격을 취득한 날부터 14일 이내에 보험자에게 신고하여야 한다〈「국민건강보험법」 제8조 제2항〉.

5 ㉢㉥은 심사평가원의 업무이다〈「국민건강보험법」 제63조 제1항〉.

※ 공단의 업무〈「국민건강보험법」 제14조 제1항〉

㉠ 가입자 및 피부양자의 자격 관리

㉡ 보험료와 그 밖에 이 법에 따른 징수금의 부과·징수

㉢ 보험급여의 관리

㉣ 가입자 및 피부양자의 질병의 조기발견·예방 및 건강관리를 위하여 요양급여 실시 현황과 건강검진 결과 등을 활용하여 실시하는 예방사업으로서 대통령령으로 정하는 사업

㉤ 보험급여 비용의 지급

㉥ 자산의 관리·운영 및 증식사업

㉦ 의료시설의 운영

㉧ 건강보험에 관한 교육훈련 및 홍보

㉨ 건강보험에 관한 조사연구 및 국제협력

㉩ 이 법에서 공단의 업무로 정하고 있는 사항

㉪ 징수위탁근거법에 따라 위탁받은 업무

㉫ 그 밖에 이 법 또는 다른 법령에 따라 위탁받은 업무

㉬ 그 밖에 건강보험과 관련하여 보건복지부장관이 필요하다고 인정한 업무

TIP 4.② 5.①

6 다음 중 국민건강보험공단에 대한 설명으로 옳지 않은 것은?

① 공단은 건강보험의 보험자로서 법인으로 설립등기를 함으로써 성립한다.
② 공단은 임원으로서 이사장 1명, 이사 15명 및 감사 1명을 둔다.
③ 공단의 이사장은 보건복지부장관의 제청으로 대통령이 임명한다.
④ 공단의 이사장은 임기 중 공단의 경영성과에 대하여 책임을 진다.

7 다음 중 당연퇴임에 해당하는 경우는?

① 신체장애나 정신장애로 직무를 수행할 수 없다고 인정되는 경우
② 직무상 의무를 위반한 경우
③ 공무원 결격사유에 해당하는 사람
④ 직무 여부와 관계없이 품위를 손상하는 행위를 한 경우

8 다음 중 재정운영위원회에 구성할 수 없는 위원은?

① 직장가입자를 대표하는 위원 10명
② 의료계를 대표하는 위원 10면
③ 공익을 대표하는 위원 10명
④ 지역가입자를 대표하는 위원 10명

9 다음 중 요양급여에 대한 설명으로 옳지 않은 것은?

① 가입자와 피부양자의 질병, 부상, 출산, 건강검진, 예방접종 등에 대하여 요양급여를 실시한다.

② 가입자가 질병으로 거동이 불편한 경우에는 가입자를 직접 방문하여 요양급여를 실시할 수 있다.

③ 진찰·검사와 예방·재활 및 이송(移送)도 요양급여의 대상이 된다.

④ 요양급여를 선별급여로 지정하여 실시할 수 있다.

---

6 ② 공단은 임원으로서 이사장 1명, 이사 14명 및 감사 1명을 둔다. 이 경우 이사장, 이사 중 5명 및 감사는 상임으로 한다〈「국민건강보험법」 제20조 제1항〉.
① 「국민건강보험법」 제13조, 제15조 제1항 제2항
③ 「국민건강보험법」 제20조 제2항
④ 「국민건강보험법」 제22조 제1항

7 ③ 임원이 임원 결격사유에 해당하게 되거나 임명 당시 그에 해당하는 사람으로 확인되면 그 임원은 당연퇴임한다〈「국민건강보험법」 제24조 제1항〉.
※ **임원의 당연퇴임 및 해임**
　㉠ **공단 임원의 당연퇴임 사유**(임원 결격사유)〈「국민건강보험법」 제24조 제1항〉
　　• 대한민국 국민이 아닌 사람
　　• 공무원의 결격사유에 해당하는 사람
　㉡ **공단 임원의 해임 사유**〈「국민건강보험법」 제24조 제2항〉
　　• 신체장애나 정신장애로 직무를 수행할 수 없다고 인정되는 경우
　　• 직무상 의무를 위반한 경우
　　• 고의나 중대한 과실로 공단에 손실이 생기게 한 경우
　　• 직무 여부와 관계없이 품위를 손상하는 행위를 한 경우
　　• 이 법에 따른 보건복지부장관의 명령을 위반한 경우

8 재정운영위원회의 구성 등〈「국민건강보험법」 제34조 제1항〉
　㉠ 직장가입자를 대표하는 위원 10명
　㉡ 지역가입자를 대표하는 위원 10명
　㉢ 공익을 대표하는 위원 10명

9 ① 가입자와 피부양자의 질병, 부상, 출산 등에 대하여 요양급여를 실시한다〈「국민건강보험법」 제41조 제1항〉.
② 「국민건강보험법」 제41조의5
③ 「국민건강보험법」 제41조 제1항
④ 「국민건강보험법」 제41조4 제1항

TIP 6.② 7.③ 8.② 9.①

10 다음 중 요양기관에 대한 설명으로 옳지 않은 것은?

① 약사법에 따라 설립된 한국희귀 · 필수의약품센터는 요양기관에 해당한다.

② 보건복지부장관은 요양기관 외에 전문요양기관을 인정해 줄 수 있다.

③ 요양기관에는 보건소 · 보건의료원 및 보건지소 등도 포함된다.

④ 특별조치법에 따라 설치된 보건진료소와 사회복지시설도 요양기관에 포함된다.

11 다음 ㉠㉡에 알맞은 것은?

국민건강보험법 제43조

㉠ 요양기관은 요양급여비용을 최초로 청구하는 때에 요양기관의 시설 · 장비 및 인력 등에 대한 현황을 (㉠)에 신고하여야 한다.

㉡ 요양기관은 신고한 내용 중 요양급여비용의 증감에 관련된 사항이 변경된 경우에는 그 변경된 날부터 (㉡)이내에 보건복지부령으로 정하는 바에 따라 (㉠)에 신고하여야 한다.

	㉠	㉡
①	심사평가원	7일
②	심사평가원	15일
③	공단	7일
④	공단	15일

12 다음 중 요양급여비용의 산정 등에 대한 설명으로 바르지 못한 것은?

① 요양급여비용은 공단의 이사장과 의약계를 대표하는 사람들의 계약으로 정할 때 계약기간은 3년으로 한다.

② 요양급여비용의 산정 등의 계약이 체결되면 공단과 각 요양기관 사이에 계약이 체결된 것으로 본다.

③ 요양급여비용의 산정 등의 계약은 그 직전 계약기간 만료일이 속하는 연도의 5월 31일까지 체결하여야 한다.

④ 계약 기한까지 계약이 체결되지 않은 경우 보건복지부장관이 그 직전 계약기간 만료일이 속하는 연도의 6월 30일까지 심의위원회의 의결을 거쳐 요양급여비용을 정한다.

---

10 ④ 농어촌 등 보건의료를 위한 특별조치법에 따라 설치된 보건진료소도 요양기관이다〈「국민건강보험법」 제42조 제1항 제5호〉.
① 「국민건강보험법」 제42조 제1항 제3호
② 「국민건강보험법」 제42조 제2항
③ 「국민건강보험법」 제42조 제1항 제4호
※ 사회복지시설은 요양기관이 아니다.

11 요양기관 현황에 대한 신고〈「국민건강보험법」 제43조〉
㉠ 요양기관은 요양급여비용을 최초로 청구하는 때에 요양기관의 시설·장비 및 인력 등에 대한 현황을 건강보험심사평가원에 신고하여야 한다.
㉡ 요양기관은 신고한 내용(요양급여비용의 증감에 관련된 사항만 해당)이 변경된 경우에는 그 변경된 날부터 15일 이내에 보건복지부령으로 정하는 바에 따라 심사평가원에 신고하여야 한다.

12 ① 요양급여비용은 공단의 이사장과 대통령령으로 정하는 의약계를 대표하는 사람들의 계약으로 정한다. 이 경우 계약기간은 1년으로 한다〈「국민건강보험법」 제45조 제1항〉.
② 「국민건강보험법」 제45조 제2항
③④ 「국민건강보험법」 제45조 제3항

TIP 10.④ 11.② 12.①

13 다음 중 요양급여비용의 청구와 지급에 대한 설명으로 옳지 않은 것은?

① 요양급여비용을 청구하려는 요양기관은 심사평가원에 요양급여비용의 심사청구를 하여야 한다.
② 요양기관이 심사평가원에 요양급여비용에 대한 심사청구를 한 경우 공단에 요양급여비용을 청구한 것으로 본다.
③ 공단은 가입자에게 지급하여야 하는 금액을 그 가입자가 내야 하는 보험료와 징수금(보험료등)과 상계할 수 있다.
④ 요양급여비용은 의료자원의 불균형 및 의료서비스 불평등을 이유로 차등 지급할 수 없다.

14 다음 중 요양급여의 적정성 평가대상이 아닌 것은?

① 요양기관의 인력
② 요양기관의 시설
③ 요양기관의 장비
④ 요양기관의 위치

15 다음 중 건강보험심사평가원에 대한 설명으로 옳지 않은 것은?

① 심사평가원은 요양급여비용을 심사하고 요양급여의 적정성을 평가한다.
② 원장은 대통령이 임명하고 상임이사는 보건복지부장관이 임명한다.
③ 심사평가원에 심사위원회를 둔다.
④ 심사평가원은 요양급여비용의 심사 업무를 하기 위하여 공단으로부터 부담금을 징수할 수 있다.

16 다음 중 보험료에 대한 설명으로 옳지 않은 것은?

① 보험료 납부의무자로부터의 보험료 징수는 공단이 한다.

② 장애인이나 휴직자 등의 세대에 대한 보험료 일부를 경감할 수 있다.

③ 보험료 납부의무가 있는 자는 가입자에 대한 그 달의 보험료를 그 다음 달 10일까지 납부하여야 한다.

④ 지역가입자의 월별 보험료액은 개인 단위로 산정한다.

---

13 ④ 지역별 의료자원의 불균형 및 의료서비스 격차의 해소 등을 위하여 지역별로 요양급여비용을 달리 정하여 지급할 수 있다〈「국민건강보험법」 제47조의3〉.
① 「국민건강보험법」 제47조 제2항
② 「국민건강보험법」 제47조 제1항
③ 「국민건강보험법」 제47조 제4항

14 ④ 심사평가원은 요양기관의 인력·시설·장비, 환자안전 등 요양급여와 관련된 사항을 포함하여 평가할 수 있다〈「국민건강보험법」 제47조의4 제2항〉.

15 ② 상임이사는 보건복지부령으로 정하는 추천 절차를 거쳐 원장이 임명한다〈「국민건강보험법」 제65조 제3항〉.
① 「국민건강보험법」 제62조
③ 「국민건강보험법」 제66조 제1항
④ 「국민건강보험법」 제67조 제1항

16 ④ 지역가입자의 월별 보험료액은 다음 각 호의 구분에 따라 산정한 금액을 합산한 금액으로 한다. 이 경우 보험료액은 세대 단위로 신청한다〈「국민건강보험법」 제69조 제5항〉.
① 〈「국민건강보험법」 제69조 제1항〉
② 〈「국민건강보험법」 제75조 제1항〉
③ 〈「국민건강보험법」 제78조 제1항〉

TIP 13.④ 14.④ 15.② 16.④

17 다음 중 건강보험분쟁조정위원회에 대한 설명으로 옳지 않은 것은?

① 심판청구를 심리·의결하기 위하여 분쟁조정위원회를 보건복지부에 둔다.

② 분쟁조정위원회는 위원장을 포함하여 60명 이내의 위원으로 구성한다.

③ 위원장을 제외한 위원 중 3명은 당연직위원으로 한다.

④ 분쟁조정위원회의 위원 중 공무원이 아닌 사람은 공무원으로 본다.

18 다음 ㉠㉡에 알맞은 기간은?

> 요양기관은 요양급여가 끝난 날부터 (㉠)간 보건복지부령으로 정하는 바에 따라 요양급여비용의 청구에 관한 서류를 보존하여야 한다. 다만, 약국 등 보건복지부령으로 정하는 요양기관은 처방전을 요양급여비용을 청구한 날부터 (㉡)간 보존하여야 한다.

   ㉠   ㉡

① 1년 – 1년

② 3년 – 3년

③ 5년 – 3년

④ 7년 – 5년

19 다음으로 인하여 행정처분을 받은 요양기관의 위반사실을 공표하고자 할 때 공표할 사항이 아닌 것은?

> ㉠ 거짓으로 청구한 금액이 1천 500만 원 이상인 경우
> ㉡ 요양급여비용 총액 중 거짓으로 청구한 금액의 비율이 100분의 20 이상인 경우

① 위반 행위
② 요양기관의 명칭·사업자등록번호
③ 대표자 성명
④ 해당 처분 내용

---

17 ③ 분쟁조정위원회는 위원장을 포함하여 60명 이내의 위원으로 구성하고, 위원장을 제외한 위원 중 1명은 당연직위원으로 한다.
이 경우 공무원이 아닌 위원이 전체 위원의 과반수가 되도록 하여야 한다〈「국민건강보험법」 제89조 제2항〉.
① 「국민건강보험법」 제89조 제1항
② 「국민건강보험법」 제89조 제2항
④ 「국민건강보험법」 제89조 제7항

18 서류의 보존 … 요양기관은 요양급여가 끝난 날부터 5년간 보건복지부령으로 정하는 바에 따라 요양급여비용의 청구에 관한 서류를 보존하여야 한다. 다만, 약국 등 보건복지부령으로 정하는 요양기관은 처방전을 요양급여비용을 청구한 날부터 3년간 보존하여야 한다〈「국민건강보험법」 제96조의4 제1항〉.

19 위반사실의 공표 사항〈「국민건강보험법」 제100조 제1항〉
㉠ 위반 행위
㉡ 처분 내용
㉢ 해당 요양기관의 명칭·주소 및 대표자 성명
㉣ 그 밖에 다른 요양기관과의 구별에 필요한 사항으로서 대통령령으로 정하는 사항

TIP 17.③ 18.③ 19.②

20 다음 중 권한의 위임 및 업무의 위탁에 관한 설명으로 옳지 않은 것은?

① 보건복지부장관의 권한의 일부를 특별시장·광역시장·특별자치시장·도지사 또는 특별자치도지사에게 위임할 수 있다.

② 공단은 보험료의 수납 또는 보험료납부의 확인에 관한 업무를 체신관서에 위탁할 수 있다.

③ 공단은 보험급여비용의 지급에 관한 업무를 금융기관에게 위탁할 수 있다.

④ 공단은 보험료와 징수위탁보험료등의 징수 업무를 국가기관 또는 지방자치단체에게 위탁할 수 있다.

---

20 ④ 공단은 그 업무의 일부를 국가기관, 지방자치단체 또는 다른 법령에 따른 사회보험 업무를 수행하는 법인이나 그 밖의 자에게 위탁할 수 있다. 다만, 보험료와 징수위탁보험료등의 징수 업무는 그러하지 아니하다〈「국민건강보험법」 제112조 제2항〉.
① 「국민건강보험법」 제111조 제1항
②③ 「국민건강보험법」 제112조 제1항
※ **권한의 위임 및 업무의 위탁**
　㉠ **보건복지부장관 권한의 위임**〈「국민건강보험법」 제111조〉
　　• 권한의 위임 : 특별시장, 광역시장, 특별자치시장, 도지사, 특별자치도지사
　㉡ **공단 업무의 위탁**〈「국민건강보험법」 제112조〉
　　• 업무의 위탁 : 체신관서, 금융기관, 그 밖의 자
　　• 업무의 일부 위탁 : 국가기관, 지방자치단체, 사회보험 업무를 수행하는 법인, 그 밖의 자
　　　※ 국가기관, 지방자치단체, 사회보험 업무를 수행하는 법인, 그 밖의 자에게는 보험료와 징수위탁보험료등의 징수 업무는 위탁할 수 없다.

TIP 20.④

시사용어사전 │ 경제용어사전 │ 부동산용어사전

시사용어사전 1228

매일 접하는 각종 기사와 정보! 공기업/언론사/기업체/공무원 채용을 준비하는 수험생과
현대인이 꼭 알아야 할 최신 시사상식을 쏙쏙 뽑아 이해하기 쉽도록 영역별로 정리

경제용어사전 1050

주요 경제용어는 거의 다 실었다! 금융권/공기업/언론사/기업체/공무원 채용을 준비하기 전에,
경제 공부를 시작하기 전에 읽어보면 경제가 쉬워지도록 사전식으로 구성

부동산용어사전 1310

부동산에 대한 이해를 높이고 부동산의 개발과 활용, 투자 및 부동산 용어 학습에도
적극적으로 이용할 수 있는 교재, 공인중개사 출제용어도 수록

자격증

한번에 따기 위한 서원각 교재

한 권에 준비하기 시리즈 / 기출문제 정복하기 시리즈를 통해 자격증 준비하자!